Otto Jähnl

Die österreichischen Kriegsblinden
der beiden Weltkriege

Otto Jähnl

Die österreichischen Kriegsblinden der beiden Weltkriege

BÖHLAU VERLAG WIEN · KÖLN · WEIMAR

Coverabbildungen: Walter MALASEK.
Aufnahme ca. 14 Tage vor der Verwundung;
Paßfoto vom September 1993: blind, linker Arm fehlt, zerschossener Kiefer

Die Deutsche Bibliothek – CIP-Einheitsaufnahme

Jähnl, Otto:
Die österreichischen Kriegsblinden der beiden Weltkriege /
Otto Jähnl. – Wien ; Köln ; Weimar ; Böhlau, 1994
ISBN 3-205-98199-5

ISBN 3-205-98199-5

Das Werk ist urheberrechtlich geschützt.
Die dadurch begründeten Rechte, insbesondere die der Übersetzung, des Nachdruckes,
der Entnahme von Abbildungen, der Funksendung,
der Wiedergabe auf photomechanischem oder ähnlichem Wege und
der Speicherung in Datenverarbeitungsanlagen,
bleiben, auch bei nur auszugsweiser Verwertung, vorbehalten.

© 1994 by Böhlau Verlag Gesellschaft m. b. H. & Co. KG., Wien · Köln · Weimar
Satz und Repro: Zehetner Ges. m. b. H., A-2105 Oberrohrbach
Druck: Berger, 3580 Horn

Inhalt

	Geleitwort des Bundespräsidenten	9
I.	VORWORT des Obmanns des Kriegsblindenverbandes	11
II.	EINLEITUNG	13
III.	DER KRIEG: VERNICHTUNG VON MENSCHEN UND WERTEN	15
	1. Kriegsverletzungen früherer Jahrhunderte – Überlegungen zur Entwicklung der Kriegsopferfürsorge	15
	2. Ausfälle in Zahlen und deren Begründungen	18
	3. Konsequenzen für invalide Soldaten	20
IV.	DER ERSTE WELTKRIEG	25
	1. Militärische Aspekte	25
	1.1 Allgemeine Entwicklung	25
	2. Soziale Aspekte	27
	2.1 Erblindungen von Soldaten der k. u. k. Monarchie – Ursachen	27
	3. Wer waren sie?	29
	3.1 Gliederung nach militärischen Rängen	29
	3.2 Nationalitäten	29
	3.3 Familienstände	33
	3.4 Zivilberufe	33
	4. Erblindet fürs Vaterland	35
	4.1 Kriegsblindenheime der k. u. k. Monarchie	35
	4.2 Das Leben in den Versorgungsanstalten	40
	4.3 Betreuungsmöglichkeiten	48
	4.4 Umschulungsmaßnahmen	53
	4.5 Protektoren und Mäzene	59
	5. Helden – Invalide – Bettler	68
	5.1 Die Schicksale Kriegsblinder in der Ersten Republik	68
	5.2 Der Kriegsblindenverband beginnt seine Arbeit	69
	5.3 Trafiken für die Kriegsopfer	80
	5.4 Medaillen – Auszeichnungen ohne Wert?	84
	5.5 Möglichkeiten der Wohnraumbeschaffung	85
	5.6 Des Blinden Fenster zur Welt – Das Radio	87
	5.7 Chancen, wieder zu sehen	89
	5.8 Verschiedenes	97

	5.9	Die Lage der Kriegsblinden in den ehemals kriegführenden Staaten	99
	5.10	Das Kriegsblindenheim in der Ersten Republik	101
V.	EIN INTERMEZZO		109
VI.	DER ZWEITE WELTKRIEG		111
	1.	Militärische Aspekte	111
	2.	Soziale Aspekte	113
	2.1	Die Betreuungsmaßnahmen im Dritten Reich – Auch Kriegsinvalide als „unwertes Leben"?	113
	3.	Vom Chaos zur Sicherheit – Schicksale Kriegsblinder in der Zweiten Republik	114
	3.1	Umschulungen	114
	3.2	Verbandsgeschehen und die Entwicklung der staatlichen Fürsorge	117
	3.3	Erholungsaufenthalte	135
	3.4	Sport und Spiel	138
	3.5	Die Führhunde	144
	3.6	Hörbücherei	151
	3.7	Lotterie	154
	3.8	Internationale Rundschau	155
	3.9	Neue Erkenntnisse und Versuche in der Augenheilkunde	163
	3.10	Die Ehefrauen	164
	3.11	Die Kinder	176
	4.	Das Kriegsopferversorgungsgesetz	178
VII.	DER GROSSE VERGLEICH – Zahlen, Daten, Fakten der Jahre 1914–1938 und 1939–1993 in der Gegenüberstellung		187
VIII.	SCHLUSSWORT		189
IX.	ANMERKUNGEN		191
X.	LITERATUR- UND QUELLENVERZEICHNIS		201
XI.	BILDNACHWEIS		203
XII.	BENÜTZTE BIBLIOTHEKEN		204
XIII.	ANHANG		205
	1.	Lebensläufe Kriegsblinder nach deren Erzählungen	205
	2.	Briefe und Berichte	216
	3.	Auszüge aus dem literarischen Schaffen	242
	4.	Punktuelle Lebensläufe der leitenden Mitglieder der Landes- und Bundesorganisation, Stand: Sommer 1993	249

Danksagung

Am Zustandekommen folgender Ausführungen halfen mit:
D. Blecha, BstFR. M. Glöckl, J. Hasewendt, F. Herbst, Mag. Dr. Ch. Jäkel, J. Joham, Mag. P. Kastner, J. Kaufmann, OStr. H. Kölpl, W. Malasek, J. Manhart, RegR. A. Oedendorfer, FOL. R. Pochop, ORDr. Rausch, Min.-Rat. Dr. Salasek und Team, AR. R. Starrach, M. Stahr.

Mein besonderer Dank gilt meiner Familie, Univ.-Prof. Dr. M. Mitterauer und Mag. G. Liebetreu für die aufopfernde und geduldige Betreuung.

Der Verfasser   Wien, im Februar 1994

Der Bundespräsident

Vor wenigen Tagen erst hat das offizielle Österreich feierlich das 75-Jahr-Jubiläum der Gründung der Republik begangen. Auch der „Verband der Kriegsblinden Österreichs" feiert in diesen Tagen sein 75jähriges Bestandsjubiläum. Unmittelbar nach dem Ende des Ersten Weltkriegs nahm sich diese Hilfsorganisation des harten Schicksals der vielen Menschen an, die durch Kriegseinwirkungen ihr Augenlicht verloren hatten, und half ihnen bei der Wiedereingliederung in die Gesellschaft.

Das vorliegende Buch „Die österreichischen Kriegsblinden der beiden Weltkriege" von Univ.-Lektor Dr. Otto Jähnl ist ein eindrucksvoller Versuch, das unermeßliche Leid so vieler Menschen in Erinnerung zu halten und gleichzeitig der tatkräftigen Hilfe des Verbandes ein Denkmal zu setzen.

Der Verlust der Sehkraft gehört wohl zu den härtesten Schicksalsschlägen. Trotzdem haben die Betroffenen – wie dieses Buch zeigt – mit eisernem Willen ihr Leben gemeistert und die Unterstützung vieler warmherziger und selbstloser Menschen gefunden, die sich ihnen nach dem Motto „gemeinsam sind wir stärker" zur Verfügung stellten.

Dieser Einsatz hat sich gelohnt. In einem langen, aufopfernden Ringen ist es gelungen, eine entsprechende Versorgung der Betroffenen zu sichern und die nötigen Voraussetzungen für eine positive Lebensbewältigung zu schaffen. Ich danke dem „Verband der Kriegsblinden Österreichs" namens der Republik nachdrücklich für den unermüdlichen Einsatz und wünsche allen Betroffenen viel Kraft und Lebensmut – und diesem Buch eine erfolgreiche Verbreitung.

I. Vorwort des Obmanns des Kriegsblindenverbandes

Aus Kriegen sind immer wieder Kämpfer blind zurückgekehrt.

Nach all den Jahrtausenden gelang es erst in diesem Jahrhundert, gezielt für solche Menschen zu sorgen.

Hier wird nun zum ersten Mal wissenschaftlich fundiert unser Leben, Freud und Leiden aufgezeigt. Die Kämpfe auf den Schlachtfeldern setzten sich im Zivilen fort, ließen sich nur durch unseren Zusammenhalt erfolgreich schlagen.

Unsere Schicksalsgemeinschaft soll mit vorliegendem Buch gewürdigt werden.

BstFR. Michael GLÖCKL

II. Einleitung

Geschichte – die Wissenschaft, die sich mit den Taten, Erfolgen und Mißerfolgen, Freud und Leid der Menschen beschäftigt.

Die Handlungen und Unterlassungen uns vorangegangener und heute lebender Erdenbürger geben ununterbrochen Anlaß, daß wir uns mit ihnen befassen, lächelnd, erstaunt oder entsetzt von ihren Taten hören, uns ihre Erfahrungen zueigen machen – kurz von ihnen lernen.

Aus der Geschichte können wir sehr viel für die Gegenwart ableiten. Längst kein Werbespruch mehr für dieses Wissensgebiet, sondern schon oft bewiesene Realität.

Wohl einer der bewegendsten Teilbereiche ist die Sozialgeschichte. Die Beschäftigung mit dem Schicksal des einzelnen fordert hohes Engagement. Sie berührt besonders den Menschen im Historiker, forscht er doch im Leben. Im Leben derer, die so wie er mit kleinen und großen Nöten und Freuden ihr Dasein meistern mußten. In der Beschäftigung mit ihnen werden sie zu einem Teil des Forschenden, in denen er viele Parallelen zu seinem eigenen Ich und seiner Umgebung entdeckt.

Als Behindertenlehrer im täglichen Umgang mit Blinden, mit deren Entwicklung beruflich und persönlich verbunden, als Betreuungsoffizier des Militärkommandos Wien – im Ernstfall mit der sozialrechtlichen Versorgung verwundeter Soldaten und deren sicherzustellender ziviler Zukunft betraut –, schließlich als Historiker, der schon über die soziale Situation der Blinden in der Donaumonarchie des 19. Jahrhunderts arbeitete, fand der Verfasser vorliegender Arbeit einen verschiedentlichen, breiten Zugang zum Thema.

Hier soll nun über Soldaten im Einsatz, Zivilisten im Bombenhagel und über Kinder, die Opfer von teuflisch getarntem Explosivspielzeug wurden, berichtet werden. Menschen, die durch Einwirkungen von „kriegerischen Handlungen" ihr Augenlicht verloren und blind oder praktisch blind wurden, stehen nun im Mittelpunkt. (Def. in Kapitel: Das KOVG)

Im Zuge der Erhebungen zu diesem Buch stellte sich heraus, daß selbst Aufstellungen über finanzielle Zuwendungen und gesetzliche Regelungen über Anerkennungsmodalitäten und Berechtigungen von Kriegsopfern nur theoretisch vorhanden sind, die Beschäftigung mit den sozialhistorischen Bedingungen: wer waren sie, was geschah ihnen, wie meisterten sie ihr Leben, aber gänzlich fehlte.

Die vorliegende Arbeit soll im militärischen und politischen Umfeld Antwort auf diese Fragen geben. Die Darstellung ihres Lebenskampfes soll auch eine geschichtliche Würdigung dieses Personenkreises ermöglichen.

III. Der Krieg: Vernichtung von Menschen und Werten

1. Kriegsverletzungen früherer Jahrhunderte – Überlegungen zur Entwicklung der Kriegsopferfürsorge

Auch vor der in dieser Arbeit besprochenen Zeit gab es unzählige Kriegsopfer. Läßt man Waffen vergangener Epochen Revue passieren, so kann man sich recht deutlich ausmalen, welch fürchterliche und schmerzhafte Verwundungen sie verursachten. War man doch überaus einfallsreich in der Entwicklung von Kriegswerkzeug mit immer noch verheerenderer Wirkung. Auch die Taktik nahm nicht viel Rücksicht auf Menschen, Pferde oder Material. Das Auftreten in Linie, das Abfeuern der Gewehre Reihe für Reihe, alles zielte immer nur auf den ehrenvollen Kampf „Mann gegen Mann" ab. Noch bei Königgrätz galt es als das höchste Ziel, zum Bajonettkampf zu kommen. Also wiederum so lange aus kürzester Distanz auf den Gegner einzuwirken, bis dessen Tod gewährleistet war. Das Leben auf dem Feld der Ehre zu lassen, war für viele das höchste Ziel.

Zahlenangaben schwanken, sind unzuverlässig. Man hat sich ganz einfach viel zu wenig darum gekümmert. Tote wurden gezählt, aber Zahlen, die überliefert sind – und so gut es geht nachgeprüft wurden –, zeigten ein erschreckend unrealistisches Bild. Meist wurde in den Verlustzahlen hemmungslos übertrieben.

Gefallene waren aber nicht das Problem. Was blieb, waren die „Kriegskrüppeln", wie man sie nannte, und man verwies sie auf ihre Heimatgemeinden, um dort eventuell in die öffentliche Versorgung aufgenommen zu werden. Für sie trafen in vollem Umfang dann die Bettelgesetze zu:

„Das öffentliche Betteln, das Betteln in Gassen und Häusern und auch in den Kirchen ist verboten, und haben die Behörden zu wachen, daß alles Betteln in Städten, Märkten und Dörfern unterbleibe.

Alle an Brücken und Straßen befindlichen Bettler sind sogleich aufzuheben und der Behörde vorzustellen. Die Erwerbsunfähigen, wenn sie Inländer sind, sind den betreffenden Gemeinden in die nothwendige Verpflegung zuzuweisen, die Ausländer aber sollen über die Grenze geschafft, Arbeitsfähige aber entweder zur Arbeit verwiesen oder in so weit sie Ausländer sind, außer Lande geschafft, und wenn sie sich im Betteln betreten lassen, gesetzmäßig behandelt werden."

(Patent 7. Dez. 1767. – Hofentschl. 11. Okt. 1783. – Nö. Reg. Vdg. 8. Nov. 1815. – Nö. Reg. Dekr. 15. Aug. 1816, Z. 30910.)

„Der Bettel soll nicht durch die Ausstellung ärztlicher Zeugnisse über Gebrechen, Arbeitsunfähigkeit etc. etc. unterstützt werden?"

(Tirol. Gub. Vdg. 12. Nov. 1819, Z. 25465. – P. G. S. Nr. 149.)

„Mit ekelerregenden gräßlichen Schäden behaftete Bettler sind auf der Gasse nicht zu dulden."
(Hofdekr. 27. Aug. 1773. – Krop. – Ges.)

„Ein Bettler, der um größeres Mitleid zu erwecken, Verstellung von körperlichen Gebrechen, Wunden, Krankheiten und dergleichen anwendet, ist sogleich bei der ersten Betretung zu Arrest bis zu einem Monate zu verurteilen." (§ 519).

„Behandlung der Bettler in Wien: Die von der Polizeidirektion aufzufangenden Bettler sind in 3 Klassen einzutheilen: 1. Einheimische Erwerbsunfähige, 2. Einheimische Arbeitsscheue, 3. Fremde.

Die Ersten fallen den hiesigen Armen- und Versorgungsanstalten zur Last und müssen daher entweder von dem Armen-Institute oder Versorgungsfonde mit Pfründen auf die Hand betheilt oder in die Versorgungshäuser übernommen werden, wohin die ganz Siechen und Krüppelhaften gehören.

Arbeitsscheue Bettler sind in das Zwangs-Arbeitshaus zu notionieren und gilt die allgemeine Abmahnung für die vorgeschriebene besondere Ermahnung eines jeden Einzelnen.

Fremde Bettler sind nach den bestehenden Vorschriften abzuschaffen."
(Hofkzl. Dekr. 13. April 1817, Z. 8811. – Nö. Reg. Dekr. 22. April 1817, Z. 17205.)[1]

Ein Denkmodell, warum die Lage Kriegsversehrter früher gar so triste war, mag sein:

Entschied sich jemand für den Beruf des Soldaten, so waren meist handfeste persönlich-finanzielle Überlegungen dahinter. Der adelige Offizier, meist schlecht besoldet, hatte gute Chancen, zu großem Ruhm und viel Ehre zu gelangen. Und Ehre war in einer Zeit dieses maßlos übersteigerten Begriffs oft weit wichtiger als Bargeld und Besitz.

Der einfache Soldat hatte die Möglichkeit, seinen Sold bei Plünderungen kräftig aufzubessern.

Fazit: Kriegerisches Engagement war intensiv von persönlich-pekuniären Interessen getragen.

Ganz anders die Situation der Kämpfer in den beiden Weltkriegen. Sie waren getragen und geführt vom gemeinsamen Gedankengut, von einer verbindenden Idee. Der sich im 19. Jh. entwickelnde Nationalismus brachte eine andere Basis. Man kämpfte nicht mehr für so passagere Dinge wie einen Kriegsherrn oder den „schnöden" Mammon, sondern für eine Sache „ewigen Bestands", für seine Heimat, seine Nation. Es ging nicht um Geld, es ging um eine Ideologie, repräsentiert von einer ganzen Nation. Für sie setzte sich der Soldat ein, wurde für sie verwundet, starb für sie.

Abb. 1: Marodierende Soldaten im Dreißigjährigen Krieg

Abb. 2: Das bettelnde Soldatenweib

Abb. 3: Die einzige österreichische Darstellung eines Kriegsblinden aus dem 19. Jahrhundert

War es früher Trauerarbeit für eine Familie, wurde sie zur Pflicht eines ganzen Volkes.

Verwundungen entstanden nun nicht mehr durch freiwilligen Eintritt in kriegerisches Geschehen, sondern aufgrund einer Entsendung durch eine Gesellschaft, die dem Soldaten den Auftrag zum Kampf erteilte. Daraus resultierte auch die Verpflichtung des Systems, sich um diejenigen Leute zu kümmern, die für es verwundet wurden, Schmerzen erlitten und sich im zivilen Umfeld durch dieses „Opfer" nicht mehr im Sinne der gesellschaftlichen Erfordernisse bewegen und versorgen konnten. Kriegsopferfürsorge wurde zum Auftrag an die Gemeinschaft.

2. Ausfälle in Zahlen und deren Begründungen

Berichte über Gefallene und Verwundete nach Waffengängen in früheren Jahrhunderten sind mit äußerster Vorsicht zu lesen, wurden doch die Zahlen jeweils in der einen oder anderen Richtung drastisch verändert, wie es eben gerade opportun erschien. Der ausgefallene Krieger war ein nicht einsetzbarer Soldat und somit ohne jegliches Interesse für den Kriegsherrn (s. a. a. O.). Aus diesen Umständen erklären sich auch die nur sporadischen und lückenhaften Angaben über Zahl und Art der Verwundungen oder Todesursachen. Genaueres findet man meist in den Chroniken „prominenter Familien". Der „Gemeine" zählte nichts. Übrigens eine menschenverachtende Haltung, die bis zu den Oberbefehlshabern des Zweiten Weltkriegs lückenlos dokumentiert ist.

Wie bereits ausgeführt, änderte sich diese Einstellung zum Teil in Staatsführung und Gesellschaft. Seit Anfang des 19. Jahrhunderts sind Aufzeichnungen vorhanden, die als seriös anzusprechen sind.

Im 19. Jahrhundert war man nicht zimperlich.

Die napoleonischen Eroberungszüge prägten das erste Jahrzehnt des vorigen Jahrhunderts.

Nach der Schlacht von Aspern, in den Tagen um den 22. Mai 1809, mußten enorme Verlustzahlen zur Kenntnis genommen werden. Die Österreicher hatten 87 Oberoffiziere, 4199 Unteroffiziere verloren sowie 16.000 Mann Verwundete, von denen die meisten in den darauffolgenden Tagen dann auch verstarben, zu beklagen. Vielen wurde gleich am Feld eine Gliedmaße amputiert, ohne Betäubung, ohne Schmerzmittel, ohne Desinfektion. Es verwundert nicht, daß viele Verletzte diese Torturen, Wundschmerzen und Sepsisvorfälle nicht überlebten.

In den hoffnungslos überfüllten Wiener Spitälern lagen 5000 Soldaten, und in Privatquartieren waren 29.773 Verwundete zwangsweise einquartiert. Fast jeder Wiener Haushalt hatte somit seinen Pflegefall erhalten.

Auf der französischen Gegenseite ging es kaum anders zu. Über 7000 Tote, 34.781 Verwundete und Hunderte in der Donau vermißte Soldaten ließen auch hier keine hohen Überlebenserwartungen aufkommen.[1]

Bekanntlich wirkten sich die Greuelzahlen in keiner Weise auf die Überlegung und Absichten der Führung aus. Bald darauf trat Napoleon seinen Rußlandfeldzug mit 530.000 Mann, 150.000 Pferden, 30.000 Bagagewagen und 1000 Kanonen an. Mit dabei waren 28 Millionen Flaschen Wein und 2 Millionen Flaschen Schnaps. Vergebens! Allein bis Smolensk verlor er 150.000 Mann durch Krankheiten und Seuchen sowie 15.000 Pferde durch Koliken. Von der Schlacht bei Borodino (östl. von Smolensk, Anm. d. Verf.) berichtete ein Augenzeuge: „Allein den schrecklichsten Anblick gewährte das Innere der Schluchten; fast alle Verwundeten hatten sich bis dahin geschleppt . . . hier stießen die Unglücklichen, die aufeinander geschichtet lagen und in ihrem Blut schwammen, ein schreckliches Wehklagen aus, flehten laut um den Tod und baten uns, wir möchten ihrem schrecklichen Leiden ein Ende machen . . ."[2]

Greuel auch beim Rückzug von Moskau. Es sollten 1600 Verwundete mitgenommen werden, transportieren konnte man aber nur 400 Mann. Die anderen 1200 im Stich Gelassenen wurden von der zurückkehrenden Zivilbevölkerung einfach mit Knüppeln erschlagen. Auf diesem Marsch gegen Westen wurden viele Grenadiere schneeblind. Anfangs nahm man sie noch mit, führte sie. Irgendwann wurden sie eine zu große Belastung. Man ließ sie sang- und klanglos stehen. Die russischen Bauern, genauso leidend wie die Soldaten, fingen sie ein, erschlugen sie oder warfen sie in riesige Kessel mit siedendem Wasser.[3]

In den Freiheitskriegen 1813–1815 erblindeten 500 preußische Soldaten. Für sie wurden Anstalten in Königsberg, Berlin, Breslau, Marienwerder und Münster eingerichtet, die aber einige Jahre später wieder aufgelassen wurden.[4]

Westlich von Verona kämpfte am 6. Mai 1848 Piemont gegen Österreich. Nach 11 Stunden war die Feuertaufe für die Erzherzöge Franz Joseph und Franz Karl siegreich ausgegangen. Viele verwundete Piemonteser wurden in österreichische Lazarette gebracht. Dort baten sie flehentlich, daß man ihnen nicht die Augen aussteche. Auf verwundertes Befragen gaben sie an, ihre Offiziere hätten ihnen diese grauenhaften Aussichten erzählt[5] – eine zweifelhafte Form, den Kampfwillen zu forcieren, aber Drohungen, die wahrscheinlich gar nicht so aus der Luft gegriffen waren.

Ab der Mitte des vorigen Jahrhunderts erhob man die Verlustzahlen exakter. Die Ursachen des Ausscheidens eines Soldaten aus der kämpfenden Truppe wurden nicht mehr als schicksalsbedingt hingenommen, sondern erst differenzierter aufgezeichnet, später untersucht.

Es zeigte sich deutlich, daß in den Kriegen der 2. Hälfte des 19. Jahrhunderts die Verluste durch Infektionskrankheiten immer wesentlich höher waren als durch Waffenwirkungen. Die folgenden drei Statistiken sollen einen drastischen Überblick über die Ausfallsentwicklung geben. So starben im Krimkrieg der Jahre 1853–1856 16.000 Engländer, 80.000 Franzosen und 800.000 Russen an Flecktyphus. Das bedeutete 3 Tote durch Waffenwirkung, aber 7 Tote durch Krankheiten allein bei den Franzosen.

Erst durch die Forschungsergebnisse von Louis Pasteur und Robert Koch wurde der Rat- und Machtlosigkeit den Seuchen gegenüber der Kampf angesagt.[6]

Trotz strenger Verbote, mit drastischen Strafen kombiniert, tranken die Soldaten aus Pfützen am Rand des Marschweges in Ermangelung von verfügbarem Frischwasser. Enorme Schmerzen und Belastungen des Magen-Darmtraktes waren die Folgen. Das Durstgefühl war größer. Die Krieger fielen reihenweise aus.[7,8,9]

3. Konsequenzen für invalide Soldaten

Verwundet, nicht mehr in Kampfhandlungen einsetzbar, für den Kriegsherrn zum unnötigen Ballast geworden, wurde der Krieger aus dem Dienst entlassen. Mit viel Glück hatte er einiges Geld oder Gut beiseite legen können. Der Lebensrhythmus und die Bräuche in Feld und Lager boten dafür aber kaum Gelegenheit. So stand der Beschäftigungslose meist vor den Scherben seines Lebens. Ohne Aussicht auf Arbeit (wer wollte schon einen Krüppel einstellen) ging es schnell bergab. Waren Frau und Kinder auch noch vorhanden, so wurden sie mit ins Elend gerissen. Daß dies oft der Fall war, zeigen die häufigen Darstellungen bettelnder Kriegerfamilien.[10]

Ein Leben am Rand der Gesellschaft war die triste Aussicht für diese Gruppe. Natürlich galt dieses Dahinvegetieren vor allem für die niederen sozialen Schichten, wo kein familiäres Netz den Absturz auffangen konnte.

Wesentlich besser ging es den Mitgliedern wohlhabender Bürgerhäuser und Adeligen, denen der finanzielle Hintergrund ein oben beschriebenes Schicksal ersparte.

Die Versorgungsmechanismen waren folglich von gar nicht bis reichlich vorhanden. Blieben die einen aussichtslos auf der Strecke, so überlegte man für die anderen Abhilfe- und Unterstützungsmöglichkeiten.

Realität wurde das „hotel des aveugles" im Paris des Mittelalters. Die Kreuzzüge brachten nicht nur enorme Verluste von Mensch und Material, meist schon auf der Reise, sondern auch eine Vielzahl von neuen Verwundungen und Krankheiten bei den Zurückkehrenden. Besonders aus dem

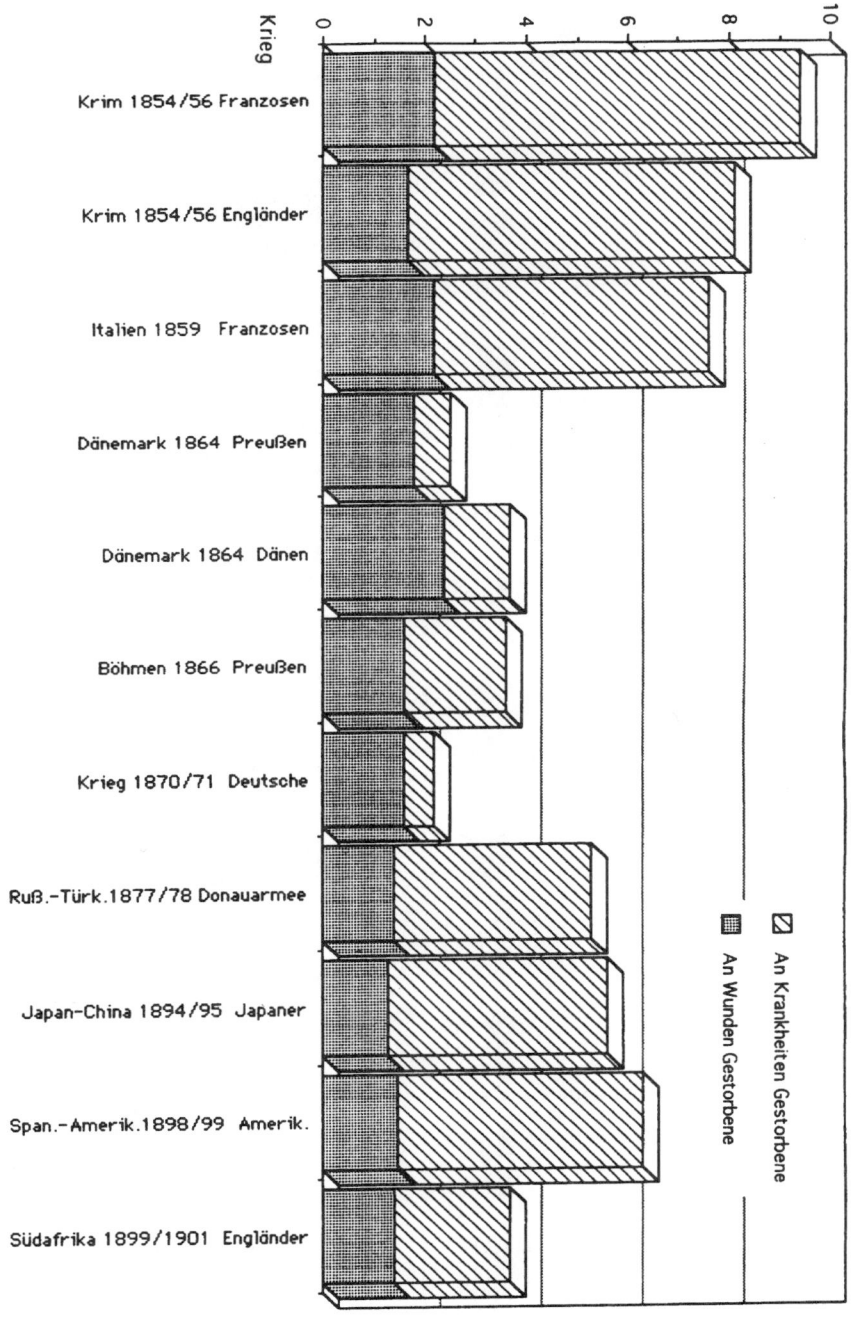

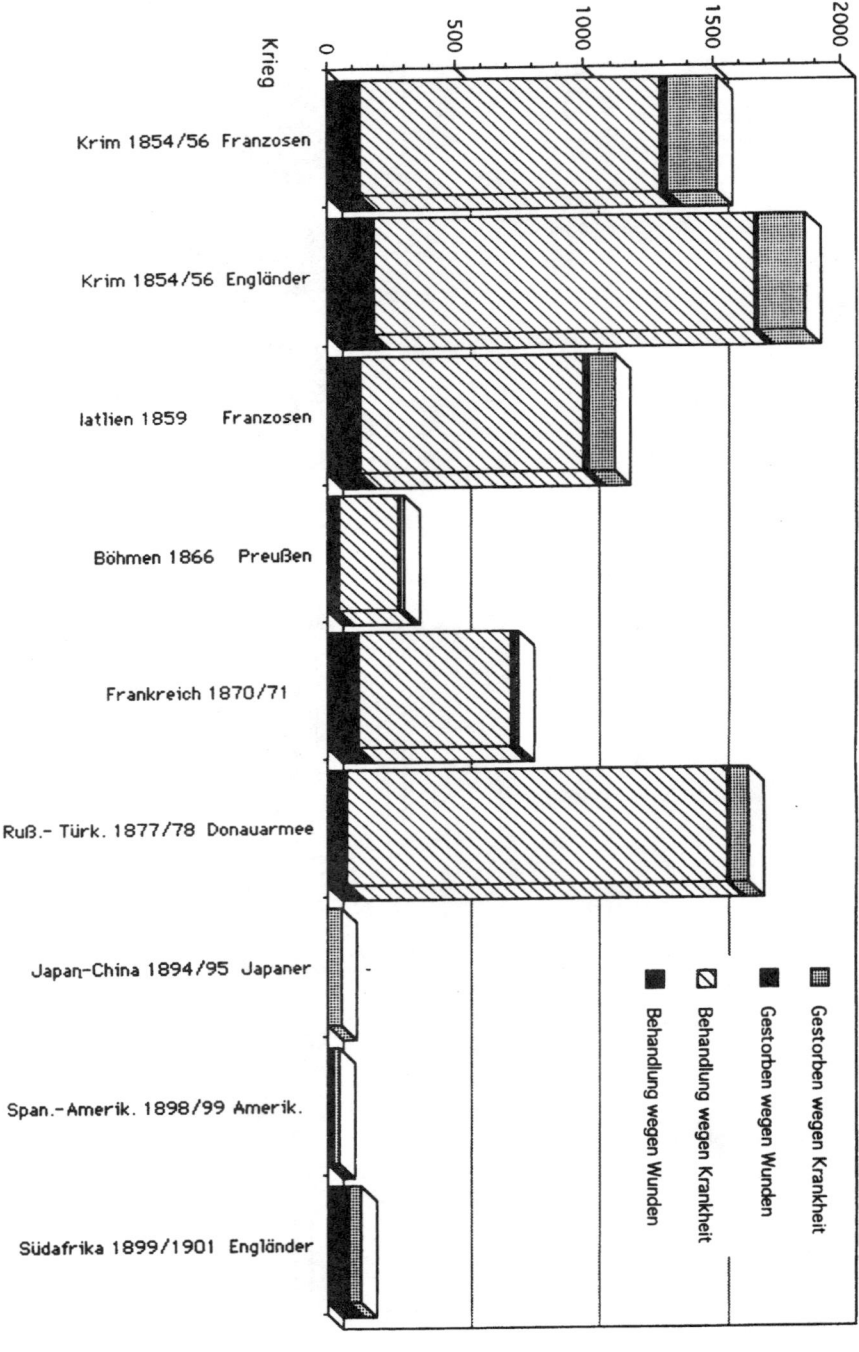

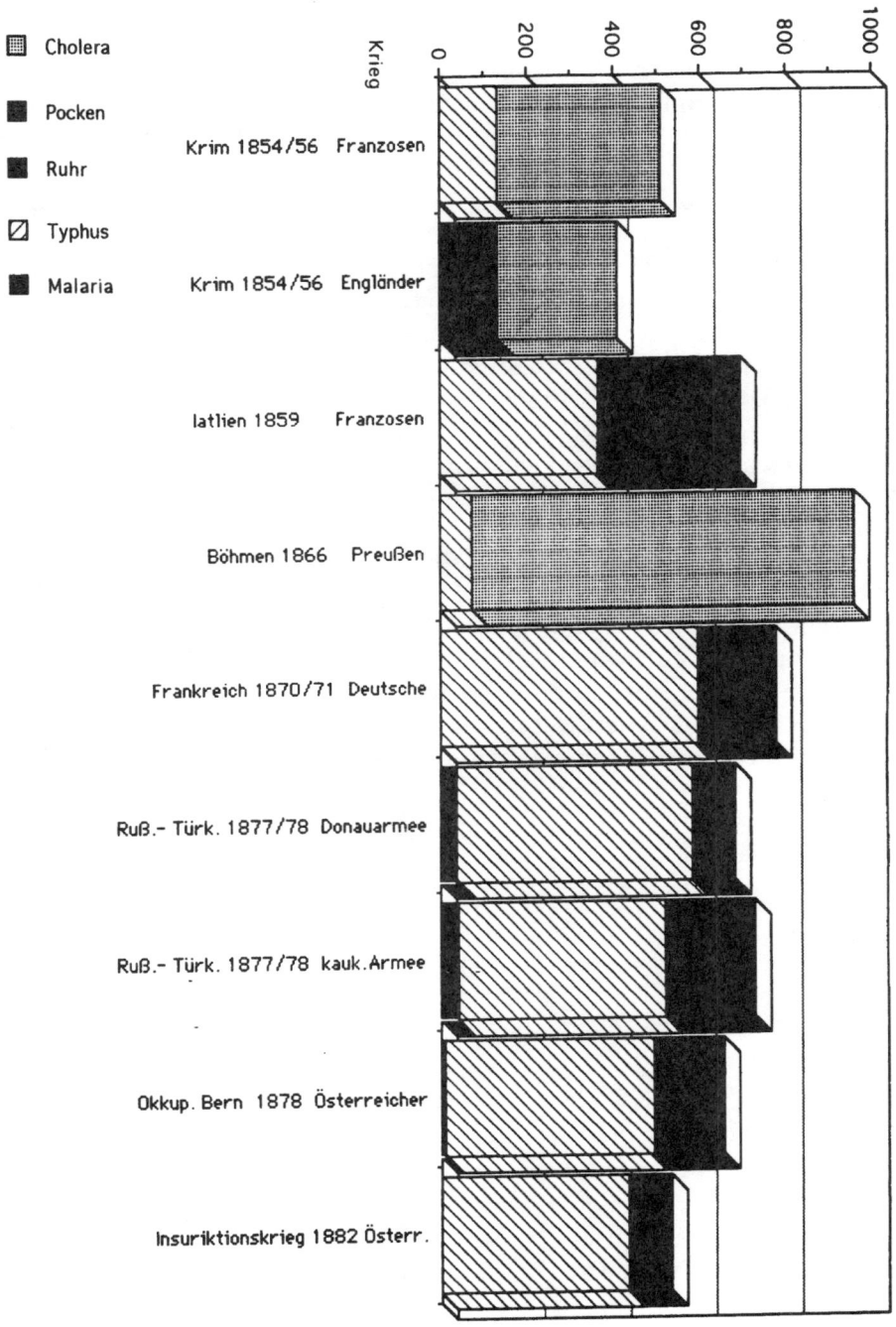

ersten Kreuzzug kamen viele blind zurück. Schuld daran war, unter anderem, die „Ägyptische Augenentzündung". Dieses Trachom ist eine leicht übertragbare Erkrankung der Augenbindehaut. Folgeveränderungen an der Hornhaut können zu schweren Sehschädigungen und zur Blindheit führen. Die entzündete Bindehaut sondert ein eitriges Sekret ab. Dieses ist höchst ansteckend. Vor allem schlechte hygienische Bedingungen, gemeinsame Benützung von Bettwäsche, Handtüchern und Waschutensilien tragen wesentlich zur Verbreitung bei.[11] Der effektivste Kampf gegen das Trachom ist die genaue Beachtung sämtlicher Hygienevorschriften und der Einsatz von Desinfektionsmitteln. Nur mit diesen Vorsichtsmaßnahmen ist eine Eigenübertragung und auch Ansteckungsgefahr für die Umgebung bekämpfbar. Bis heute ist diese Infektionskrankheit in Staaten mit schlechten sanitären und sozialen Bedingungen ein akuter Feind der Sehkraft, trotz der theoretischen Verfügbarkeit von Pharmazeutika und antibakteriellen Lösungen.

Natürlich gab es all diese medizinischen und sanitätspolizeilichen Maßnahmen im Mittelalter überhaupt nicht, womit sich die Krankheit fatal ausweiten konnte.

So errichtete Ludwig IX., der Heilige, 1260 das Hospital des Quinze-Vingts als Blindenversorgungsstätte für durch obig beschriebene Ereignisse betroffene Adelige. Es war eine gut dotierte, reiche Anstalt. Sie nahm sowohl stationär auf, unterstützte auch außerhalb des Hauses lebende Blinde der Oberschicht mit einer lebenslänglichen Leibrente.[12]

Diese Sozialsituationen galten, nur durch wenige Ausnahmen unterbrochen, bis zu Anfang unseres Jahrhunderts, bis zum Ausbruch des Ersten Weltkriegs.

IV. Der Erste Weltkrieg

1. Militärische Aspekte

1.1 Allgemeine Entwicklung

Bilbliotheken sind mit Werken über diesen Konflikt gefüllt. Es ist nicht Ziel der vorliegenden Arbeit, sich in diese Spezies einzureihen. Der Personenkreis, der hier behandelt wird, hat jedoch durch die Involvierung in kriegerische Handlungen eine entscheidende Veränderung seiner Lebensqualität und seiner Lebensinteressen erfahren müssen. Es sei daher hier nur in knappem Rahmen eine Schilderung des militärischen Umfelds gegeben.

Im Sommer 1917 ging der Krieg seinem Höhepunkt entgegen. Die politischen und militärischen Erwartungen der Teilnehmer, mit denen sie 1914 begannen, waren alle nicht eingetreten. All die Konflikte seit 1870/71 waren nur oberflächlich operativ und logistisch ausgewertet worden – Fehler, die sich bereits im Sommer 1914 bemerkbar machen sollten. Man hatte Kämpfe von mehreren Wochen erwartet – nun waren es schon drei Jahre –, und es sollte noch weiter gehen. Allgemein suchte man die Entscheidung und bot alle Kräfte auf. Keine Armee konnte jedoch die konfliktentscheidende Übermacht aufbauen. Deutschland und Österreich konnten zwar wichtige Schlachten für sich entscheiden, doch niemals aus dem Mehrfrontenkrieg ausbrechen. Der Seekrieg traf die Nachschub- und Verbindungslinien der Alliierten empfindlich, ein Umschwung konnte aber auch hier nicht erzielt werden.

Der Ausgang des „Großen Völkerringens" war daher schon vorgezeichnet und absehbar. Die Begründung ist bereits vor 1914 zu suchen, als besonders die Regierung Österreich-Ungarns Wirtschaft und Bevölkerung extrem schlecht auf eine künftige bewaffnete Auseinandersetzung vorbereitet hatte. Es fehlte daher sehr bald an allen Ecken und Enden. Der hohe Blutzoll österreichischer Truppen konnte die Fehler in der Rüstungsvorbereitung in keiner Weise wettmachen. Die Menschen- und Materialverluste waren nicht mehr wiedergutzumachen. Die sich abzeichnende Tragödie erkannten auch die Regierungen. Die Mittelmächte suchten daher den Frieden, die Alliierten hatten Zeit und ließen diese für sich arbeiten; so mußte bis zum bitteren Ende weitergekämpft werden.[1]

Die Kriegsführung der letzten eineinhalb Jahre unterschied sich folglich auch deutlich von der Grundkonzeption des Sommers 1914.

Eine Umstellung, die allen große Schwierigkeiten verursachte.

Der Angreifer konnte sein Schwergewicht frei wählen, der Verteidiger war gefordert, vor allem die Reserven operativ klug einzusetzen. Dies war jedoch nur durch rasche Truppenverlegungen möglich. Der Grund, warum der Straßen- und insbesondere der Bahnbau in dieser Zeit so intensiviert wurde.[2]

Durch den Krieg mit Italien 1915–1918, wurden die Dolomiten mit ihren Tälern zu heiß umstrittenem Kampfgebiet. Unermeßliches hatten nicht nur die dort eingesetzten Soldaten zu leiden, sondern leisteten auch die Bautrupps der k. u. k. Armee. In unglaublichen Bauzeiten von nur wenigen Monaten wurden in dieses schwierige Terrain die Dolomitenbahnen hineingebaut. Damit wurde der Nachschub auf neue Dimensionen umgestellt, genauso aber auch ein wesentlich schnellerer Abtransport von Verwundeten in die Versorgungseinrichtungen des Hinterlandes ermöglicht.[3]

Die Deutschen waren von ihrem Ausbildungsgrundsatz „die Hauptkampflinie muß am Ende einer Abwehrschlacht noch immer in eigener Hand sein" nicht abzubringen. So kam es zu überaus kräfteverzehrenden Gegenangriffen. Daher hatten dann Angreifer und Verteidiger in den großen Abwehrschlachten annähernd gleich hohe Verlustzahlen. Das zeigte sich besonders am Isonzo, wo das Gebirge ein Ausweichen nicht möglich machte. Krieg war überall, so daß auch der Nachschub nurmehr unter größten Gefahren aufrecht erhalten werden konnte. Der aufopfernde Einsatz der Grabenkämpfer stand über allem. Hier wurde der gute Name der Infanterie aufgebaut.[4] Bis 1914 war das militärische Credo die Offensive. Bewegung war die Grundlage der Initiative. Es galt der Grundsatz: „Die schnellste Entscheidung erfolgt im Angriff." Erst in diesem Krieg lief man sich fest. Man mußte sich einrichten, kämpfte mit irrealem Aufwand um einige hundert Meter vor oder zurück. Es sei in diesem Zusammenhang besonders auf die 12. Isonzoschlacht hingewiesen. Ab 1916 wurden die Soldaten der Mittelmächte mit 10,5 Mill. Stück Stahlhelmen von der Firma Krupp aus Essen und Berndorf ausgerüstet. Die zunehmende Kriegserfahrung der Kämpfer ließ die hohen Verluste nicht noch schlimmere Dimensionen annehmen.

Militärisch läßt sich der Krieg in zwei große Abschnitte gliedern:
– von 1914 bis 1916 konnte keine Partei, trotz ungeheuren Aufwands, an irgendeiner Front kriegsentscheidende Vorteile erzielen.
– 1917 bis 1918 war es den Alliierten auch nur durch die wirtschaftliche und militärische Unterstützung der 1917 in den Krieg eingetretenen Vereinigten Staaten möglich, die immer mehr notleidenden Mittelmächte zu besiegen.[5]

Österreich-Ungarn mobilisierte in den Kriegsjahren fast 8,5 Mill. Soldaten. Das sind 75% der männlichen Bevölkerung.[6]

Insgesamt starben 1,016.200, 518.000 blieben auf den Schlachtfeldern, 1,943.000 wurden verwundet, 1,691.000 gefangen, in der Gefangenschaft starben 480.000 Mann.

Bei den Gefallenen war der Anteil des Offizierskorps mit 13,5 Prozent deutlich höher als der von Unteroffizieren und Mannschaft mit 9,8 Prozent.

Einen besonders hohen Blutzoll leisteten die Südmährer, bei denen auf 1000 Einwohner 44 Kriegstote kamen. Die Kärntner ließen 37 von 1000 auf den Schlachtfeldern, und die Sudetendeutschen, Tiroler, Vorarlberger und Steirer kamen auf je 34. Weiter in den Osten wurde der Tribut an den Krieg ein bißchen geringer. Ober- und Niederösterreich mußten je 27, Wien 22 Soldaten dem Krieg geben. Von den nicht deutschsprachigen Ländern mußten die Ungarn mit 28 Toten den höchsten Beitrag leisten.[7]

Resumee:

Alle Kriegsteilnehmer mußten erkennen, daß die Infanterie nicht mehr im Block kämpfen konnte. Das feindliche Flachfeuer der aufkommenden automatischen Waffen hätte eine viel zu große Trefferfläche vorgefunden. Der Infanterist wurde in die Erde gezwungen, hatte dort seine Stellungen auszubauen und sich kriechend fortzubewegen. Die Kavallerie war nicht mehr einsetzbar.

Der Umdenkprozeß dauerte lange. Die Eindrücke vom Stellungskrieg mit seinen unerwartet hohen Materialeinsätzen, ließen die neuen Technologien nicht in ihrer Wichtigkeit durchdringen. Beweglichkeit und hohe Kampfkraft waren die neuen Dimensionen. Flugzeuge und Panzer mußten mit den Einsatzmöglichkeiten der Infanterie verbunden werden. Die daraus resultierenden Probleme beschäftigten die Militärs intensiv.

Die Zwischenkriegszeit wurde nur zu gut genutzt, um diese Aufgabenstellungen zu lösen.[8]

2. Soziale Aspekte

2.1 Erblindungen von Soldaten der k. u. k. Monarchie – Ursachen

Der Primar an der Abteilung für Augenkranke im Landesspital von Laibach Dr. Bock, befaßte sich ausführlich mit Augenverwundungen in militärischen Auseinandersetzungen. Er stellte eine stetige Zunahme dieser Verletzungen in den Kriegen von 1863/64 weg, bis zum Ersten Weltkrieg fest. Dazu traf er eine Unterscheidung zwischen den Kriegen im Norden und im Südosten, maß also dem Gelände und der Bodenbeschaffenheit große Bedeutung zu:" Im Kalkgebirge kommt zu der unmittelbaren Wirkung des

Geschosses auch noch die mittelbare der vom Boden leichter zurückprallender Bruchteile jenes und die losgesprengten Stücke des Felsens, also die vermehrte Möglichkeit der Verletzungen durch Geller."[1]

Solche Steinsplitter, Erdbrocken nach Explosionen und Splitter von Geschossen können zu höchst schmerzhaften Abschürfungen der Hornhaut führen. Natürlich ist man sofort bemüht, diese Verunreinigungen zu entfernen. Beim Auswischen mit verschmutzten Händen oder Tüchern kann es zu einer Infektion kommen. Ein Ulcus corneae serpens entsteht. Die in Mitleidenschaft gezogene und zusätzlich verunreinigte Hornhaut löst sich dann nach ungefähr zwei Tagen als eitergelber toter Hautfetzen ab. Damit ist auch die Sehfähigkeit verloren.

Schuß, Explosions- und Schlagverletzungen können die knöchernen Schädelwände rund um den Augapfel splittern lassen. Schwere Blutungen in den verschiedenen Schichten des Augapfels sind die Folge. Die Zerstörungen von einzelnen Teilen der Augen gehen damit faktisch immer Hand in Hand. Trifft stumpfe Gewalt das Auge von vorne oder dringt ein Streifschuß am unteren Augenhöhlenrand in den Gesichtsschädel ein, birst die Aderhaut. Hier haben Schlag und Schuß dieselbe Wirkung. Die Aderhaut wird undurchsichtig, die Erblindung ist damit gegeben.

Auch die Druckwelle einer zu nah erlebten Explosion löst fatale Folgen aus. Sie führt zu starken Blutungen in der Netzhaut und zum oben beschriebenen Endeffekt, der Undurchsichtigkeit.

Starke Blutungen und die damit verbundenen großen Blutverluste können eine Abblassung der Sehnervscheibe verursachen, der Sehpurpur wird drastisch herabgesetzt, eine starke Visuseinschränkung ist die Folge.

Der deutsche Arzt Dr. Hermann Wilbrand berichtete am Ende des Ersten Weltkriegs über seine Erfahrungen mit einigen hundert augenverletzten Soldaten. Er beschäftigte sich intensiv mit Sehstörungen und Erblindungen nach Schädeltraumen und Schußverletzungen. Seine Einteilungen erfaßten Waffenart u. Kaliber, die Art des Schusses (z. B. Steckschuß, Prellschuß etc.), die Schußrichtung und die Entfernung, aus der der Schuß abgegeben wurde.

Die von ihm angeführten und untersuchten Patienten, die durch oben angeführte Verwundungen total erblindet waren, starben alle in den folgenden Wochen an Meningitis (Gehirnhautentzündung).

3. Wer waren sie?

3.1 Gliederung nach militärischen Rängen

War das Gros der eingerückten Soldaten dem Mannschaftsstand angehörig, bildeten die untersten militärischen Dienstränge auch den Löwenanteil der erblindeten Soldaten. Bis Ende 1914, also in den ersten Kriegsmonaten, wurden 14 Mann in die Wiener Kriegsblindenbetreuungsstätte im Prater eingewiesen. Während des ersten vollen Jahres im Kriegszustand, also 1915, kamen im Schnitt 14 Neue pro Monat dazu, so daß bis Jahresende 186 Mann das gleiche Schicksal sich teilten. Allein das Frühjahr 1916 brachte den katastrophalen Zuwachs von 94 Kämpfern, so daß nach 2 Kriegsjahren 280 Mann ohne Sehkraft von den Auseinandersetzungen zurückgekehrt waren. Sie teilten sich auf in:

8 Subalternoffiziere, darunter 2 Hauptmänner und 3 Oberleutnants,
31 Unteroffiziere und 241 Chargen und Mannschaft.

Der verhältnismäßig hohe Anteil an Offizieren und Unteroffizieren zeigt deutlich die exponierte Position der unteren Führungsebenen und deren große Ausfallszahlen. Der hier aufgezeigte Erblindungsfaktor steht auch stellvertretend für die allgemeine Situation der kämpfenden Truppe. In jedem Krieg kommt es, obwohl anfänglich voll aufgefüllt, daß mit fortschreitender Dauer der Kämpfe der Bedarf an Führungskräften immer dringender wird. Nicht wegen deren Unfähigkeit oder Feigheit. Gerade im Gegenteil! Weil sie sich an den gefährlichsten oder exponiertesten Stellen als erste und am längsten aufhalten, erwischt es sie besonders oft.

Die tragische Erkenntnis, daß der Anfang von Kämpfen immer eine überdurchschnittlich hohe Ausfallsrate bringt, zeigt sich auch hier überdeutlich: In den ersten 24 Monaten fielen 280 Erblindungen an, in den weiteren 27 Monaten „nur mehr" 98. Also in weniger als der Hälfte der Kriegszeit waren 74% der Verwundeten erreicht.

Bis September 1916 betraf es von der Mannschaft waffengattungsbezogen, 184 Infanteristen, 17 Jäger, 13 Arbeiter unter militärischem Kommando, 5 Kanoniere, 2 Landesschützen, 1 Dragoner, 1 Sappeur.[1]

3.2 Nationalitäten

Ein buntes Völkergemisch diese k.k Armee, die mit veraltetem Gerät, halbherziger Finanzierung und einer, nicht nur im taktischen Sinn, weit überalterten Führung im Inneren, an vielen Fronten nach außen sich verzettelnd, zwischen August 1914 und November 1918 einen aussichtslosen Kampf führen mußte.

Kriegsblinde des 1. WK: Chargen und Mannschaft

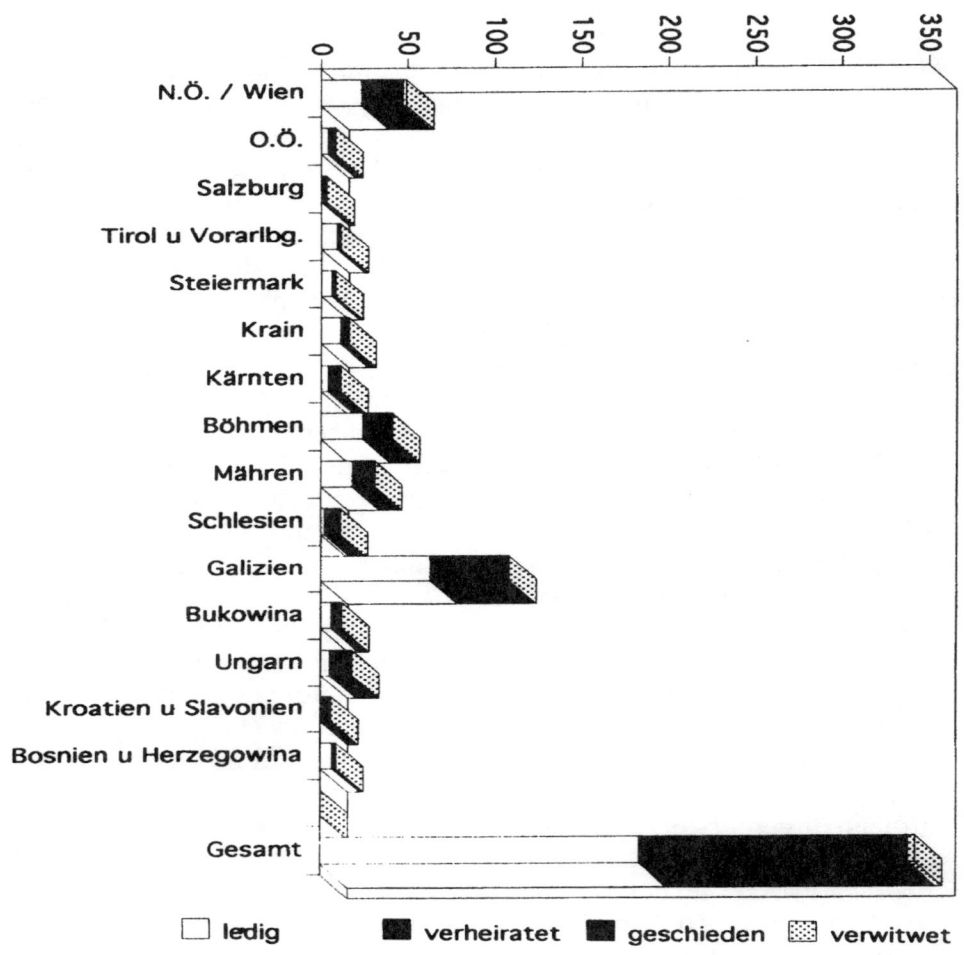

Kriegsblinde des 1. WK: Unteroffiziere

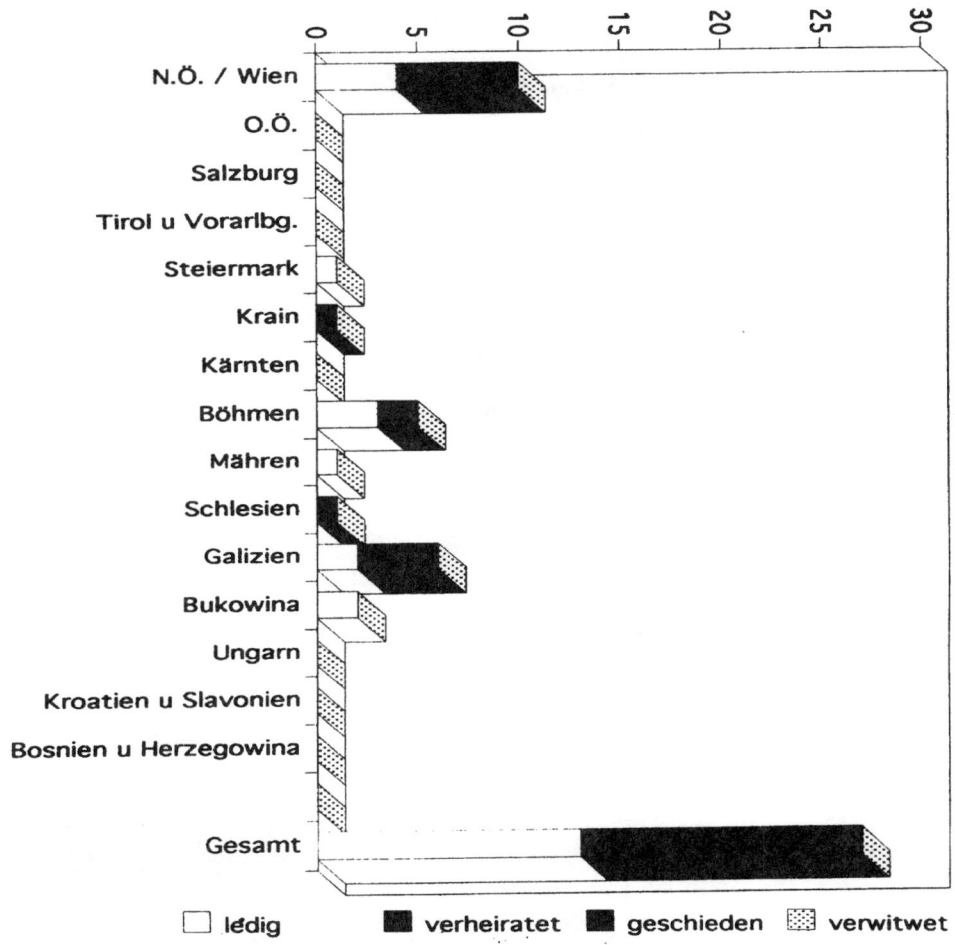

Kriegsblinde des 1. WK: Offiziere

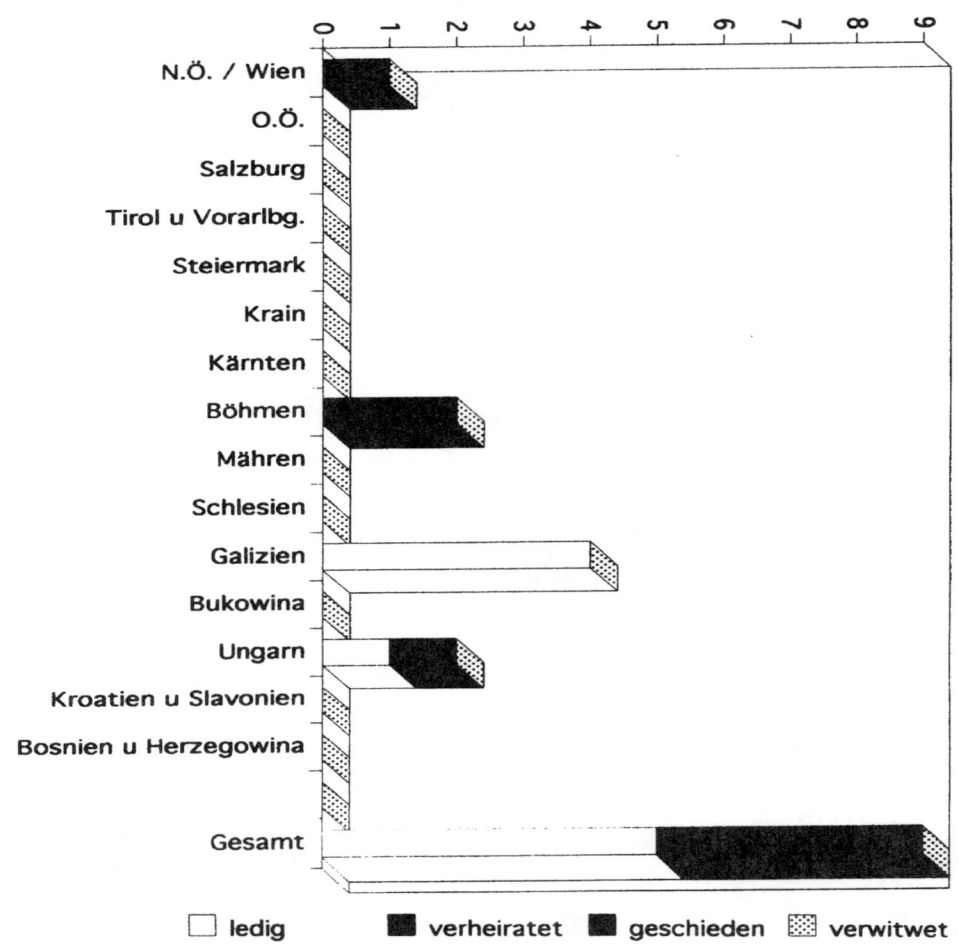

Obwohl sich das „Feldgrau" immer mehr durchsetzte, zeigten Farben und Formen der Ausgangsuniformen die Vielfalt der Kulturen und Regionen, die hier unter einer Fahne kämpften.

Die folgende Statistik mag besser als alle Erklärungen zeigen, wie wahllos das Schicksal zuschlug.

(Statistik Länderanteil der blinden Kriegsopfer, siehe folgende Seite)

Der exorbitant hohe Anteil an Galiziern mag damit begründet sein, daß in diesem Kronland besonders viele Feindberührungen stattgefunden haben. Hier lag das österreichisch-ungarische Schwergewicht der militärischen Aktionen auf dem Balkan. Die Quote der eingerückten Galizier lag im Durchschnitt der übrigen Länder und weist aus dieser Perspektive keine Besonderheiten auf.

3.3 Familienstände

Die Verheirateten kamen zurück und wurden von ihren Partnerinnen mit ihrem neuen Erscheinungsbild durchwegs, zumindest nach außen hin, wieder angenommen. Sicher hat zu dieser hohen Akzeptanz auch der Umstand beigetragen, daß die Versorgungslage und allgemeine Unterstützung gerade in diesem Bereich ein sehr hohes Niveu hatte und hat, so daß ein Leben ohne den großen Sorgen um die Existenz in den schwierigen Nachkriegsjahren gewährleistet schien. Was sich ja auch tatsächlich, wenngleich nur durch jahrelange Kämpfe eines starken Verbandes, ergab.

Ganz anders – und unvergleichlich schwieriger – gestaltete sich die Situation der vom Krieg ohne Sehkraft Zurückgekehrten, die obendrein noch in keiner fixen Bindung und durch eine Gattin abgesichertem Heim Unterschlupf finden konnten.[2]

3.4 Zivilberufe

Der Erste Weltkrieg hatte noch nicht diese Stufe der Umbarmherzigkeit des folgenden erreicht, daß auch Kinder zu den Waffen gerufen wurden. So hatte jeder seine Schulbildung und seinen Beruf im Zivilleben zurückgelassen, um das Handwerk des Kriegers zu ergreifen. Woher kamen sie also, die so ein hartes Los traf?

Von der Schulbildung her hatten 77,7% nur die Elementarschule, 9,2% auch eine Gewerbe- oder Fortbildungsschule, 6% Handelsschule, 5,5% Mittelschule und nur 1,8% die Hochschule besucht. In engem Zusammenhang damit zeigt die Statistik der ausgeübten Berufe, daß von den Kriegs-

Kriegsblinde des 1. WK

Offiziere	ledig	verheiratet	geschieden	verwitwet
N.Ö./Wien	4	6		
O.Ö.				
Salzburg				
Tirol u. Vorarlbg.				
Steiermark	1			
Krain		1		
Kärnten				
Böhmen	3	2		
Mähren	1			
Schlesien		1		
Galizien	2	4		
Bukowina	2			
Ungarn				
Kroatien u. Slavonien				
Bosnien u. Herzegowina				
Gesamt	13	14		

Unteroffiziere	ledig	verheiratet	geschieden	verwitwet
N.Ö./Wien	60			2
O.Ö.	8			
Salzburg	3			
Tirol u. Vorarlbg.	11			
Steiermark	9			
Krain	17			1
Kärnten	11			
Böhmen	48			
Mähren	32			
Schlesien	12			
Galizien	118			1
Bukowina	14			
Ungarn	20			
Kroatien u. Slavonien	6			
Bosnien u. Herzegowina	9			
Gesamt	378			4

Chargen und Mannschaft	ledig	verheiratet	geschieden	verwitwet
N.Ö./Wien	23	22	2	
O.Ö.	4	4		
Salzburg	1	2		
Tirol u. Vorarlbg.	9	2	2	
Steiermark	6	2		
Krain	11	4		
Kärnten	4	7		
Böhmen	24	17		
Mähren	18	13		
Schlesien	2	9		
Galizien	63	44		
Bukowina	6	6		
Ungarn	5	13		
Kroatien u. Slavonien		6		
Bosnien u. Herzegowina	7	2		
Gesamt	183	153	4	2

blinden nur 5% in freien Berufen, 7% als Beamte, 17% im Handel und Verkehr, 19% in der Landwirtschaft und 52% in Industrie und Gewerbe tätig waren. Dieser Prozentsatz entsprach nicht ganz dem Verhältnis der Bevölkerungszusammensetzung. Die freien Berufe unter der Bevölkerung betrugen 9,3%, die Beamtenschaft 8,4%, die in der Landwirtschaft Beschäftigten 33,6%, die im Handel und Verkehr Tätigen 34,6% und schließlich die in Industrie und Gewerbe Beschäftigten waren unter der Bevölkerung mit 34,6% vertreten.

In absoluten Zahlen zeigt ein Überblick die Berufszugehörigkeit:
Höhere Bildung besaßen: 6 Beamte – 5 Studenten – Berufsoffiziere und Lehrer
Lehrberufe und angelernte Berufe übten aus:
56 Bauern – 32 Arbeiter – 22 Feldarbeiter – 12 Schlosser –10 Schuhmacher – 8 Kutscher – 7 Hilfsarbeiter und Maurer – 6 Tischler, Zimmermänner und Fleischhauer – 5 Bäcker – 4 Fabriksarbeiter – und ein weiterer bunter Reigen durch alle nur erdenklichen Berufsarten.[3]
Die Altersstruktur ergänzt oben gemachte Feststellungen um die Tatsache, daß es meist die Jungen „erwischte".[4]

4. Erblindet fürs Vaterland

4.1 Kriegsblindenheime der k. u. k. Monarchie

Das k. k. Blindenerziehungsinstitut in Wien wurde noch im Hochsommer des Jahres 1914 angewiesen, eventuell anfallende Kriegsblinde aufzunehmen.

Es war vorgesehen, alle Augenverletzten der k. k. österreichisch-ungarischen Armee hier unterzubringen und zu versorgen.

Sehschädigungen traten aber viel öfter auf als erwartet, so daß bereits 1915 ein Umdenken und eine Neuaufteilung notwendig wurde.[1]

Das k. k. Blinden-Erziehungs-Institut Wien mit seinen später angeschlossenen Exposituren wurde in die österreichische Kriegsblindenzentrale umgewandelt, die die Aufteilung der Verwundeten an die anderen Einrichtungen vorzunehmen hatte. Für den transleithanischen Bereich wurde vom königlich ungarischen Invalidenamt eine Kriegsblindenschule in Budapest eingerichtet, um dort die nach Ungarn zuständigen Verletzten aufzunehmen.

Die Kroaten schickte man in die St. Vitus-Blindenanstalt nach Agram.

Die Klarsche Blindenanstalt in Prag erklärte sich bereit, die Böhmen, Mährer und Schlesier zu versorgen.

Für die südlichen Kronländer der Monarchie übernahm diese Aufgabe die Odilien-Blindenanstalt in Graz.

Die Kärntnerische Landes-Blindenanstalt in Klagenfurt betreute die eigenen Landsleute.

In die Blindenfürsorgeanstalt Linz wurden auch mehrere Kriegsblinde geschickt.

Anfang Jänner 1916 wurde in Salzburg ein Landesblindenheim neu eröffnet. Es übernahm die Betreuung der Salzburger sowie der Oberösterreicher, Tiroler und Vorarlberger als Angehörige des XIV. Korps.

Besonders viele Galizier erlitten Augenschäden. Die Kämpfe in diesem Teil der Monarchie waren besonders heftig. Wien war bald mit deren Betreuung überfordert. Anfang Mai 1916 wurde an der Galizischen Blindenanstalt in Lemberg eine Kriegsblindenabteilung als Filiale des Wiener Instituts eingerichtet. Nun konnten Obige in ihrer Heimat betreut werden.

Im Juli 1916 nahm die Kriegsblindenschule in Brünn ihre Tätigkeit auf, um die Mährer zu versorgen.

Gut ein Jahr später, Ende September 1917, eröffnete man eine eigene Militär-Blindenanstalt in Lemberg als Unterabteilung der ortsansässigen Militär-Invalidenschule. Nun war auch für Polen und Ruthenen Platz vorhanden. Die intensive Zusammenarbeit mit Wien blieb bestehen.

Für Wien wurde mit Kriegsministerialerlaß Nr. 24326 vom 30. März 1916 die Pflegestätte für Kriegsblinde in Wien XIX., Rudolfinergasse installiert und diese vormalige israelitische Blindenschule mit Erlaß Nr. 55.712 vom 18. September 1917 ausdrücklich zur Ausbildung Kriegsblinder mosaischen Bekenntnisses bestimmt.

Der Juli 1917 brachte die Eröffnung einer bis heute, wenn auch umgewidmeten Institution, des Kaiser Karl Kriegsblindenheims im 13. Wiener Gemeindebezirk, in Baumgarten.

Besondere Beachtung, ob ihrer Einzigartigkeit, verdient die landwirtschaftliche Kriegsblindenschule Straß im Strassertal als Expositur der Zentrale Wien.[2]

Der Krieg verschonte auch diese humanitären Einrichtungen nicht. In Czernowitz wurde die Blindenunterrichtsanstalt schwer durch die Russen beschädigt und devastiert. An einen weiteren Betrieb war nicht zu denken. Der Vorsitzende des Vereins zur Fürsorge für Blinde in der Bukowina, Regierungsrat Dr. PROCOPOVICI, schaffte es, alle Bukowiner in Wien unterzubringen. Da in beiden Fällen die Unterrichtssprache deutsch war, gab es keine Verständigungsprobleme.[3]

Triest sollte in das von Baron Karl und Baronin Zäzilia RITTMEISTER gestiftete und nach ihnen benannte Blindenasyl die küstenländischen Kriegsblinden aufnehmen, und für Krain war in Laibach eine Kriegsblindenabteilung an der örtlichen Blindenschule geplant. Beide Projekte konnten aber bis zum Ende der Auseinandersetzungen im November 1918 nicht realisiert werden.

Das Kaiser Karl-Kriegsblindenheim

Die Kriegsblindenzentrale war nach verschiedensten Lazarett- und Spitalsaufenthalten die erste behinderungsspezifische Anlaufstelle für die Betroffenen.

Bald war die Kapazitätsgrenze erreicht, man mußte sich auf die Suche nach einem Ausweichquartier begeben.

In Baumgarten, einem damals noch ruhigen Villenviertel im Westen Wiens, heute durch Westbahn und Westausfahrt als Zubringer zur A1, stark beeinträchtigt, stand seit 1908 das Kaiser Franz Josef-Blinden-Arbeiterheim.

Daneben waren noch zwei Bauparzellen mit insgesamt 2865 Quadratmetern frei.

Das Innenministerium und das Kriegsministerium stellten 110.000,– Kronen zur Verfügung. Dieser Sockelbetrag ermöglichte es, zusammen mit Spendengeldern, auf diesem Grundstück ein Haus mit Betreuungs- und

Abb. 4: Kaiser Karl-Kriegsblindenheim in Wien-Baumgarten

Beschäftigungsmöglichkeiten für alleinstehende, durch kriegerische Handlungen Erblindete, zu errichten.

Architekt Karl LIMBACH, der schon das Arbeiterheim entwarf, also Erfahrung hatte, führte auch diesen Bau aus. Da Stadtrat ZATZKA und der Baumeister gemeinsam dem Verein zur Förderung der Kriegsblinden angehörten, ließen sich Grundstücksangelegenheiten und Baugenehmigungsbescheide in freundschaftlicher Atmosphäre schnell und zielstrebig abwickeln.

Das Haus (siehe Bild) mit 578,6 Quadratmetern verbauter Fläche, war für die Verhältnisse der Zeit überaus großzügig im Platzangebot.

Neben den Wohnräumen für Leitung und Betreuung gab es 11 Zweibettzimmer, die sogar über Fließwasser verfügten. Bürstenbinder- und Korbflechterwerkstätten mit Nebenräumen, und mit dazugehöriger Verkaufs- und Warenhalle, waren Garanten für Beschäftigung und Absatzmöglichkeiten. Duschen im Keller, Aufenthaltsräume, Musikzimmer und die Kegelbahn im Garten rundeten das „Komfortangebot" ab.

Der Inspektionsoffizier Anton RAPPAWI (Es handelte sich ja nach wie vor um Militärpersonen, die hier betreut wurden. Anm. d. Verf.) war Blindenlehrer in Brünn und konnte so nicht nur behindertengerecht Aufsicht halten, sondern auch die Insassen in lesen, schreiben und rechnen unterrichten.

Der Direktionsadjunkt im Unterrichtsministerium Karl ROSENMAYER führte das Haus, das unter der Oberaufsicht des „Kommandanten der Spezialanstalt des Roten Kreuzes „Kriegsblindenzentrale" am k. k. Blinden-Erziehungs-Institut, Oberleutnant a. D., Regierungsrat Alexander MELL" stand. Dieses wurde über Anordnung des Permanenzkomitees für Kriegskrankenfürsorge in Niederösterreich als Zweiganstalt der Kriegsblindenzentrale angegliedert.[4]

Am 4. Juli 1917 bezogen die ersten Achtzehn den Neubau, der am 15. des Monats dann feierlich eröffnet wurde. Ein kurzer Blick auf die Liste der Ehrengäste zeigt, welch Interesse an dieser Hilfsform herrschte:

Generalmajor Augustin von ROCHEL vom k. u. k. Kriegsministerium, der Stadtkommandant von Wien Generalmajor Johann Ritter von MASSIG Vizebürgermeister von Wien Josef RAIN, Militär-Registratus-Direktor Guido Edler von HERDLICZKA, gleichzeitig Vorsitzender des Vereins zur Förderung der Kriegsblinden, Bezirksvorsteher Leopold KARLINGER und viele andere Persönlichkeiten aus Ministerien, der Hoheitsverwaltung und des Bezirks.

Nach vielen Reden wurden alle Räumlichkeiten besichtigt, und im anschließenden „small talk" kam man zu einer wichtigen Entscheidung:

Viele Kriegsblinde waren ja verheiratet. Daheim wartete Familie und oft ein eigener landwirtschaftlicher Betrieb oder eine neue Existenz als Gewerbetreibender. Doch es gab auch Entwurzelte, Alleinstehende, Hilflose. Für sie sollte die Möglichkeit des dauernden Aufenthalts geschaffen werden, bis sie neue Interessen entdeckt haben – oder bis zum Lebensende.[5]

Langsam wachsen sie in ihr neues Leben

Abb. 5–9: Vom Lazarett ins Kriegsblindenheim – Verzweiflung – Die Ziehharmonika – Der Freund eines Blinden – Der Gang zur Kriegsblindenschule

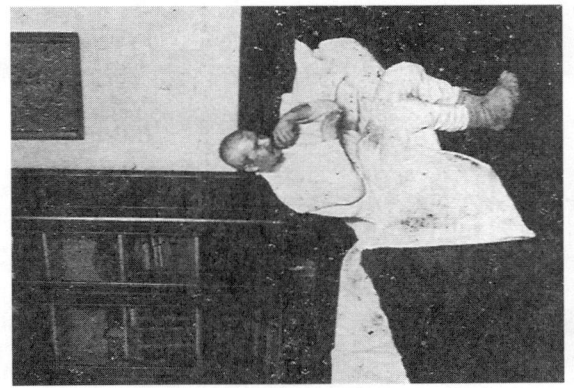

4.2 Das Leben in den Versorgungsanstalten

Die medizinische Behandlung nach den Augenverletzungen war in den Spitälern soweit abgeschlossen als daß man von einem stabilisierten Gesundheitszustand sprechen konnte. Natürlich mußte noch eine Nachbetreuung vorhanden sein, aber es sollte auch in diesen neuen Lebensumständen weitergehen. Die Überstellung von der Sanitätseinrichtung in die Kriegsblindenzentrale war der logische nächste Schritt.

Körperlich halbwegs wieder hergestellt, war die psychische Verfassung der Neuankömmlinge denkbar schlecht. Erst mit dem Zeitpunkt des Eintritts in das k. k. Blinden – Institut war erstmals eine behindertenspezifische Einrichtung für sie da, in der es mehr als nur ein paar tröstende Worte von Schwestern und Ärzten gab, deren Hauptaufgabe es war, gegen den täglichen Tod zu kämpfen.[1]

Das Foto zeigt einen „Neuzugang", der verschreckt und mühsam die Hauptstiege des Instituts heraufsteigt, weil er glaubt, alle Selbständigkeit verloren zu haben.

Erschütternde Szenen spielten sich ab. So war einer wochenlang nicht von seinem Bett wegzubringen. Er schlief stundenlang. War er wach, aß er ununterbrochen, sprach nichts und blieb nur auf seinem Bett sitzen.

Alle hielten ihn für geisteskrank. Nach monatelanger Behandlung durch blindenspezifisch geschulte Schwestern konnten sie ihn doch bewegen aufzustehen, in den Garten zu gehen und jedem zu erzählen, wie wohl er sich fühle, und stets gut gelaunt zu sein.[2]

Auch Josef Viskocil, ein tschechischer Bauernbursch und einer der ersten, die vom Einsatz blind zurückkamen, lag die ersten Tage teilnahmslos und fiebernd im Bett. Man machte sich schon allgemein große Sorgen um seinen Zustand, da konnte eine der Schwestern, die tschechisch sprach ein bißchen Zugang zu ihm finden. Nach langem Fragen, was man für ihn tun könnte, bat er um eine Ziehharmonika. Eine spontane Haussammlung brachte das nötige Geld auf, der Fabrikant, dem man die Geschichte erzählte, arrangierte einen Sonderpreis – Viskocil hatte seine Harmonika.

Mit einem Mal war er wie verwandelt. Er griff die Knöpfe, auch blind, so sicher, daß er gleich die Lieder seiner Heimat und die Kaiserhymne fehlerfrei intonieren konnte. Das strahlende Gesicht mit den toten Augen rührte die sehenden Zimmerkameraden und die Betreuer dermaßen, daß viele ihre Taschentücher hervorholen mußten. Ab dem Moment gesundete der Josef zusehends (und unterhielt den ganzen Schlafsaal).

Viele, ähnlich gelagerte Fälle sind berichtet. Als einem Verletzten im Spital eröffnet wurde ins Blindeninstitut überstellt zu werden, brach er ohnmächtig zusammen. Sie kamen in die Kriegsblindenzentrale und glaubten, alles sei aus und vorbei, die Zukunft war nicht vorstellbar.

In Prolling

Abb. 10: Am Gebirgsbach

Abb. 11: Der blinde Schafhändler (Mitte links)

Abb. 12: Ein lustiges Preiskegelschieben der Blinden (Mitte rechts)

Abb. 13: Unsere kriegsblinden Soldaten als Gäste des Oberleutnants Kinateder auf der Kegelbahn in der Sperlgasse

Von so nebensächlichen Kleinigkeiten, wie der Glaube nie mehr selbständig essen oder eine Virginia rauchen zu können – die aber größte individuelle psychische Belastungen verursachten – bis hin zu konkret geäußerten Suizidabsichten –, das Pflegepersonal war intensiv gefordert.

Die Anstaltskapelle kam zu neuen Ehren und wurde ab Herbst 1914 bis dahin unüblich häufig frequentiert. Viele suchten Trost im Gebet – und schienen auch über diesen Weg zu innerem Gleichgewicht gefunden zu haben.

Vom Institut aus wurde auch alles Erdenkliche getan um die Fügung ins neue Schicksal zu erleichtern. 5 Schwestern, von denen drei die Töchter des Direktors Regierungsrat Alexander MELL waren, der Linienschiffsarzt Alexius UHLIK und Oberleutnant KRANZ, Inspektionsoffizier der Anstalt mit Mannschaft, waren für die Betreuung zuständig.[3]

Das k. k. Blinden-Erziehungs-Institut war in seiner Konzeption eine Internatsschule für blinde Kinder. Mit seiner Umwandlung zur k. k. Kriegsblindenzentrale mußte die Aufteilung des Hauses verändert werden. Die Buben mußten aus ihren Trakträumen aus- und zu den Mädchen ziehen. Die freigewordenen Schlafzimmer wurden durch angrenzende Klassenräume ergänzt. Sogar der Turnsaal wurde mit Betten vollgestellt. Das Hilfsspital hatte eine Maximalbelegszahl von 110 Betten, die alle intensiv genutzt wurden. Nicht nur Blinde, auch anderwertig Verletzte brachte man unter, um eine Ghettoisierung zu vermeiden. Aus allen Ländern der Monarchie kamen sie zusammen, und so versuchte man sie auch danach einzuteilen. So gab es unter anderem für Wiener, Tiroler und Steirer den „Deutschen Schlafsaal", einen „Ungarschlafsaal" oder ein „Polenzimmer". An den genesenden Landsleuten konnten sich die Blinden psychisch aufrichten. Speisesaal, Kapelle, Garten und Werkstätten wurden von Schülern wie Soldaten gleichermaßen benützt. Auch hier gab es viele Möglichkeiten der Kontaktnahmen. Die Kinder, meist geburtsblind, vertraut mit Schrift und Schicksalsgefährten durch die Anlage, lasen ihnen vor oder halfen beim Erlernen eines Musikinstruments.[4]

Den großen Durchbruch zwischen den Kindern und den Soldaten brachte ein gemeinsamer Aufenthalt in Prolling (NÖ) zu Ostern 1915. Dort standen zwei Villen als WITTGENSTEINSCHE Schenkung ans Institut zur Verfügung.

Den Jugendlichen, von zahlreichen Aufenthalten die Umgebung wohlbekannt und vertraut, kam dort die Aufgabe zu, den 16 Kriegsblinden die Wege und Möglichkeiten der Gegend um Ybbsitz zu zeigen. Die Jungen waren von ihrer Betreuungsrolle so begeistert, daß sie die „Prollinger Pfadfindergruppe" gründeten. Sie waren ja jetzt diejenigen, die anderen bei der Orientierung und Erkundung von neuem Terrain helfen konnten. Eine Einrichtung, die sich über die Kriegsjahre hielt.[5]

Bei der Rast während eines Ausflugs setzte man sich auf die Baumstämme eines Holzlagerplatzes. Viele, vor dem Einrücken Bauern, erinnerte der

Geruch des Holzes an daheim, eine lebhafte Diskussion über den Holzhandel entwickelte sich. Nicht allzuweit weg blökte ein Schaf. Der ehemalige Bauer und Viehhändler Franz KIELBASA sprang auf und wollte unbedingt wieder ein Schaf angreifen. Mit „seinem Pfadfinder", zwei anderen blinden Bauern und einem sehenden Kameraden, stürzte er zur Schafweide, und es gelang ihnen tatsächlich, zwei Schafe einzufangen. Eifriges Abtasten, Schätzen und heftige Diskussionen folgten. Der dazugeeilte Bauer stand verständnislos neben der Szene und wachte erst schockiert auf, als KIELBASA einen polnischen Schätzpreis angab, der naürlich für hiesige Verhältnisse viel zu niedrig war.[6]

So war es den Erblindeten möglich, wieder einen Schritt näher zu sich selbst zu finden. Nach 14 Tagen in der Natur ging es wieder zurück in die Stadt.

Im Institut warteten viele neue Aufgaben.

Sie sollten ihr Schicksal in den Griff bekommen, an sich selbst glauben, Zukunftsperspektiven entwickeln, die Angst überwinden, sich in ihrem neuen Zustand ihre r Familie zu präsentieren.

Viel Abwechslung versuchte die Institutsleitung zu organisieren, um ihre Schützlinge auf andere Gedanken zu bringen.

Täglich wurde von 7.30–8.00 Uhr ein Vorlesedienst aus Zeitungen eingerichtet, wobei natürlich Politik und Kriegsführung die beherrschenden Themen waren. Heftige Diskussionen schlossen sich an und gaben den Beteiligten das Gefühl, noch immer voll im Geschehen, anerkannt in ihrer Persönlichkeit zu sein.

Eine Reihe von Repräsentanten des öffentlichen Lebens kamen ins Institut, um Vorlesungen zu halten, Vorträge, Musikabende und andere gesellschaftliche Ereignisse führten die Kriegsopfer auch hinaus aus dem wohlvertrauten Kreis.

Trotzdem waren die psychischen Probleme weit größer als die physischen, und in jedem Bericht aus dieser Zeit wird umständlich und zurückhaltend, aber doch klar erkennbar, über die Schwierigkeiten, Zweifel, Hochs und Tiefs der zu Betreuenden erzählt.

Zentrale Leitfigur war Direktor Regierungsrat Alexander MELL, der seine Direktionsräumlichkeiten zu Aussprachezimmern umfunktionierte, die lebhaft frequentiert wurden.[7]

Dr. Max MELL beschreibt in seinem Aufsatz „Bei den Kriegsblinden" seinen ersten Eindruck:

„Und betritt man einen der Räume, in denen sich die Kriegsblinden, Angehörige aller Nationen unseres Kaiserstaates, aufhalten, so schnürt es auch dem Besucher zuerst das Herz zu. Da sitzen und liegen die Pfleglinge, tasten sich die Betten entlang, um auf und ab zu gehen und sich ein wenig zu orientieren; manche tragen schwarze Brillen, andere noch den Verband, die tiefen Einschußstellen, die wir bei der Mehrzahl zwischen Auge und Ohr wahrnehmen, lassen den Schluß zu, daß es oft und oft nur an Haaresbreite gehangen haben mag, daß überhaupt das Leben erhalten blieb.

Aber nun bemerkt man, daß in einem solchen Zimmer mit Kriegsblinden gute Laune herrscht, und das löst das Schwere, das sich uns auf die Brust legte."[8]

Wenn die finanziellen Verhältnisse es erlaubten, wurde auch Urlaub für einen Besuch daheim gewährt. Nicht immer waren diese Reisen dem Aufbau und der Erholung förderlich. Ein Pole konnte nur mehr sein bis auf die Grundmauern niedergebranntes Haus und die Nachricht, daß die Russen Frau und Kind verschleppt hätten, zur Kenntnis nehmen.

Ein Ruthene kam nach Haus, um nur noch die Großmutter zu treffen. Seine Frau mit den Kindern war, als sie die Nachricht von seiner Verwundung bekommen hatte, nach Amerika ausgewandert. Nicht alle erlitten ein so extremes Schicksal, aber ein Schmied aus der Bukowina berichtete, wieder zurück in Wien, von seinem Heimataufenthalt: „Zu Hause ist es unangenehm. Die Frau und die Buben haben immer geweint. Nein das ist unangenehm." Er fühlte sich unter Seinesgleichen wohler als daheim, wo er nur als personifiziertes Elend bedauert wurde.

Die erste Hochzeit eines Kriegsblinden

Es sind die Ausnahmen unter den blinden Kriegsopfern, die nicht geheiratet haben. Jedoch die erste all dieser Eheschließungen sei hier als besonders bemerkenswertes Ereignis wiedergegeben.

Die Kapelle des k. k. Blinden-Erziehungsinstitutes Wien war am 4. Dezember 1915 von der Kunst- u. Handelsgärtnerei Anna VINTZE festlich geschmückt worden. Um 17 Uhr zog die Hochzeitsgesellschaft ein. Die Kriegskameraden des Bräutigams gingen zu ihren vertrauten Plätzen, dann kamen die Ehrengäste: Direktor Regierungsrat MELL mit den Pflegeschwestern und dem Lehrkörper des Instituts, Hofrat Graf STAINACH, Regierungsrat Ritter von ROTH, Oberleutnant KINATEDER, der Inspektionsoffizier der Anstalt Oberleutnant KRAUZ, der Leiter des Kriegsblindenheimes Salzburg Direktor GEIGER, und – unter den Klängen der Hymne – Erzherzog KARL STEPHAN.

Wer waren nun die zwei da vorne:

August HILLEPOLD, Oberjäger beim 8. Feldjägerbataillon. Er geriet beim Einsatz bei Gorlice am 31. Dezember 1914 in die Explosion einer Flattermine. Dabei verlor er auch noch zwei Finger der rechten Hand. Rücktransport, Operationen, Aufenthalt im Reservespital Nr. 10, große Schmerzen. Zu Ostern 1915 war er wieder so weit hergestellt, daß er am 27. April in

o. g. Institut eintreten konnte und dort zum Bürstenbinder ausgebildet wurde. Trotz des Handikaps seiner rechten Hand erlernte er alle Griffe dieses Handwerks, lernte Schreiben und Lesen der Braille-Schrift. Mit der großen, silbernen Tapferkeitsmedaille ausgezeichnet, hielt er, trotz seiner Verwundungen, die Soldatenehre hoch und war ein überaus lebensbejahender Mann. Erzählungen noch lebender Freunde nach, zu so manch Scherzen und Abenteuern, auch in späteren Jahren, immer aufgelegt.

An seiner Seite stand Pauline FEICHTER. Sie kam, wie er, aus St. Veit/Glan, war eine Jugendfreundin, die er in der Heilanstalt am Steinhof in Wien, wo sie Pflegedienste leistete, wieder traf. Als sie von seiner Verwundung erfuhr, kümmerte sie sich in ihrer Freizeit aufopfernd um ihn – die alte Zuneigung lebte wieder auf, bald war man sich einig.

Der Religionslehrer der Schule Pfarrer Franz MEISINGER nahm die Trauung vor und hielt auch die Brautrede. Daraus ein Auszug: „. . . Überflüssig wäre die Mahnung, dieses Gelöbnis gewissenhaft zu halten. Sie sind in Treue erprobt! Unter den größten Gefahren in bitterster Todesnot sind Sie treu zu Ihrer Fahne gestanden, Sie werden auch der Ihnen angetrauten Gattin die eheliche Treue bewahren, mögen welche Lockungen immer an Sie herantreten . . . wohl ist die Zeit des Kampfes vor dem Feind zu Ende. Aber die Schrift sagt: ‚Des Menschen ganzes Leben ist ein Kriegsdienst.' Auch im Ehestande werden Ihnen Prüfungen und Widerwärtigkeiten nicht erspart bleiben . . ."

Im Festsaal war die Festtafel wieder von 2 Firmen mit Blumenschmuck versehen. Die Blumenhandlungen FASSATI und MARX spendeten. Nun hielt der Erzherzog eine Laudatio und überreichte August HILLEPOLD im Namen des Feldmarschalls ERZHERZOG FRIEDRICH eine kostbare Uhr mit dessen Initialen. Der kriegsblinde Gremialsekretär aus Karlsbad Emil HAMM sprach für die Hochzeitsgäste, und nach diesem offiziellen Teil begann das Brautessen. Die Brauereien DREHER, MAUTNER und MEICHL sowie Fritz KLEBER der Besitzer der „Praterspatzen" stellten Bier, Wein und sonstige Getränke, Oberleutnant THEUMANN, Inspektionsoffizier des Reservespitals, wo HILLEPOLD lag, die Aufschnitte, und die Firma ZIEGLER Schinken, Oberleutnant KRANZ und die Hofzuckerbäcker GERSTNER und DEMEL die Süßigkeiten, der Präsident des nö. Roten Kreuzes Graf THUN Raucherrequisiten.

Für das junge Paar sorgte man auch sonst gut vor. Erzherzog FRANZ STEPHAN beschaffte eine Tabaktrafik in Klagenfurt, Fürst ORSINI-ROSENBERG stellte eine Wohnung in seinem Haus zur Verfügung und kaufte die Geschäftseinrichtung. Wäsche, Geschirr und viele Sachen des täglichen Gebrauchs kamen durch private Sammlungen und einen Zuschuß des Kriegsfürsorgeamtes zusammen.

Dies bedeutete für das Ehepaar HILLEPOLD eine sichere Versorgung bis zu deren Ableben.[9]

Es geschahen auch sonst so manch rührende Szenen in der Kriegsblindenzentrale.

Der Galizier Hrinko S%%AFKA%% wurde am 28. November 1915 in das k. k. Blinden-Erziehungs-Institut überwiesen. Er sollte ein Blindenhandwerk erlernen. Seine Kameraden und Betreuer hatten es jedoch mit ihm sehr schwer. Der Verwundungsschock ließ die Hände stark zittern, seine Stimmung war immer nur traurig und einsilbig. Man mutmaßte, daß Herr S%%AFKA%% unter starkem Heimweh litt, die Erblindung war eindeutig nicht das Hauptproblem.

Die Nachricht von der schweren Verletzung ihres Mannes durch Regimentskameraden verkraftete Frau S%%AFKA%% psychisch nicht und starb bald darauf. Die zweijährige Tochter war nun völlig allein, denn Verwandtschaft gab es keine.

Diese Umstände brachten den Kriegsblinden nun vollends aus der Fassung. Eines Tages entdeckte der Direktor Regierungsrat Alexander M%%ELL%% den Mann weinend im Bett unter seiner Tuchent.

Das war das auslösende Momemt für Maßnahmen. Nach Absprachen mit der zuständigen Pflegeschwester, den Kameraden und dem Betroffenen selbst, wurde beschlossen, das Töchterchen ins Institut nach Wien zu holen. S%%AFKA%% durfte selbst, in Begleitung eines sehenden Kameraden, nach Galizien fahren und kehrte nach 4 Wochen mit dem Kind als total veränderter Mensch zurück.

Seine Tochter O%%LINKA%%, mit langen blonden Haaren und blauen Augen, brachte einen bisher unbekannten Schwung in die Räume der Kriegsblindenzentrale. Der Papa konnte wieder lachen, und alle Anwesenden fühlten sich als Ersatzväter. S%%AFKAS%% Tochter nahm ihm das Zittern und gab ihm die Energie, Schule und Berufsausbildung zu frequentieren. Beim nächsten Besuch von Erzherzog K%%ARL%% S%%TEPHAN%% wurden die Zwei dem Kaisersohn vorgestellt, der, sichtlich gerührt von der Geschichte, seine persönliche Protektion versprach.[10]

Der Kriegsblinde und sein blindes Kind

Im Juni des Jahres wurde der kriegsblinde Korporal Josef T%%ENGLER%%, im Zivilberuf Bindermeister in Groß-Herlitz, Bezirk Freudental in Schlesien, zugewiesen. Bei der Aufnahme seiner Personaldaten und der Lebensgeschichte ergab es sich, daß dieser Kriegsblinde in seiner Familie einen sieben Jahre alten blinden Knaben hatte, dessen Zukunft dem nunmehr selbst erblindeten Vater große Sorgen machte. Da war es selbstverständlich, daß die Betreuung auch in dieser Richtung helfend einzugreifen hatte, und als der Kriegsblinde hörte, sein Sohn Max könne in das k. k. Blinden-

Erziehungs-Institut aufgenommen werden, zeigte er sich außerordentlich erfreut und bat, die Sache durchzuführen. Die schlesische Landeskommission zur Fürsorge für heimkehrende Krieger wurde von der Angelegenheit verständigt, und der für das Wohl der kriegsblinden Schlesier so eifrig und erfolgreich wirkende Oberinspektor, Herr K. WAWRECZKA, nahm die Sache sofort in die Hand. In kurzer Zeit waren die erforderlichen Personaldokumente des blinden Buben zustandegebracht, und schon am 3. Juli 1918 entschied die k. k. nö. Statthalterei als Sittungsbehörde, daß dem Jugendlichen ein Freiplatz im k. k. Blinden-Erziehungs-Institute verliehen werde. Der Vater des blinden Knaben hat den landwirtschaftlichen Fortbildungskurs in Straß mit großer Begeisterung mitgemacht und holte seinen Sohn selbst aus Schlesien, um ihn der Anstalt zu übergeben. Während seiner Schulung in der Anstalt konnte er somit sein blindes Kind, das ihm besonders ans Herz gewachsen zu sein schien, stets um sich haben. Mit doppeltem Eifer übte Korporal TENGLER die Punktschrift, um seinem Sohn nicht nachzustehen.[11]

Im Kaiser-Karl-Kriegsblindenheim verlief der Tagesablauf ähnlich dem in der „Zentrale", kooperierten diese beiden Institutionen auch sehr eng. Mit einem elektrischen Weckruf auf die einzelnen Zimmer, begannen die Insassen gleich sich in die Waschräume im Keller zu tasten, wurde doch von den diensthabenden Unteroffizieren höchster Wert auf intensive Körperpflege gelegt. Nach dem ersten Frühstück las man ihnen die Zeitung vor, besprach die Tagesplanung und das zu erreichende Soll. Der Vormittag gehörte der Ausbildung. Punktschrift, Maschinschreiben, Musik- und Arbeitsunterricht standen am Programm. Violine, Klavier, Zither oder Gitarre wurden als Instrumentalangebot offeriert sowie die beiden klassischen Blindenhandwerke Bürstenbinderei und Korbflechterei.

Nach dem Mittagessen gab es allgemeine Heimruhe, um dann erfrischt den Nachmittag über Werkstücke herzustellen. Eine halbe Stunde Jausenzeit brachte neue Kräfte und um 18 Uhr mit dem Abendessen, das Zivil- und Kriegsblinde gemeinsam einnahmen, waren die Tagesanforderungen erfüllt.

Die Freizeit wurde zu Spaziergängen, zum Musizieren oder Kegeln verwendet. Ab und zu wurde der eine oder andere von Bekannten oder Verwandten zu einer Fahrt in die Stadt abgeholt.

Alles war darauf ausgerichtet, den Betreuten ihr psychisches Gleichgewicht wiederzugeben, ihnen neue Perspektiven zu vermitteln und sie durch einen reichlich ausgefüllten Tagesablauf vor der Flucht in den Alkohol zu bewahren, da gerade Blinde für diesen Weg empfänglich sind.[12]

So berichtete Eduard WONDRAK über unseren nördlichen Nachbarn:
Die Kriegsinvalidenfürsorge in Böhmen begann im 17. Jh. mit der soge-

nannten STROZZI-Stiftung. In Karlin wurde nach dem Vorbild des Pariser Palais des Invalides in den dreißiger Jahren des 18. Jh. das Prager Haus für Kriegsversehrte gebaut. Es bot bis zu 1400 Soldaten aller Ränge Platz. Auch Verheiratete mit ihren Familien wohnten dort. Es war eine kleine Stadt für sich mit Geschäften, einer Schule, Kirche, einem Spital und sogar einem Gefängnis. Diese Institution wanderte 1874 nach Holice und 1935 nach Josefav. Dort blieb das Heim bis nach dem Zweiten Weltkrieg bestehn." Aus einer Reihe von Unterlagen läßt sich ein tristes Bild des Schicksals und niedrigen Lebensstandards der Bewohner rekonstruieren.[13]

Der Krieg war fünf Monate alt, stand die erste Kriegsweihnacht bevor. Alle zehn erblindeten Soldaten nahmen daran teil. Viele Ehrengäste fanden sich auch ein. Eine kleine Auswahl aus der Liste der Dignitäten soll die Anteilnahme vieler Persönlichkeiten an den Kriegsinvaliden zeigen: Die Frau des Statthalters Baronin Anka BIENERT, Prinzessin Hanna LIECHTENSTEIN, Rot-Kreuz Präsident Graf THURN, Gräfin Irma PALFFY, Hofrat Graf STAINACH, Hugo von HOFMANNSTHAL und viele andere mehr.

Nach einigen Festreden, dem Weihnachtslied und der Hymne wurden die Soldaten zu Geschenktischen neben einem mächtigen Christbaum geführt.

Jeder bekam überreicht: eine Goldmünze mit Sonderprägung als persönliche Widmung von Kaiser FRANZ JOSEPH I., eine Taschenuhr mit Schlagwerk, ein Sparbuch mit 200,– Kronen Einlage, eine komplette Wäscheausstattung und Zivilkleidung inklusive Mantel und Hut, eine Geldbörse des schwarz-gelben Kreuzes mit 12 Kronen, Blindendruckbücher, Musikinstrumente, Tabakwaren und vieles mehr.[14]

Im anschließenden small talk war das Informationsbedürfnis der Ehrengäste sehr ausgeprägt. Die Freude der Beschenkten war enorm. Die vielbestaunte Goldmünze des Kaisers wurde stolz herumgereicht, Uhren und Musikinstrumente gleich ausprobiert. Am nächsten Tag musizierte man sogar im Speisesaal.

45 Dankesbriefe wurden an den Wiener Handel, der hier so reichlich spendete, abgesandt.[15]

Auch in den Folgejahren war Weihnachten immer ein feierlicher Anlaß, die stark angestiegene Zahl der Bedürftigen im Beisein vieler Ehrengäste reichlich zu beschenken.

4.3 Betreuungsmöglichkeiten

Das Permanenz-Komitee für Kriegskrankenfürsorge in Niederösterreich gab am 9. September 1914 eine Anweisung an alle Spitäler in Wien und Niederösterreich heraus. In diesem Schreiben wird ausdrücklich ersucht, alle augenverletzten Soldaten bei denen keine Besserung zu erwarten ist, in das k. k. Blinden-Erziehungs-Institut zur Berufsausbildung zu schikken.[1]

Wie diesen Ansturm aus der Bahn geworfener Männer bewältigen? Platzmäßig war das unter großen Einschränkungen gerade noch durchführbar, was aber mit ihnen anfangen?

Der erste Kriegswinter kam heran, die Temperaturen sanken, man erkannte Ausrüstungsmängel bei der Truppe. Stricksachen sollten Wärmeschutz bieten. Das Blindeninstitut rief bereits im September 1914 zu Wollspenden auf, die im Institut abgegeben werden sollten.

Das Echo war enorm. Das Konferenzzimmer der Schule mußte zum „Wollzimmer" umfunktioniert werden. Viele Helferinnen außerhalb des Instituts engagierten sich.

Auch die Neue Freie Presse berichtete in ihrer Ausgabe vom 24. Oktober 1914 darüber:

„Das große Blindeninstitut bei der Sophienbrücke ist zum Teil seiner eigentlichen Bestimmung entzogen und in ein Spital des Roten Kreuzes verwandelt worden. Aber die stramme, prachtvolle Blindenorganisation, die dort ihr Zentrum für Österreich hat, ist weiter tätig und hat sich ganz und gar in den Dienst des Kriegsfürsorgeamtes des Reichskriegsministeriums gestellt. Die Gattin des Leiters des Blindeninstituts, Frau Regierungsrat MELL, hat ihre Blinden, ob sie sich nun noch im Institut befinden oder ins Blindenferienheim bei Ybbsitz übersiedelt sind oder sonstwo in den Kronländern leben um sich gesammelt und für den Krieg gegen den grausamsten Feind der Soldaten, die bittere Winterkälte, mobilisiert. Die Beschaffung von warmer Wäsche ist heute vielleicht eine der dringendsten Sorgen und Aufgaben des Kriegsfürsorgeamtes.

Schon glitzert auf den Höhen der Karpathen der Schnee, schon berichten die Feldpostbriefe von eisigen Nächten – ein paar Wochen noch und die Soldaten im Biwak, auf dem Marsch und im Schützengraben werden unter Frost, unter Kältegraden, die wir hier in der Stadt kaum kennen, zu leiden haben. Und da muß eben der Staat und mit ihm die ganze Bevölkerung dafür sorgen, daß dieser Soldat seinen Leib in weiche, warme Wolle hüllen kann, die allein ihm Schutz gegen Krankheit und Schmerzen bietet. Ungeheure Quantitäten von Schneehauben, Leibbinden, Socken und Wollwäsche werden gebraucht. So enorm ist dieser Bedarf, daß er nicht zustande kommen kann, wenn sich nicht Tausende und Abertausende von fleißigen Händen rühren . . ."

An der Wollaktion beteiligten sich auch mehrere Kriegsblinde, die extra stricken lernten, ihre Kameraden im Feld damit unterstützen konnten – und es sogar schafften, durch Ihr Vorbild weitere Stricker zu aktivieren.

Die Betriebsamkeit, der Arbeitsaufwand und der enorme Erfolg dieser Hilfe sei im Folgenden anhand zeitgenössischer Berichte beschrieben:

„Die mit Ihren Liebesgaben beteilten Soldaten und Verwundeten und ich als glücklicher Vermittler sagen tausendmal Vergelts Gott! In besonderer Hochachtung ergebener Dr. Mayrhofer, Kommandant des k. u. k. Spitalszug Nr. 30" oder: „Meine braven Fahrkanoniere, die durch Ihre liebe Fürsorge auch gegen die strengste Kälte geschützt sind, erinnern sich der Braven, die zuhause für sie gearbeitet haben, mit größtem Danke und grüßen durch mich herzlichst! Heil und Sieg!" Dr. Herb. Fresacher, Oberlt, Haubitzbatterie . . . Dorna Watra."

„Bin hoch erfreut über die warmen Socken, sie werden mir sehr gute Dienste leisten, wir hauen sie fest auf die Köpfe, hoffen sie alle bald weg. Treudeutschen Gruß!" Mayrhofer.

Ein anderer schreibt: „Löbliches Institut! Ich bin ein Siebenbürger Sachse bei der Korps-Telephonabteilung 17. Habe Ihre Fußsocken, die Sie als Liebesgaben für uns, die wir hier im Felde stehen und für unser teures Vaterland kämpfen und uns mit dem Feinde ringen müssen, erhalten. Meinen herzinnigsten Dank sage ich dafür, da sie mir die Füße wärmen und mir gute Dienste leisten, aber der Herr möge Ihre Herzen noch viel besser erwärmen und uns im Sinne halten, die wir hier dem Feinde gegenüberstehen und ihn niederringen sollen. Meine höchste Hochachtung." Johann Hoos.[2]

Diese und ähnliche Rückmeldungen aus der ganzen Monarchie gab den Werkenden der Kriegsblindenzentrale zusätzlich Auftrieb.

Die Ablenkung, die Beschäftigung, der Beweis doch noch „zu etwas nütze zu sein" vereinte die Kriegsblinden aus den verschiedensten gesellschaftlichen Schichten, zu den unterschiedlichsten Zukunftsperspektiven.

Die Frage nach dem „was dann?" war drängend und allgegenwärtig. Behutsamste Führung durch das Betreuungspersonal war oberstes Gebot. Welche Neigungen, Interessen, hatte jeder Einzelne? Der Respekt vor der Individualität des Menschen stand im Vordergrund. Es wäre die einfachste Variante gewesen, alle in Versorgungsheime zu stecken, Vollpension, Bekleidung, ärztliche Betreuung und leichte Zerstreuung inkludiert. Wo aber wäre dabei die Würde des Menschen geblieben?

Viele waren verheiratet, hatten Heim und Kinder, wollten möglichst bald nach Hause. Sie waren nur schwer in den Betreuungsstätten zu halten und von der Notwendigkeit der Ausheilung und Umschulung zu überzeugen. Die Familie war sicher die beste Motivation, sich nicht aufzugeben, mit den anderen und an sich zu arbeiten. Die Grenzen der Anstalten waren dann bald viel zu eng. Es war ein Durchgangsstadium. Andererseits bestand die berechtigte Gefahr, daß der zurückgekehrte, invalide Soldat mit seinen Rentenbezügen und Zulagen daheim eine willkommene Geldquelle darstellte, dabei selbst aber vernachlässigt wurde.

Der ins Zivilleben Entlassene mußte vor Ort in seiner Selbständigkeit gefördert, in seinem beruflichen Fortkommen betreut werden. Arbeits-, zeit- und finanzintensiv, aber notwendig, da der Platz in den Anstalten für alle nie geplant war, geschweige denn gereicht hätte.

Die stationäre Fürsorge sollte den alleinstehenden, psychisch schwachen, neurologisch zerrütteten, in sozialen Mißständen lebenden Soldaten vorbehalten bzw. ermöglicht werden.

Bereits 1915 machte man sich Gedanken über Eigenheime für Blinde, was ja später im Verein „Kriegsblindenheimstätten" seine Fixierung fand.[3]

Der Präsident des patriotischen Hilfsvereins vom Roten Kreuz, Zweigverein Leopoldstadt, Hofrat BERSTL und Erzherzog KARL STEPHAN legten Teile ihrer Finanzmittel zusammen und kauften in Mels, nahe der Stadt Wischnau in Mähren an der Reichsstraße Brünn-Wischnau ein kleines Anwesen um 3600 Kronen für den kriegsblinden Korporal Cyril PAVLICEK. Im Zivilberuf Gärtner, umgelernter Korbflechter, hatte er in seiner Heimatgemeinde gute Chancen.

Als er einmal auf Urlaub von Wien nach Hause kam, brachte er einen selbstgebauten Blumenständer mit, der nicht nur Aufsehen und Bewunderung erweckte, sondern auch Folgeaufträge brachte. Als er bei seinem Bruder Körbe ausbesserte und neu einflocht, sprach sich das schnell bei der überwiegend bäuerlichen Bevölkerung herum, sein späterer Kundenkreis war gesichert. In einer nahegelegenen Zuckerfabrik konnte er grobe Korbwaren absetzen, für die 20 Gehminuten entfernte Stadt Wischnau feineres Flechtwerk produzieren.

Die unmittelbare Nachbarschaft der Familie seines Bruders, die Bereitschaft seiner betagten Mutter, zu ihm zu ziehen, in Haus, Hof und vor allem im kleinen Erwerbsgarten zu helfen, ließen den angereisten Inspektoren die Zukunft PAVLICEKS als gesichert ansehen und stimmten dem Kauf der Liegenschaft zu. Für den Korporal war es möglich, im Kreis seiner Verwandtschaft und Dorfbevölkerung ein zukunftsbejahendes, neues Leben aufzubauen.[4]

Der deutsche Arzt Dr. UHTHOFF hatte bis 1917 ca. 100 Kriegsblinde behandelt und rechnete für die gesamte deutsche Armee mit ca. 2000 Erblindeten, von denen wiederum etwa 15% über eine höhere Bildung verfügten. Er empfahl daher die Gründung eines Blindenlyzeums in Marburg, um eine universitäre Ausbildung zu ermöglichen.

Diese Anregung wurde realisiert. Marburg ist heute ein internationales Blindenbildungszentrum (Anm. d. Verf.).

In einem Vergleich stellte Dr. UHTHOFF auch die wesentlich geringere Bereitschaft der Österreicher gegenüber Deutschland fest. Die Betreuung außerhalb der Anstalten funktioniere nicht, und es wäre jeder Angehörige der k. u. k. Armee gut beraten, würde er in einem Heim bei freier Unterbringung und Versorgung sowie Unterricht bleiben.[5]

Bedenklich fiel ein Vergleich des Direktors der ungarischen Kriegsblindenanstalt Dr. KIRSCHHEUTER, bezüglich des Schreib-Leseproblems aus. Er fand heraus, daß in Deutschland auf 1000 Rekruten 0,5 Analphabeten kamen, in Ungarn auf 1000 einfache Soldaten aber 220 des Schreibens und Lesens Unkundige.

Diese ganz anderen Kriterien erforderten auch differenzierte Maßnahmen in der Betreuung. Hofrat von GROSS, Leiter der Augenklinik in Budapest, berichtete über den Plan, in Ungarn daher jedem Kriegsblinden einen Patron zur Seite zu stellen, der ihn zu überwachen, aber auch zu versorgen hatte. Es fiel aber weit schwerer als erwartet, bemittelte Personen in ausreichender Anzahl für so eine Aufgabe zu finden.[6]

Die Kriegsblindenzentrale in Wien hatte mit all diesen Überlegungen und Problemen natürlich zu kämpfen. Hier mußten ja laut Erlaß (siehe Anhang) alle Soldaten mit Augenschäden durch. All die oben beschriebenen dunklen, zweifelnden Gedanken wurden eingebracht, sollten aufgehellt werden.

Von Waidhofen das Ybbstal hinein über Ybbsitz kommt man nach Klein-Prolling. Dort hatte das Institut ein Ferienheim für blinde Kinder. Ab April 1915 fuhr man auch mit den erwachsenen Schicksalsgefährten dorthin. Durch die behindertengerechte Adaptierung der Räumlichkeiten und der Umgebung konnten sich die neuen Gäste relativ bald selbständig und frei bewegen, bei verschiedenen auffallenden Arbeiten sogar mithelfen. Der hohe Anteil ehemals aus der Landwirtschaft Kommender ließ viele bei der Übernahme vertrauter Aufgaben aufleben. Die Obstbäume mußten beschnitten, der Küchengarten gejätet, Brennholz geschnitten werden. Spezialisten gab es genug. Die Anleitung durch Sehende war nur anfänglich notwendig, dann fanden sie auch als Blinde wieder zu den sicheren, jahrelang gemachten Bewegungen zurück. Paßte die Jahreszeit, wurde den umliegenden Bauern bei der Heuernte geholfen.

Die frische Bergluft tat den strapazierten Körpern gut. Die reichlichen Möglichkeiten, sich sinnvoll zu betätigen, gaben neuen Lebensmut und Selbstwertgefühl. Kegeln um den Preis einer Zigarre brachte angeregte, sportliche Unterhaltung.[7]

Einen überaus positiven Einfluß übten die blinden Kinder des k. k. Blinden-Erziehungs-Instituts auf die Soldaten aus. In einer geschickt angelegten Aktion setzte man die älteren von ihnen als „Pfadfinder" ein. (s. a. a. O.) Die Jugendlichen, sie kannten Hausbrauch und Örtlichkeiten ganz genau, führten den Neuankömmling durchs Haus, zeigten ihm die Werkstätten und den Garten, lasen ihm vor, musizierten mit ihm. So bekam er, ganz natürlich und selbstverständlich, die Überzeugung, daß eine ganze Menge möglich ist, auch wenn man nichts sieht. Die meisten Invaliden muteten jedoch diese Fähigkeiten anfangs immer nur den anderen zu, für sich selbst stellten sie dies strikt in Abrede.

Nach einigen Tagen oder Wochen wurde ein 21tägiger Urlaub nach Hause gewährt. Die Rückkehr in Bekanntes machte den Abschied von daheim leichter und wieder im Institut, entschloß sich jeder eine Ausbildung zu belegen. Die Umschulung konnte beginnen.[8]

4.4 *Umschulungsmaßnahmen*

Die Betreuung der aus ihrer Bahn Geworfenen erforderte viel Einfühlungsvermögen und ein behutsames Hinführen zu den nun völlig anderen Gegebenheiten der Lebensbewältigung. Nach der ersten Überwindung des psychischen und physischen Desasters war es notwendig, sie nicht nur durch Oberflächlichkeiten wie Konzertdarbietungen oder Ausflüge wieder aufzubauen, sondern ihnen die Chancen zu geben, neue, zukunftsorientierte Inhalte zu vermitteln.

In der Berufsberatung von Kriegsblinden riet Josef POKORNY dringend zu einer Rückführung von Invaliden in ihre angestammten Berufe nach entsprechender Einschulung und warnte vor einem „Hineinströmen in sogenannte Intelligenzberufe."[1]

Intensive und geduldige Berufsberatung war notwendig, um Orientierung und Zukunftsplanung zu ermöglichen. In vielen Gesprächen zeigte sich erst langsam die Interessenlage, die die Basis zur Weichenstellung fürs weitere Berufsleben ergab. Sehr groß war die Auswahl gerade nicht. Die traditionellen Blindenhandwerke, Masseur, Musiker oder Klavierstimmer, waren die ersten Möglichkeiten. Neue Berufe wie Telefonist, Maschinschreiber, Trafikant oder selbständiger Landwirt entwickelten sich erst in den Jahren nach 1915.

Nach einer unterschiedlich langen, meist jedoch nur einige Tage dauernden Eingewöhnungsphase wurde oft schon der Wunsch nach Betätigung geäußert. Unterstützend wirkten die schon erfahreneren Kameraden und die blinden Pfadfinder. Fälle von totaler Arbeitsverweigerung oder absolutem Desinteresse sind überhaupt keine überliefert.

Der Unterricht konnte in der jeweiligen Landessprache gehalten werden. Ein Umstand, der die Attraktivität und den Erfolg von Schulungsmaßnahmen entscheidend beeinflußte. Großes Interesse fand auch der begleitend angebotene Deutschunterricht. Deutsch-Spezialkurse wurden für künftige Lehrer, Dolmetscher und Klavierstimmer eingerichtet.

Im Zuge der Wollaktion (s. o.) entdeckte man den Beruf des Maschinstrickers als zusätzliche Ausbildungsvariante.

Angesteckt von ihrer Umgebung lernten sogar noch Analphabeten mühevoll, aber doch mit gutem Erfolg, schreiben und lesen.

Es handelte sich um Erwachsene, die längst jeder Schulpflicht entwach-

Abb. 14: Die neuesten Nachrichten

Abb. 15: Beim Klavierstimmunterricht

Abb. 16: In der Korbflechterwerkstatt

Abb. 17: Kriegsblinde Bürstenbinder

Abb. 18: Acht unserer ersten Schützlinge bei der Weihnachtsfeier: 1. Josef Kleiner, 2. Martin Vlk, 3. Josef Vyskocil, 4. Anton Diesl, 5. Johann Berger, 6. Franz Jindrich, 7. Pietro Berlanda, 8. Ludwig Mittermayer

Abb. 19: Kriegsblinden-Männerchor

sen waren. Dieser Umstand wurde so gut wie möglich berücksichtigt, und jeder Zwang zum Besuch jedweder Lehrveranstaltung wurde vermieden.

Die „andere Unterrichtsgestaltung" zeigt sich schon darin, daß die erste halbe Stunde von 7.30–8.00 Uhr genutzt wurde, um die politischen Ereignisse aus den Tageszeitungen vorzulesen und diese im Anschluß daran heftig zu diskutieren.

Natürlich herrschte das größte Interesse an Nachrichten aus der Heimat und den jeweiligen Kampfabschnitten der ehemaligen Einheiten. Das Auditorium bestand ja nach wie vor aus Soldaten, die noch immer im Stand der jeweiligen Truppenkörper geführt wurden.[3] In der Vermittlung der Blindenschreibe- und -lesetechniken ergaben sich größere Probleme als vorhersehbar. Die meisten, nun wieder Schüler, kamen aus stark manuell betonten Berufen, die die Hände mit Schwielen und harter Haut überzogen hatten.

Das Tasten der kleinen Punkte der Brailleschrift wurde für viele zum nahezu unlösbaren Problem. Mit dem Bleistift versuchten die Erblindeten ihre altvertraute Schrift unter neuen Bedingungen wieder aufzubauen. Mit Hilfseinrichtungen, um in der Zeile zu bleiben, gelangen auch diese Versuche meist sehr zufriedenstellend.

Bereits Johann Wilhelm KLEIN, der Begründer der Blindenbildung in Österreich 1804, erfand den Stacheltypenapparat. Der kam nun zu neuen Ehren. Mittels einer Maschine konnten Reliefbuchstaben in Blockschrift in ein speziell verstärktes Papier gestanzt werden. Die einzige Schriftart, die von beiden Teilen (ob blind oder sehend) ohne besondere Vorkenntnisse gelesen werden konnte. Zum vormittäglichen Unterricht gehörte auch das Vorlesen der Briefe aus der Heimat und deren Beantwortung. Anfangs unter Mithilfe durch den Lehrer, später bereits selbständig.

Der Nachmittag gehörte der manuellen Ausbildung. Das Flechten oder Binden stellte an die Anfänger große Geduldsanforderungen. Wieder waren es die schon länger im Institut Anwesenden, die immer wieder neuen Mut zusprachen, wenn die Verzweiflung einmal allzu groß geworden wäre und immer wieder das eigene Beispiel den Aufzumunternden vorstellten.

Korb- und Mattenflechten war die frequentierteste Ausbildung. Nachdem für jeden Neuankömmling von der Kriegsblinden-Zentrale aus eine Bedarfserhebung in seiner Heimatgemeinde durchgeführt wurde, kam sehr oft die Möglichkeit der Eröffnung einer eigenen Fachwerkstätte zu Hause in Betracht. Die Fachkenntnisse bekam er hier, finanzielle und materielle Grundausstattung wurde ihm mitgegeben, die Aufträge kamen aus seinem Wohnumfeld. Der Blindgeschossene konnte unter den denkbar günstigsten Startbedingungen nach Hause entlassen werden. Das Augenlicht konnte ihm trotzdem keiner zurückgeben, niemand ihn vor den vielen kleinen Nöten des Alltags bewahren.

Bürstenbinden war – und ist – relativ leicht zu erlernen. Auch hier gestaltete sich die Versorgungslage günstig, sofern in der Nähe des Heimatwohnortes Industrieansiedlungen einen gewissen Bürstenbedarf garantierten.

Bei diesem Handwerk war sicherlich ein Problem, die jeweiligen, teilweise kostspieligen, Rohmaterialien zu besorgen. Dazu gehörten Fachkenntnis und Geschäftssinn.

Für ehemalige Beamte, Geschäftsleute oder Studenten bot man Maschinschreibkurse an. Die Firma GLOKOWSKI & Co. aus Wien übergab dem Haus in der Wittelsbachstraße neun neue Remington-Schreibmaschinen, die für die Ausbildung wie gerufen kamen.[7] Die Ausbildung zum Klavierstimmer war nur wenigen musikalisch Feinsinnigen vorbehalten.

Interessant war das Alternativangebot. Zur Stimmerschulung wurde auch noch Korbflechten vermittelt, um dem Mann für die Zeit, in der das Gehör Erholung und Pause brauchte, weitere Betätigung und einen Zusatzerwerb zu ermöglichen.[8]

Dem Zug der Zeit entsprechend versuchte die Institutsleitung immer wieder eine Singvereinigung auf die Beine zu stellen.[9]

Es scheinen immer wieder größere stimmliche Probleme aufgetreten zu sein. Trotzdem, man hatte für festliche Anlässe einen Chor.[10]

Die gesamte Ausbildung der Soldaten lag in den erfahrenen Händen der am Haus sowieso tätigen Blindenlehrer. Am Vormittag konnten die Erwachsenen, am Nachmittag die Kinder unterrichtet werden. Die Lehrer empfanden diese sicherlich enorme Belastung als Dienst an Gott, Kaiser und Vaterland.[11]

Sehr bald sah man klar, daß eine zusätzliche Einrichtung zur handwerklichen Betätigung und persönlichen Entwicklung der Soldaten notwendig wurde. Der mit den Kindern gleichgeschaltete Schulungsbetrieb war doch zu weit entfernt von den Bedürfnissen der Erwachsenen, der „Auslauf" fehlte. Es sollte etwas gefunden werden, das die Interessen der aus ihrer Lebensbahn Geworfenen traf, das ihnen half, sich in Bekanntem, Vertrautem wieder zurechtzufinden.

Die starke Ausrichtung der Bevölkerung auf den Agrarsektor, das noch in weiten Kreisen vorherrschende bäuerliche Element, ließ die Bedeutung landwirtschaftlicher Betätigung immer deutlicher werden. Auch die hier behandelten Personen hatten zu einem guten Teil landwirtschaftliche Wurzeln. Die Suche nach einem geeigneten Objekt begann.

Wie jede Neuerung löste auch diese Idee allgemein heftiges Kopfschütteln aus, und die Skeptiker meldeten sich lautstark zu Wort. Die Situation wurde zunehmend verworrener und aussichtsloser, da interessierte sich die Frau des Wiener Architekten Karl HOFMEIER, Rosa, für dieses Projekt. Sie hatte von diesem Vorhaben über den Anstaltsdirektor Regierungsrat Alexander MELL erfahren. Als „deus ex machina" stellte sie ihr Anwesen im rückwärtigen Teil des Strassertales, parallel zum Kamptal im niederösterreichischen Waldviertel liegend, zur Verfügung.

Das Gut hieß „MARIENHEIM", lag an den Südhängen des Manhartsberges, verfügte über ausgedehntes Wiesengelände mit Obstkulturen und weite Eichenwaldgebiete.

Dankend nahm man an und begann mit Feuereifer die einigermaßen vernachlässigte Liegenschaft wieder aufzubauen. Wie für jeden Auf- und Ausbau waren auch hier bedeutende Geldmittel notwendig, die durch das Institut und die involvierten Behörden allein nicht zu stellen gewesen wären. Private Spender unterstützten die Aktion.[12]

Die alten, ausgedienten Obstbäume wurden durch 100 Äpfel- und Birnenbäume ersetzt, an den Südhängen des Manhartsberges zog man Kirsch-, Nuß- und Pfirsichbäume, legte sechs Weinterrassen an und pflanzte über 3500 Kiefern im Rahmen eines großangelegten Aufforstungsprogramms.[13] Die Gebäude selbst entsprachen dem Standard der Zeit. Am 8. Februar 1916 wurde dort die erste (und auch einzige) landwirtschaftliche Kriegsblindenschule eröffnet.

In einer intensiven Schulung wurde versucht, den Blinden alles über den landwirtschaftlichen Betrieb in Theorie und Praxis nahezubringen. Hofrat Alexander MELL unterrichtete Botanik, der Direktor der Landes-Wein- und Obstbauschule in Krems, Richard WEIGL, Obst- und Weinbau sowie Kellerwirtschaft, der Direktor für Gemüsebau, DIENSTL, Gemüsebau und Samenaufzucht, der Landesgärtner BERGHAMMER praktische Arbeiten im Obst- und Gemüsebau, der Konsulent im k. k. Ackerbauministerium, Georg WIENINGER, Kleintierzucht und Verwertung der Futterprodukte, Rechnungsrat AMON von der Landesversicherungsanstalt für Niederösterreich Versicherung gegen Hagel, Hochwasser und Schäden an landwirtschaftlichen Kulturen und Vieh, der Kommandant des Gendarmeriepostens Hadersdorf, Wachtmeister Rudolf BALTA, landwirtschaftliche Gesetzeskunde und schließlich der Blindenlehrer Georg HALAREVICI die kaufmännischen Fächer wie Handels-, Wechselrecht und Buchführung.

Täglich arbeitete man neun Stunden, gönnte sich zwei Stunden Mittagspause und beschäftigte sich nach dem offiziellen Programm noch mit privat motivierter Fortbildung. Exkursionen in Weinkeller, Gemüseverwertungsanlagen oder Kunstmühlen brachten weiterführendes Fachwissen.[14]

Verschiedene Arbeiten wie das Umstechen von Beeten, die Pflanzung von Gemüse mit Richtungsschnüren und gekerbten Latten, Bäume setzen, abästen, sägen, Holz hacken, verursachten nach kurzer Eingewöhnung keine großen Gefahrenquellen, bereiteten den Ausführenden viel Spaß.

Veränderungen durch Schädlinge an Rinden und Blättern von Obstbäumen konnten nicht nur leicht festgestellt, sondern auch bekämpft werden.

Obst sortieren, einkochen, einlegen oder dörren funktionierte auch problemlos. In der Tierzucht wurden Fütterungsaufgaben und ähnliche Tätigkeiten in Stall und Hof übernommen.

Da jeder Kriegsblinde schreiben und lesen konnte, bekam jeder Kursteilnehmer Bücher über Obstbau, Hasen- und Kaninchenzucht für daheim, um das jeweilige Fachwissen nachschlagen zu können.[15]

Am Ende der Ausbildung wurde jeder mit Bargeld, einer Knochenschrotmühle, 50 Zigaretten und der Zusicherung entlassen, jederzeit von Straß Samen verschiedener Obst- und Gemüsesorten beziehen zu können, beziehungsweise bei der Anschaffung landwirtschaftlicher Maschinen unterstützt zu werden.[16]

4.5 Protektoren und Mäzene

Allgemein gilt Blindheit als die „schlimmste Form der Behinderungen." Besonders diese invaliden Kriegsheimkehrer belasteten intensiv das Gewissen der Gesellschaft. Nach der ärztlichen Versorgung der körperlichen Wunden mußte die meist stark angeschlagene psychische Situation der Betroffenen verbessert werden. Vielfältig war die Unterstützungsfreudigkeit, groß die Zahl derer, die helfen wollten.

Das zur Kriegsblindenzentrale umfunktionierte Blindeninstitut wurde zur Drehscheibe. Die Mitarbeiter des Hauses, seit Jahren spezialisiert auf Betreuung und Unterricht von schwerst Sehgeschädigten, konnten hier genau richtig eingesetzt werden.

Ihre neuen Schützlinge aus allen Teilen der Monarchie, benötigten erfahrene Zuwendung und und behutsamen Aufbau eines neuen Lebens. Zuerst wurde bei der Erstellung der diversen Amtsschriften und Ansuchen um Einleitung der Fürsorgemaßnahmen geholfen. Das große persönliche Engagement der Institutsangestellten hatte es natürlich dringendst notwendig durch entsprechende finanzielle Hilfen unterstützt zu werden.

Direktor MELL hielt am 28. April 1915 einen Vortrag über Kriegsblinde in der Wiener Urania. Unter den Zuhörern befand sich das Mitglied des Kaiserhauses KARL STEPHAN. Am 29. April 1915 besuchte Erzherzog KARL STEPHAN das erste Mal die Kriegsblindenzentrale, war tief beeindruckt und übernahm repräsentativ für das Kaiserhaus die Sorge um diese Invalidengruppe.

Seine Besuche im Prater waren so häufig, daß er mit der Zeit nicht nur über die Räumlichkeiten bestens Bescheid wußte, sondern auch jeden einzelnen Insassen beim Namen kannte. Bei seinen zahlreichen Visiten sprach er seine Schützlinge individuell an, ließ sich Sorgen, Nöte und Visionen erzählen, machte sich über jedes Gespräch Notizen und versuchte

Die landwirtschaftliche Kriegsblindenschule

Abb. 20

Abb. 21

Abb. 20: Die landwirtschaftliche Kriegsblindenschule
Abb. 21: Herstellung von Erdschutzkörben um neugepflanzte Obstbäume
Abb. 22: Gemüsepflanzung
Abb. 23: Aufgang der Kriegsblinden zu den Weingartenstufen, ohne Hilfe von Sehenden
Abb. 24: Pflanzung eines Obstbaumes, ohne Hilfe von Sehenden
Abb. 25: Rigolen einer Weingartenstufe, überwacht von einem Sehenden

Abb. 22

Abb. 23

Abb. 24

Abb. 25

Abb. 26: Kartoffellegen, unter Aufsicht von Sehenden

Abb. 27: Entrinden der Baumpfähle

Abb. 28: Brennholzbereitung

Abb. 29: Baumpflege: Beschneiden der Wassertriebe

Abb. 30: Baumpflege: Reinigen des Stammes

Abb. 31: Theoretischer Unterricht in der Schulklasse

Abb. 32: Anlegen der Leimringe an Obstbäume, ohne Hilfe von Sehenden

Abb. 33: Herstellung von Erdschutzkörben an einer neuen Johannisbeerpflanzung

Abb. 34: Umspaten des Ackers

dann zu helfen. Er saß im Unterricht und beobachtete, plauderte in den Zimmern mit den Soldaten, hatte viel Geduld im Zuhören. Konnte er nicht kommen, so rief er an, um sich nach den Fortschritten und den neuesten Sorgen zu erkundigen.

Bis 1916 ermöglichte Karl Stephan den Kauf oder Ausbau von 15 landwirtschaftlichen Anwesen für die erblindeten Soldaten, rief zu einer großangelegten Spendenaktion auf und trug selber mit 10.000 Kronen eine ansehnliche Summe bei. Einmal, kaum von einem Besuch in Krakau zurück, fuhr er sofort vom Bahnhof in die Schule. Es störte ihn nicht, daß es erst sieben Uhr war, also frühstückte er gleich mit den Armeeangehörigen. Auch seine Gattin Maria Theresia war von der Begeisterung ihres Mannes angesteckt, begleitete ihn oft und brachte immer Geschenke mit. Die Tochter Franz Josephs, Marie Valerie, brachte der Erzherzog ebenso in die Anstalt, und die Erzherzogin konnte anläßlich der Stimmung bei ihrem Empfang wie all die anderen ihre Rührung nicht verbergen und spendete eine ansehnliche Menge Zigaretten. Erzherzogin Isabella, die Frau des Armeeoberkommandanten Erzherzog Friedrich, besuchte auch Franz Stephans Interessensphäre und spendete anläßlich dieser Visite 10.000 Kronen.[1]

Verständlich, daß bei den Betroffenen die Begeisterung groß war. Anläßlich der Jahrestage des ersten Besuchs des Erzherzogs gab es immer große Feiern, bei denen im salbungsvollen Stil der Zeit der hohe Besuch immer in besonderer Weise gewürdigt wurde.

Diese Aktionen hatten enorme Vorbildwirkungen, öffneten so manche Amtstüren und zogen viele an, die karitativ tätig sein wollten.

Hofrat Felix Graf Stainach von der k. u. k. niederösterreichischen Statthalterei begann bereits im November 1914 Geld, Kleidungsstücke und Wäsche für die erste Weihnachtsfeier zusammenzutragen und durch seine Funktion als Vorsitzender der niederösterreichischen Landeskommission zur Fürsorge heimkehrender Krieger, war sehr viel möglich. 49 Insassen bekamen Wäsche, Kleidung, eine Repetiertaschenuhr und 200 Kronen auf ein Sparbuch als Grundlage zur späteren Selbständigkeit. Durch den großen Erfolg ermutigt, richtete er sogar eine nach ihm benannte Stiftung ein.

Das Kriegsfürsorgeamt im k. u. k. Kriegsministerium mit Feldmarschalleutnant von Löbl und seinem Nachfolger Freiherr von Riedl ermöglichte wesentliche Gelder.

Die Abteilung für Kriegsinvalidenfürsorge des k. u. k. Kriegsministeriums unter Feldmarschalleutnant Augustin von Rochel, der Präsident des Patriotischen Hilfsvereins vom Roten Kreuz für Niederösterreich Graf Thurn halfen von offizieller Seite, sowie die jeweiligen Landeskommissionen, den in deren Zuständigkeit fallenden Verletzten.

Von privater Seite engagierten sich besonders die Familien des Feldmarschalleutnants von FEKETE und Sektionschefs von MADEYSKI. Oberststabsarzt Prof. Dr. GROSS in Budapest nahm sich besonders der ungarischen Betroffenen an.[2]

Fürst AUERSPERG verpachtete dem Johann EDER aus Markersdorf an der Pielach über 1,5 Joch Grund von seinem Gut GOLDEGG, zu deutlich erniedrigtem Zins.

Die Arsenaldirektion des Österreichischen Lloyd in Triest beschäftigte Johann FABIANCIC als Bürstenbinder.

Das Ehepaar JÖRG aus dem XIII. Wiener Gemeindebezirk unterstützte die Herrn FELLNER, STROBL, ANTL und SAFKA während ihrer Umschulung mit 30,– Kronen monatlich.

Josef GRUBER war vor seiner Verwundung zwanzig Jahre Salinenbeamter in Bad Ausee. Er wurde von der Salinendirektion mit billigem Brennholz versorgt. Diese Regelung galt nach seinem Tod auch für seine Witwe.

Von der Fürstlich SCHWARZENBERG'schen Gutsverwaltung in Krumau wurde dem Ignaz SCHESCHY aus Maierbach im Böhmerwald, der Pachtzins erlassen.

Mehrere anonyme Spender brachten 1380,– Kronen auf, um einen Teil der Zinsbelastung des Hauses von Emil HAMM in Karlsbad zu tilgen.

Erzherzogin ISABELLA tilgte die Hypothekarschuld von 1300,– Kronen auf dem Haus von Wilhelm KRAL in Schlackau, Schlesien.

Gräfin Anka von BIENERTH tat gleiches mit 1400,– Kronen bei Heinrich LEHNERT in Oberwaltersdorf.

Entgegen sonstiger Praxis baute das k. u. k. Kriegsministerium die durch kriegerische Handlungen abgebrannten landwirtschaftlichen Bauten des Basilius KUBASZEK in Witlin, Galizien, mit 3502,– Kronen wieder auf.[3]

Die Firma CURJEL und Frau Käthe KOZUREK spendeten Musikinstrumente. Baron Wolfgang FERSTEL finanzierte dazu den gesamten Musikunterricht für die in der Kriegsblindenzentrale Betreuten.[4]

Der Verein „Kriegsblindenheimstätten" schaffte es, mit Beträgen zwischen 4000,– und 32.000,– Kronen jedem Interessierten ein eigenes Anwesen zu kaufen und eventuelle Fehlbeträge von anderen zuständigen Institutionen aufzutreiben.

Baron FERSTEL übernahm die Patronanz über Franz KAPFENBERGER, der eine Trafik in Wien 17., Kloppstockgasse führen konnte. So hatte der Baron Möglichkeit, sich um die Finanzgebarung seines Schützlings zu kümmern.

Baron KUPPELWIESER unterstellte 25.000,– Kronen dem Kriegsfürsorgeamt im k. u. k. Kriegministerium zur Verwaltung. Die Zinsen des Kapitals wurden halbjährlich ab November 1915 ausbezahlt. 500,– Kronen standen dem Einzelnen zur Verfügung.

Die KANNSBERG-KOCH-Stiftung brachte für die Betrauten je 200,– Kronen.

Die Oskar BENESche Wohltätigkeitsstiftung schüttete pro Person 50,– Kronen aus.

Die Kletus PICHLER-Stiftung bezahlte je 250,– Kronen.

Die BÖHLER-Stiftung teilte eine einmalige Zuwendung zwischen 250,– und 500,– Kronen aus.

Die Feldmarschalleutnant KISS-Stiftung war gebunden für ehemalige Artilleristen, aber mit 500,– Kronen ansehnlich ausgestattet.

Die PUNKERTsche Invalidenstiftung unterstützte Adolf STAFFEN mit jährlich 400,– Kronen.

Der Patriotische Hilfsverein vom Roten Kreuz für Niederösterreich und das Kriegsfürsorgeamt unterstützten superarbitrierte Kriegsblinde, die im Kaiser-Karl-Kriegsblindenheim eine neue Heimat fanden, mit 800,– Kronen jährlich für maximal vier Jahre.[5]

Der Verein zur Ausbildung später Erblindeter übernahm ab Herbst 1914 auch die Sorge um Kriegsblinde. Kaiser FRANZ JOSEPH I. unterstützte dieses Vorhaben mit 500,– Kronen. Am 3. Juni 1915 besuchte Graf Andreas ZICHY aus Budapest das Institut auf der Hohen Warte, trat begeistert dem oben genannten Verein als Stifter bei und spendete 200,– Kronen. Der herausragende Förderer der Blindenanstalt auf der Hohen Warte war Gustav Freiherr von SPRINGER. Er stellte allein bis 1916 240.000,– Kronen zur Verfügung.[6]

Einige Institutionen waren von Amts wegen dazu verpflichtet zu helfen. Dazu waren sie auch gegründet worden. Die überwiegende Mehrheit – und das waren beeindruckend viele – agierte aus Menschlichkeit. Der innere Antrieb zu helfen, machte viel Geld locker. Die Finanzmittel allein, so bedeutend sie auch gewesen sein mögen, konnten jedoch nur mithelfen das zu realisieren, was viele Personen in individueller Hinwendung zu den Kriegsblinden und enormen persönlichen Einsatz für deren Sache bei der Hilfe zum Aufbau eines neuerfüllten Lebens mit einbrachten.

Die Übersicht über die einzelnen Zuwendungen an die jeweiligen Kriegsblinden ist sehr schwer, bis unmöglich, zu bewahren. Die Unterstützungen liefen unter den verschiedensten Titeln, sind in den unterschiedlichsten Verzeichnissen vermerkt worden, in keiner Weise geordnet und größtenteils nicht mehr vorhanden.

Anhand Emil HAMMs soll aufgezeigt sein, mit welchen Unterstützungsformen ein durchschnittlicher Betroffener bedacht wurde.

Emil HAMM war ursprünglich Gremialsekretär in Karlsbad. Verheiratet, zwei Kinder, im eigenen Haus lebend, die Renovierung auf Kredit, noch nicht abbezahlt, kam auch für ihn die Einberufung. Im August 1915 wurde er verwundet, am 3. September 1915 in der Kriegsblindenzentrale aufgenommen. Der Offizierstellvertreter wurde mit der Silbernen Tapferkeitsmedaille I. Klasse ausgezeichnet, lernte ein Handwerk, Maschinschreiben und Geige spielen. Immer wieder bekam er Urlaub und durfte nach Hause fahren, um den Kontakt zu seiner Familie nicht zu verlieren. Nach eineinhalb Jahren, am 3. März 1917, wurde er nach Hause entlassen.

Bei seinem Ausscheiden aus der Umschulung bekam er eine Geige und eine Remington Schreibmaschine im Wert von 500,– Kronen mit auf den Weg. Da er nach Böhmen zuständig war, erhielt er von der Klarschen Blindenanstalt in Prag anläßlich seines Ausscheidens aus der öffentlichen Betreuung 300,– Kronen.

Man konnte erreichen, daß während der Zeit seines Wienaufenthalts neben seinem Haus ein Kiosk erbaut wurde, in dem er eine Trafik einrichten und betreiben durfte. Dafür wurden erhebliche Mittel aufgewandt. Für sein Haus „ARLBERG" in Karlsbad wurden in einer Spendenaktion 1380,– Kronen und durch den Kriegsblindenfonds noch einmal 1500,– Kronen aufgebracht, um die Hypothek auf der Liegenschaft zu tilgen. Aus dem Vermögen der staatlichen Landeszentrale zur Übernahme von Tabaktrafiken wurden 3000,– Kronen zugeschossen, die vor allem dem Bau und der Einrichtung des Kiosk dienten. Als Startkapital bekam die Familie HAMM 8904,– Kronen von Kriegsblindenfonds und Kriegsfürsorgeamt gemeinsam, sowie als zusätzliche Familienunterstützung 35,– Kronen monatlich. Emil HAMM betrieb sehr erfolgreich und unterstützt durch seine Frau, bis zu seiner Pensionierung die Trafik.[7]

5. Helden – Invalide – Bettler

5.1 Die Schicksale Kriegsblinder in der Ersten Republik

Alles war kaputt. Lebensplanung, Gesundheit, oft das Zuhause und auch die Partnerschaft. Natürlich war zentrales Anliegen nach den Schlachten für „Gott, Kaiser und Vaterland" nun den Kampf für sich selbst aufzunehmen. Der „Staat, den keiner wollte", war jetzt auf einmal für sie zuständig, sollte sie ernähren, mit allem Notwendigen versorgen, was ihnen im ersten Überschwang der Gefühle von Schuld und Dankbarkeit versprochen worden war.

Reparationszahlungen riesigen Ausmaßes an die Siegermächte, abgeschnittene Verkehrswege von altvertrauten Handelsbeziehungen durch die neuen Grenzen, Millionen von Kriegsgeschädigten – dieser „Rest war Österreich". Dieser „Rest" sollte Nährvater sein? Harte Zeiten für beide, die so eng aneinandergeknüpft waren.

Nach dem Jubel im November 1918, dem sowieso viele mit überaus gemischten Gefühlen gegenüberstanden, nahm sehr schnell die Realität wieder ihren Platz ein – und die war düster genug.

Nach einer Information von Dr. SONNTAG, dem Vorsitzenden des Deutschen Kriegsblindenverbandes, wurden 1919 in Berlin Flugzettel einer Kameradschaftsvereinigung verteilt. Diese enthielten einen Aufruf an alle Schwerstkriegsgeschädigten, doch endlich Selbstmord zu begehen. Sie sollten denen, die noch Zukunft hatten, Platz machen und den anderen nicht auch noch das wenige Vorhandene wegessen.

5.2 Der Kriegsblindenverband beginnt seine Arbeit

Der Niedergang der Monarchie war deutlich und unaufhaltsam. Die Wenigsten, die an eine Restitution wirklich glaubten. Die Konfrontation mit einer gänzlich veränderten Zukunft war unvermeidlich. Man mußte sich umstellen, organisieren, sich gemeinsam ums Überleben sorgen.

Sie kannten einander sehr gut. Sie lebten schon gemeinsam in den diversen Heimen, erarbeiteten gemeinsam neue Kenntnisse in den Umschulungsmaßnahmen, hatten das gleiche Schicksal, verwandte Interessen.

Was lag näher, als sich zusammenzuschließen? Treffen und Diskussionen um die Zukunft fanden schon während der Monarchie statt. Dann war der Umsturz da. In dieser allgemeinen Verwirrung ergriff der damals 19jährige kriegsblinde Jus-Student David SCHAPIRA die Initiative. In Eigenregie annoncierte er in Wiener Tageszeitungen einen Aufruf an alle Gefährten, sich am 30. November 1918 im Sitzungssaal der Steueradministration im fünften Wiener Gemeindebezirk zusammenzufinden.[1]

Fast 80 Gleichgesinnte kamen und waren sich wieder einmal einig über ihre Bedürfnisse und Forderungen. Als jedoch David SCHAPIRA über neue Konzepte für neue Berufe referierte, kam es zu Unmutsäußerungen im Auditorium, ja sogar zu tumultartigen Szenen, so daß die Versammlung schließlich aufgelöst werden mußte.

Man konnte sich gerade noch darauf einigen, einen Arbeitsausschuß am 12.Mai 1919 zusammentreten zu lassen. Dann war für ein weiteres halbes Jahr jeder auf sich allein gestellt.[2]

Dieser 12. Mai 1919 wurde zum Gründungstag des Verbandes der Kriegsblinden Österreichs. Zu seinem ersten Obmann wurde Hans HIRSCH gewählt.

Private Wohltäter, Vereine und Protektorate teilweise höchster Stellen (s. a. a. O.) halfen zwar, wo sie konnten, doch die Hauptfinanzierungsquelle, die öffentliche Hand, hielt sich sehr zurück.

Die juridische Basis bildeten zwei stark reformbedürftige Gesetze: das Versorgungsgesetz für Militärpersonen vom 27. Dezember 1875 und das Gesetz zur Versorgung Hinterbliebener nach Militärpersonen vom 27. April 1887.

Sie waren natürlich auf die Aktivitas bezogen. Soldaten erwarben erst nach zehnjähriger Dienstzeit bei nachfolgend eintretender Dienstuntauglichkeit einen Anspruch auf bleibende Invalidenpension, und nur eine Erblindung auf beiden Augen, hob die Zehnjahresklausel auf.[3] Auf diesen Gesetzesgrundlagen wurde eine monatliche Rente von Kronen 80,– gewährt – und selbst die wurde im allgemeinen Chaos unregelmäßig ausbezahlt.[4]

Mit 1. Jänner 1918 wurde das k. k. Ministerium für soziale Fürsorge eingerichtet. Bevor die ersten Anlaufschwierigkeiten überwunden waren, brach das System, das es schuf, zusammen.

Es blieb der jungen Republik, für neue Rechtsgrundlagen und Betreuungsmöglichkeiten zu sorgen.

Das provisorische Staatsamt für soziale Fürsorge wurde mit der Bundesverfassung vom 1. Oktober 1921 zum Bundesministerium für soziale Verwaltung. Unter seinem ersten Staatssekretär Ferdinand Hanusch wurde am 25. April 1919 das Invalidenentschädigungsgesetz beschlossen. Österreich setzte damit als erster aller ehemaligen kriegsteilnehmender Staaten eine soziale legislative Initiative. Es war aber ein Entschädigungs- und kein Versorgungsgesetz. Kriegsblinde wurden nicht extra erwähnt, das gesundheitsschädigende Ereignis mußte durch die im Rahmen der allgemeinen Wehrpflicht geleistete militärische Dienstleistung eingetreten sein.[5]

Eigene Invaliden-Entschädigungs-Kommissionen tagten, um Anspruchsberechtigungen und Höhen der Renten festzusetzen. Auch ein Verbandsvertreter war dabei, um die Verhandlungen möglichst günstig zu gestalten. Wie Berichten über diese Tätigkeiten zu entnehmen ist, herrschte zwischen Kommissionsmitgliedern und Verband ein ausgezeichnetes Verhältnis, obwohl es offenbar größere Verfahrensprobleme gegeben hat, die die Effizienz der Entscheidungen stark dämpften.[6] War die Berentung einmal festgesetzt, wurde in der gleichen Höhe noch einmal ein Hilflosenzuschuß gewährt. Einen ersten, blindenspezifischen Erfolg brachte die III. Novelle zum Invaliden-Entschädigungs-Gesetz vom 23. Juni 1921, in der dieser Behinderung ein höherer Rentenzuschuß als anderen Anspruchsberechtigten zuerkannt wurde. Die VII. Novelle von 1922 und die VIII. Novelle von 1924 waren dann Höhepunkte in der Zusicherung der finanziellen Unterstützung durch die öffentliche Hand. Sämtliche Geldleistungen wurden bevorzugt angehoben, Blindenzulagen waren weder abzufertigen noch pfändbar, bei Aufenthalten in Heilanstalten wurden alle Bezüge ungeschmälert bis zu einer Dauer von 6 Wochen weiterbezahlt. Der § 11 in der VIII. Novelle bestimmte, den Rentenbezug in einem einzigen runden Betrag festzulegen und die Vollrente um 37% anzuheben. Der Hilflosenzuschuß, bis dahin das Eineinhalbfache der Vollrente, wurde auch auf ein Fixum umgestellt, so daß sich, unterm Strich, eine Gesamterhöhung der Bezüge von 12% ergab.[7]

Der III. Reichsdelegiertentag des Zentralverbandes der Landesverbände der österreichischen Kriegsinvaliden und Kriegshinterbliebenen am 12. Mai 1923 beschäftigte sich intensiv „mit den Abwehrkämpfen des Zentralverbandes gegen die Sanierungsmaßnahmen der Regierung." Der Bericht enthält auch eine nachfolgende Aufstellung der Kriegsopfer in Österreich. Es waren am 1. September 1922 293.536 Kriegsopfer angemeldet, davon 196.305 Kriegsinvalide, 97.231 Hinterbliebene, von diesen waren zusammen 178.655 bereits bemessen. Diese verteilten sich auf 274 Kriegsblinde, 616 sonstige Hilflose, 3976 100%ige, 5473 mit 65–75%, 8001 mit 55–65%, 17.975 mit 45–55%, 21.636 mit 35–45%, 33.715 mit 25–35% und 37.040 mit 15–25%.[8]

Trotz der oben aufgezeigten Verbesserungen war man skeptisch, wo die Regierung das Geld für diese Leistungen hernehmen sollte, fürchtete, nicht zu Unrecht, es sei nur Ankündigungspolitik. Die Kriegsopferorganisationen rüsteten zu neuen, härteren Forderungen und Maßnahmen zu deren Durchsetzung. Der Ton wurde rauher:

„Entschließung:

Die am 22. April 1925 im Saale der Bäckergenossenschaft tagende Versammlung der Kriegsblinden von Wien, Niederösterreich und Burgenland stellt fest, daß die zu § 12 des Invaliden- Entschädigungs-Gesetzes gestellte Forderung, Angleichung der

Ortsklassen an die der Bundesangestellten nicht erfüllt wurde.

Desgleichen wurde unsere Forderung um finanzielle Gleichstellung aller Kriegsblinden, sei es nun, daß die Erblindung ausschließlich oder nur teilweise (durch Auslösung einer bereits vor dem Kriege bestandenen Anlage oder durch Verschlimmerung eines bereits bestandenen Leidens) durch das Kriegsereignis verursacht wurde, nicht berücksichtigt, sondern es wurde durch die VIII. Novelle zum Invaliden-Entschädigungs-Gesetzes das Prinzip der Verschlimmerungskomponente, gegen welches Prinzip die Kriegsblinden seit Bestand des Invaliden-Entschädigungs-Gesetzes kämpfen, gesetzlich festgelegt.

Des Weiteren stellt die Versammlung fest, daß den Forderungen der Kriegsblinden zu § 29 und § 36 des Invaliden-Entschädigungs-Gesetzes nicht Rechnung getragen wurde?"

Die Versammlung protestierte gegen den Abbau der Invalidenentschädigungskommissionen, insbesondere der Invalidenentschädigungskommission für Wien, Niederösterreich und Burgenland und des Invalidenamtes Wien. Ebenso wandte sich die Versammlung schärfstens gegen jeden Versuch einer Zersplitterung des organischen Zusammenhanges der Invalidenentschädigungskommission durch Abtrennung der Rechnungsabteilung, egal in welcher Form auch immer.

Die Versammlung erklärte sich solidarisch mit dem Zentralverband der

Landesorganisationen der Kriegsinvaliden und Kriegshinterbliebenen, welcher gegen die Zentralisierung der Agenden der Rechnungsabteilung Stellung nahm.

„Die Versammlung beauftragte die Verbandsleitung, die noch unerfüllten Forderungen der Kriegsblinden mit dem größten Nachdrucke zu vertreten und erklärt mit vollem Vertrauen hinter der Verbandsleitung zu stehen."[9]

Die Internationale der Kriegsopfer tagte vom 30. September bis zum 2. Oktober 1925 in Genf. In vielen Ausschüssen arbeiteten Österreicher mit. Am Ende der Tagung kam es zu einer Entschließung über die Lage der Kriegsopfer in Österreich:

„Die Zusammenkunft nimmt von den Erklärungen der Vertreter des Zentralverbandes der Landesorganisation der Kriegsinvaliden und Kriegshinterbliebenen Österreichs über die in Österreich zur Hebung der Lage der Kriegsopfer ergriffenen Maßnahmen Kenntnis.

Sie gibt ihrer Befriedigung über die getroffenen Maßnahmen Ausdruck und spricht den Wunsch aus, daß der gegenwärtig von der österreichischen Regierung vorgelegte Gesetzesententwurf den Kriegsopfern die Erlangung einer Entschädigung gestatten werde, die auf der Grundlage der von der Zusammenkunft angenommenen allgemeinen Grundsätze diesen Opfern die entsprechende Entschädigung für den erlittenen Schaden gewährt."[10]

Die Regierung versuchte das Ihre zu tun. Am 16. Dezember 1925 mit Erlaß Zahl 141.809 errichtete das Bundeskanzleramt einen „Blindenfonds zur Verbesserung des Loses der Kriegs – und Zivilblinden..."[11]

Immer wieder versuchte der eine oder andere mitzunaschen. Ein Agent des Verbandes wurde wegen kleinerer Unregelmäßigkeiten entlassen. Er war mit dem Vertrieb von Kalendern betraut und machte nach seiner Kündigung munter für die eigene Tasche weiter. Dazu scheint er rundum bekannt gewesen zu sein. Diese Tatsache machte er sich zu nutze und borgte sich immer kleinere Beträge aus ohne je daran zu denken diese zurückzuzahlen.[12]

Arbeit zu finden wurde schon immer schwerer, ebenso den Arbeitsplatz zu erhalten. Eine Reihe von Kriegsopfern fürchtete um die Versorgung. In den letzten Tagen des Jahres 1927 beschloß der Nationalrat, das Invalidenbeschäftigungsgesetz um zwei Jahre zu verlängern. Man konnte wieder aufatmen.

Im gleichen Jahr konnte auch ein Entgegenkommen der Generaldirektion der österreichischen Bundesbahnen erreicht werden. Zum Preis einer Karte durfte ein Kriegsblinder mit einer Begleitperson reisen. Anfänglich war das noch recht umständlich, mußte doch vor Antritt jeder Fahrt ein Ansuchen an die ÖBB um Fahrpreisermäßigung gestellt werden.[13]

Der Krieg war natürlich noch immer in lebhafter Erinnerung unserer ehemaligen Kämpfer. Sie hatten ja auch ein Andenken aus diesem mitgebracht, das sie in jeder Sekunde ihres Lebens belastete. Die Sorge der Bevölkerung um Arbeit und tägliches Brot ließ diese mehr und mehr den Weltkrieg vergessen. Es waren aber bereits international Bestrebungen im Gange, die unter dem Motto „Niemals wieder" Greuel, Leid und Schmerzen, die Sinnlosigkeit des Krieges in Ausstellungen dokumentieren wollten.

So auch Österreich. Während des ganzen Jahres wurde geplant und im Herbst 1928 eine Gesellschaft zur Errichtung und Erhaltung eines pazifistischen Museums in den Räumen des Kriegsblindenverbandes in Wien unter Verbandsobmann Hans HIRSCH gegründet.[14]

Geld zur Versorgung wurde viel gebraucht. Jede nur erdenkliche Quelle wurde angezapft. So war die Werbeabteilung des Verbandes immer auf der Suche nach Neuem, Ertragreichem. Mit Genehmigungen der Landesregierungen für Niederösterreich, Oberösterreich und der Steiermark wurden 1928 rund öS 15.000,– von vorwiegend ärmeren Schichten gesammelt.[15]

Tirol und Burgenland lehnten Ansuchen um Sammelerlaubnis konsequent ab. Auch die Aktion „Anwerbung beitragender Mitglieder" war mit 14 Werbungen fürs ganze Jahr nicht unbedingt erfolgreich, noch dazu stellten andere Förderer und Gönner ihre Zahlungen wegen der politisch und wirtschaftlichen Wirren 1929 ein. Sogar international wurde es versucht: 1920/21 eine Werbeaktion in Schweden, 1928 in Holland, 1929 wieder in Schweden, wobei auch dieser Versuch kläglich scheiterte.[16]

International wurde die Lageentwicklung in unserer Ersten Republik interessiert und genau mitverfolgt. Auf Kongressen wurden immer wieder österreichbezogene Statements abgegeben. Hier die Resolution zur Lage der österreichischen Kriegsopfer.

„Die 5. Jahresversammlung der Ciamac, Warschau 1929 stellt fest:

Der österreichische Bundeskanzler hat bei seinem Amtsantritt die Erklärung abgegeben, daß die Regierung die Wünsche der Kriegsopfer wohlwollend behandeln wird. Als im Jahre 1925 durch die Sanierung Schwierigkeiten in der Versorgung der Kriegsopfer entstanden, hat die damalige österreichische Regierung sich sofort bereit erklärt, mit den Vertretern der Ciamac darüber zu verhandeln und hat bezüglich der IX. Novelle Zugeständnisse gemacht, die auch zum großen Teile eingehalten wurden.

Die 5. Jahresversammlung der Ciamac hat den Bericht der österreichischen Delegation und des Vorstandes über die derzeitige Lage der österreichischen Kriegsopfer entgegengenommen und nach eingehender Prüfung der Versorgungsgesetze festgestellt, daß ohne Verzug eine neue gesetzliche Verbesserung der Rentensätze, insbesondere der Vollrenten und der Hinterbliebenenrente nötig ist, wozu der österreichischen Regierung bereits Vorschläge des Zentralverbandes vorliegen.

Mit Bedauern konstatiert die Konferenz, daß die österreichische Regierung bisher auf diese Wünsche nach Reform der Versorgung keine befriedigende Antwort gegeben hat.

Die Jahresversammlung stellt fest, daß eine größere Anzahl von Kriegsopfern, welche der ehemaligen Österreichisch-Ungarischen Monarchie angehörten, und die im Jahre 1918 sich für ihre Zugehörigkeit zu Österreich erklärten, durch die Außerkraftsetzung der Rechtswirksamkeit dieser Erklärung durch den Staatsvertrag von St. Germain schwer geschädigt wurden.

1. dadurch, daß die Nachfolgestaaten allen, welche 1918 sich für Österreich erklärten, die Rente verweigerte, trotzdem sie durch den Vertrag von St. Germain Angehörige dieser Staaten wurden;
2. dadurch, daß Österreich diesen Kriegsopfern die Aufnahme in den Heimatsverband einer österreichischen Gemeinde und damit die Erwerbung der österreichischen Staatsbürgerschaft nur gegen Abgabe eines Reverses bewilligte, mit dem sie auf die Geltendmachung aller gegen die ehemalige österreichisch-ungarische Monarchie erworbenen Ansprüche in Österreich verzichtete. Auf Grund dieses Reverses wurden von den österreichischen Behörden auch die Rentenansprüche abgewiesen"

Die Jahresversammlung verlangte, daß die Nachfolgestaaten allen Kriegsopfern, auch wenn sie sich seinerzeit für einen anderen Staat erklärt hatten, den Versorgungsanspruch auch dann einräumte, wenn seit damals diese Erklärung rechtsunwirksam geworden sei; daß Österreich den Rechtsanspruch auf Versorgung auch jenen Kriegsopfern zuerkennen sollte, wenn sie auf Grund eines abgegebenen allgemeinen Verzichtsreverses die österreichische Heimatzuständigkeit und damit die österreichische Staatsangehörigkeit erlangt haben.[17]

Intern erkannte man retrospektiv die Fehler und Unterlassungen der Vergangenheit, obwohl das Beste gemeint war.

Bei der Festversammlung zum 10jährigen Bestand des Verbandes referierte Obmann Hans HIRSCH über die berufliche Situation seiner Kameraden.

Dabei kritisierte er heftig die handwerkliche Ausbildung in den Kriegsjahren. Sie kam zu bald nach der Verletzung. Der eben erst aus dem Feld Zurückgekehrte wäre noch gar nicht in der Lage gewesen, sein Schicksal zu akzeptieren, da sei er schon in ein Handwerk gedrängt worden, ohne auf seine Vorkenntnisse oder seinen Beruf Rücksicht nehmen zu können. Dabei seien all die Korbflechter und Bürstenbinder in weiterer Folge geschäftlich ohne Erfolg geblieben.[18]

Während des Delegiertentages 1930 kam es am 26. April zu einem Höhepunkt. Eine Abordnung des Verbandes durfte zuerst bei Sozialminister Dr. INNITZER vorsprechen. Dieser anerkannte die berechtigten Forderungen und drückte seine moralische Verpflichtung zur Durchsetzung dieser Anliegen aus. Anschließend wurde die Delegation von Bundeskanzler Dr. SCHOBER empfangen, der nach Anhörung wörtlich feststellte: „Ich werde diese ihre Wünsche, wie sie mir vorgelegt worden sind, zu den Meinen machen und es wird mir eine persönliche Erleichterung sein, wenn ich sie erfüllt haben werde."[19]

Die Arbeitslosigkeit in Österreich stieg weiter an, die Situation wurde immer trister. Da gelang es, die Verhandlungen über eine Millionenanleihe beim Völkerbund zu einem glücklichen Ende zu führen. Ein Investitionseinschub, eine Steuerreform wurden allgemein, Beseitigungen von Härtefällen im Invalidenentschädigungsgesetz im besonderen erwartet.[20]

Der steirische Landesverband unterhielt schon seit 1924 ein Kindererholungsheim im italienischen Salvore. Die Verbandsmitglieder nahmen diese Einrichtung für ihre Kinder so intensiv in Anspruch, daß ein Zu- und Neubau notwendig wurde. Ab dem 7. September 1930, dem Tag der Eröffnung, 160 Kinder, konnten doppelt so viel wie früher untergebracht werden.[21]

So hatten die Kinder am Meer, die Erwachsenen im südsteirischen Hügelland Möglichkeit, neue Kräfte zu tanken. (s. a. a. O.)

Mit 1. November 1930 wurden die Bedürftigsten unter den Kriegsblinden, die Tangentialrentner (Personen, deren Blindheit nur zum Teil als Kriegsbeschädigung anerkannt wurde) vom halben zum vollen Blinden- oder Hilflosenzuschuß angehoben. Das waren nun öS 99,– mehr. Ein beachtlicher Betrag, der ihre Lage wesentlich verbesserte. Nun galt es nur noch, die Tangentialrentner zu Vollrentnern anzuheben. Eine Forderung, die angesichts der allgemeinen Depression schwer durchzusetzen war.[22]

In diesem Herbst wurde auch der „Verein blinder Intellektueller Österreichs" mit den Proponenten Dr. F. GUGGI, K. SATZENHOFER u. Dr. D. SCHAPIRA gegründet. Er sollte die Sonderinteressen der blinden Geistesarbeiter vertreten.[23]

Am 12. März 1931 formulierte es Sozialminister Dr. RESCH klar im Ausschuß für soziale Verwaltung: „Mit Rücksicht auf die finanzielle Lage des Bundes ist mit einer Novellierung des Invalidenentschädigungsgesetzes derzeit nicht zu rechnen..."[24]

Eine reiche Pariserin stiftete für die Blinden ihrer Stadt eine Unzahl an Blindenstöcken. Diese Nachricht verbreitete sich natürlich auch bis Wien. Anfang 1931 entschloß sich der wohlhabende Wiener Geschäftsmann Alfred RUSSO, diesem Beispiel zu folgen. Er spendete für alle Blinden weiße Ahornstöcke, auszugeben über die Verbände. Lange konnte er sich seines caritativen Entschlusses nicht freuen. Er starb schon am 19. April 1931 im 85. Lebensjahr. Trotzdem ist es ihm zu verdanken, daß alle schwerst Sehgeschädigten mit einem klassischen Blindenabzeichen ausgestattet werden konnten.[25]

Die Kaufkraft der Versorgungsgenüsse im April 1926, berechnet nach dem Durchschnittsverbrauch im betreffenden Land

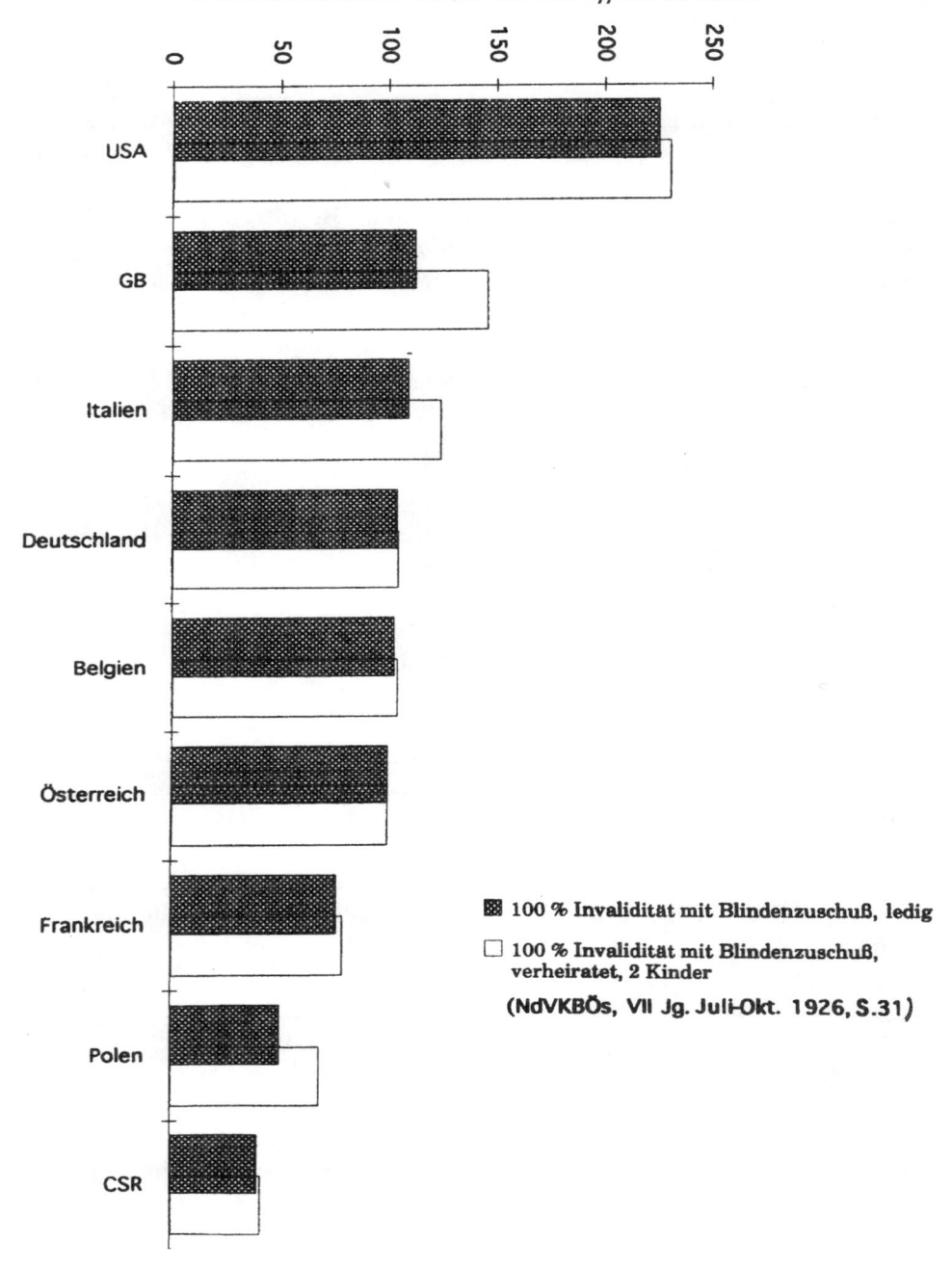

- USA
- GB
- Italien
- Deutschland
- Belgien
- Österreich
- Frankreich
- Polen
- CSR

▓ 100 % Invalidität mit Blindenzuschuß, ledig
☐ 100 % Invalidität mit Blindenzuschuß, verheiratet, 2 Kinder

(NdVKBÖs, VII Jg. Juli-Okt. 1926, S.31)

Meist war die Blindheit nicht die einzige gesundheitliche Beeinträchtigung, die die Leute vom Krieg mit nach Hause nahmen. Um unter medizinischer Aufsicht diese Leiden zu lindern, wurden alle turnusweise nach Gastein geschickt. Diese kollektive Zuweisung ins Salzburger Alpental war natürlich nicht für alle Fälle indiciert. Es dauerte eine Weile bis diese gut gemeinten, aber unglücklich durchgeführten Sozialmaßnahmen ins Ministerium durchdrangen. Im Sommer 1931 reagierte es mit einem Erlaß, der aufteilte. Weiterhin nach Gastein sollten alle Rheumatiker, Gichtleidende, Krankheiten des Nervensystems, Stoffwechselerkrankungen und Nachkuren nach Lungen- und Rippenfellentzündung. Fieberhafte Erkrankungen, fortgeschrittene Lähmungen, hysterische Zustände oder Bluter wurden auf Baden, Mariagrün und Tobelbad verteilt.[26]

Anhand dieser Anweisungen läßt sich illustrieren, welche Zusatzbehinderungen die Personen der hier besprochenen Gruppe auch noch zu bekämpfen hatten.

Die stark beeinträchtigte Gesundheit verminderte auch besonders die Widerstandsfähigkeit. Kriegsblinde waren also bekannt dafür, daß sie nur äußerst beschränkt einsetzbar waren. Wer nicht durch Landwirtschaft oder Trafik abgesichert war, bekam die Wirtschaftskrise voll zu spüren, wurde natürlich als erster arbeitslos, mußte gegen ärgsten, existenzbedrohenden Notstand kämpfen. Da auch die Tabakwaren drastische Preiserhöhungen erfuhren, die Leute sich daher beim Rauchen einschränkten, bedeutete der Beginn des dritten Jahrzehnts unseres Jahrhunderts auch für die Trafikanten einschneidende Umsatzrückgänge. Sie schlossen sich dem allgemeinen Rückgang des Lebensstandards nahtlos an.[27]

Die Probleme waren vielseitig und vielschichtig. Vieles konnte gemeinsam erreicht werden. Die Einigkeit im Auftreten brachte all die Erfolge zur Verbesserung der Lage der Kriegsblinden.

Es wären aber nicht Menschen mit all ihren verschiedenen Zugängen zur Welt, würde es nicht auch zu Unstimmigkeiten gekommen sein. Differenzen mit den Kärntnern konnten Mitte der zwanziger Jahre nicht nur beigelegt, sondern sogar eine Eingliederung in den Verband erreicht werden. Da rissen im Herbst 1931 neue Gräben auf. Obmannstellvertreter WEGHOFER war zurückgetreten. Um ihn bildete sich ein Wiener Kreis, der in „gemütlichen Zusammenkünften" massive Vorwürfe an den Verband formulierte und die autoritäre Führung durch Obmann Hans HIRSCH heftig kritisierte. Erklärtes Ziel war, die Verbandsleitung auszuwechseln. Zwischen Vertretern des Verbandes und der Opposition kam es am 17. Dezember 1931 zu einer Aussprache. Die üblichen Punkte standen auf der Tagesordnung: unkameradschaftliches Verhalten und überdurchschnittliche Bezüge der Verbandsfunktionäre. Tiefgreifende Einigung konnte nicht erzielt werden und so setzte man für Sonntag, 31. Jänner 1932, eine Landesversammlung für Wien an. Gleich nach Tagungsbeginn stellte der Oppositionsführer, der demissionierte Obmannstellvertreter Leopold WEGHOFER, einen Antrag auf Abänderung der Tagesordnung, die vom Obmann abgelehnt wurde. Darauf brach im Saal ein solcher Tumult los, daß innerhalb der nächsten Minuten die Versammlung aufzulösen war. Die Gräben waren tiefer denn je.

Das Ehrenmitglied des Verbandes Nationalratsabgeordneter Anton HÖLZL wurde als Streitschlichter bestellt. Herr HÖLZL bat nun Herrn WEGHOFER für den 8. Februar 1932 zu sich, um die Angelegenheit intern zu regeln.

Jedoch die Gattin des Kriegsblinden Fritz STOSSFELLNER ließ vorher schon die Bombe platzen. Am 7. Februar veröffentlichte sie in der „Reichspost" und am 8. Februar in der „Österreichischen Volkszeitung" und im „Linzer Volksblatt" Artikel unter dem Titel: „Einer, der auch nach Genf reist" all die Anschuldigungen der Opposition. Prompt folgte eine Gegendarstellung des Verbandes.

Eine Aussprache zweier Delegationen, für den 18. Februar anberaumt, platzte im letzten Moment. Die Wogen schlugen hoch.

Am 21. Februar 1932 veröffentlichte die REICHSPOST unter dem Titel „Schmarotzen an den Kriegsblinden – Hochstapeleien im Verband der Kriegsblinden" einen Artikel, dessen Titel bereits alles aussagt. Am Verband wurde kein gutes Haar gelassen. Wegen des Vorwurfs krasser Mißwirtschaft sprach am nächsten Tag Obmann HIRSCH gleich bei Sozialminister Dr. RESCH vor und ersuchte um Überprüfung der Verbandsgebarungen. Bereits am 24. Februar erschien ein Communiqué des Sozialministeriums in allen Tageszeitungen, in denen die Integrität der Verbandsleitung bestätigt wurde.

Natürlich blieb diese Oppositionsbewegung nicht auf Wien beschränkt. Sie ergriff langsam auch die Bundesländer. Trotzdem verliefen die Landesversammlungen ruhig.

Am 3. März stürmten ca. 15 Mitglieder der Opposition samt Begleitung das Verbandsbüro. Tumultartige Szenen, der Ruf nach dem Obmann. Dieser schon nach Hause gegangen, verweigerte telephonisch eine Konfrontation unter diesen Umständen.

Am 9. März traf die Opposition unter der Führung von Anna STOSSFELLNER mit einer Abordnung zu einer neuerlichen Konferenz in der Verbandsverwaltung ein. Es blieb bei den gleichen Vorwürfen und den gleichen Stellungnahmen. Schließlich stellte sich heraus: Ein Sturm im Wasserglas.

Für 9.–11. April wurde ein Delegiertentag (gesamtösterreichische Versammlung, Anm. d. Verf.) unter Teilnahme der Kritiker einberufen. Über 100 Redner, viele emotional geführte Debatten, schließlich die Verlesung des positiven Prüfberichts des Sozialministeriums. Die Opposition erklärte sich mit allen Beschlüssen des Delegiertentags einverstanden und löste sich damit faktisch auf. Das Erscheinungsbild des Verbandes war wieder geschlossen.[28]

Unter der Oberfläche gärte es weiter. Bald nach dem einigenden Delegiertentag erschien ein Rundschreiben eines sogenannten Berichtigungskomitees, dem auch die Oppositionsdelegierten des 9. März angehörten. In weiterer Folge lud man für den 24. Mai zu einer Gründungsbesprechung für einen neuen Kriegsblindenverband im Rahmen des Reichsbundes. Der Reichsbund hatte sich bis zu diesem Zeitpunkt faktisch nicht mit diesem Problem beschäftigt.[29]

Die Fäden, die das Gefüge hielten, rissen. Am 10. August 1932 fand die konstituierende Versammlung des „Bundes der österreichischen Kriegsblinden" als Sektion des Reichsbundes statt. Mit süffisant zynischen Darstellungen und Gegendarstellungen rechnete man einander die Besitzverhältnisse und Einkommensstrukturen der Führenden auf. Das Ehepaar STOSSFELLNER und Obmann HIRSCH waren die exponiertesten Ziele. Neben allen Vorwürfen finanzieller Interessen stellte sich, vom Verband sarkastisch, vom Reichsbund besorgt bemerkt, heraus, daß Frau Bezirksrat Anna STOSSFELLNER diese Spaltung als Sprungbrett für ein Nationalratsmandat gebrauchte.

Die Sektion baute vorerst auf unsicheren Boden. Hatten sich doch Vertreter des Reichsbunds schon in den späten zwanziger Jahren für eine Rentenkürzung und nur einer Beteiligung an Trafiken für Kriegsblinde ausgesprochen. Im Frühjahr 1932, am Kriegsopfertag in Linz engagierte sich Reichsbundobmann Hofrat Dr. DREXEL für eine deutliche Reduktion der Versorgungsmaßnahmen für Blinde, da die meisten abgesichert waren, und für eine wesentliche Aufwertung anderer Kriegsbehinderten.[30]

Nachdem im Juni 1932 die Rentenabfertigungen frist- und kompromißlos eingestellt wurden und trotz heftiger Interventionen beim Sozialminister daran festgehalten wurde, kamen eine Reihe von Kriegsopfern in größte Schwierigkeiten bei der Planung ihrer finanziellen Zukunft.[31]

Trotz aller Sorgen und Nöte im Existenzkampf war viel erreicht worden, standen die meisten auf gesichertem Boden. Große Not überkam jedoch die Witwen und Waisen nach Kriegsblinden. Nur wenn die Blindheit selbst die Todesursache war, hatten sie Anspruch auf staatliche Unterstützung. Aber wann war das schon der Fall, wenn eine Ehe, eine Familie aufgebaut war. Wer starb schon Jahre nach der Verletzung an Blindheit?

Erst am 3. Juni 1937 gewährte per Erlaß das Sozialministerium dem oben angesprochenen Personenkreis, Beihilfen in der gleichen Höhe der Renten, wenn bis zum Tode des Beziehers Hilflosenzuschuß gewährt wurde.

Dann schlug die Geschichte ein neues Kapitel auf.

5.3 Trafiken für die Kriegsopfer

Die triste wirtschaftliche Situation Österreichs ließ diejenigen, „die das Recht hatten, mit den höchsten Ansprüchen an den Staat heranzutreten. Kein anderer Kriegsgeschädigter, kein anderer Gläubiger des Staates darf, annähernd solche Forderungen geltend machen wie wir,"[1] auch mit ihren Ansprüchen vorsichtig sein. Man wollte nicht den schwer kämpfenden Staat über Gebühr belasten, waren doch die Unterstützungsgelder, die man bezog, von öffentlicher Hand.

Verlegte man sich im Schwergewicht mehr auf die Beschaffung von Tabakverschleißlizenzen als auf den Erwerb von Grund und Boden, sah man einigermaßen verunsichert auf die nach unten gehenden Markttendenzen und die allgemein sich verschlechternde Lage der Bevölkerung.

Hatte der Verband richtig entschieden oder hätte man den Ankauf von Realitäten forcieren sollen?

Die Richtung war festgelegt, die Entscheidung für die Gewerbebetriebe längst gefallen, viele Verbandsmitglieder bereits versorgt, der Weg mußte weitergegangen werden.

Bereits am 18. Mai 1919 erließen die Staatsämter für Finanzen und Soziale Fürsorge eine Vollzugsanweisung zum Kündigungsrecht für Trafiken. Das bedeutete, daß Inhaber von Tabaktrafiken, die noch über andere Einnahmequellen zum Lebensunterhalt verfügten, die Geschäfte hergeben mußten. Mit dieser Anweisung wurde gleichzeitig eine bevorzugte Behandlung der Kriegsblinden festgelegt.[2]

Bis Ende des Jahres 1922 galten Raucherkarten, und Tabaktrafik-Lokale gab es relativ wenige. Einige kriegsblinde Trafiklizenzinhaber verfügten zwar über die ihnen kontingentweise zugeteilten Rauchwaren, aber über keine Verschleißstelle. Ihnen wurde ermöglicht, die Artikel über benachbarte Trafiken absetzen zu lassen.

Ab 1923 konnten Tabakprodukte wieder uneingeschränkt gekauft werden – der Bedarf an Geschäften stieg sprunghaft an, die Regierung sagte ihre Unterstützung zu, es ging weiter aufwärts.[3]

„Manche unserer Mitglieder haben auf eine Beteiligung mit einer Trafik überhaupt keinen Anspruch, weil sie in anderen Berufszweigen wie Landwirtschaft, Kinobetrieb, und dergleichen ihr Fortkommen gefunden haben. Am 1. Jänner 1922 betrug die Zahl der bis dahin an Mitglieder des Verbandes verliehenen Tabak-Verschleißgeschäfte 194, am 31. Dezember 1922 213, so daß sich im Jahre 1922 ein Zuwachs von 19 Trafiken ergab, während die Zahl der Mitglieder sich in derselben Zeit von 264 auf 279, sonach nur um 15 erhöht hat.

An Witwen nach verstorbenen, bereits im Besitze einer Trafik gestandenen Mitglieder, wurden im Berichtsjahr drei Trafiken übertragen.

Die vorerwähnte Zahl von 213 Trafiken – welche rund 77% unseres Mitgliederstandes entspricht – verteilt sich auf die einzelnen Bundesländer nach dem Wohnsitze der Eigentümer wie folgt:

Wien	118
Niederösterreich	35
Oberösterreich	15
Steiermark	23
Salzburg	13
Tirol	4
Vorarlberg	1
Kärnten	1
Burgenland	2
Deutschland	1

Wird weiters berücksichtigt, daß es gelungen ist im abgelaufenen Jahre 1922 außerdem 8 Trafiken, die bisher substitutorisch betrieben wurden gegen solche mit entsprechendem Verschleißlokale einzutauschen, und 5 Mitgliedern, die nur Inhaber nicht lebensfähiger Verschleißgeschäfte waren, durch Zuweisung aufgelassener kleinerer Trafiken zu einer gesicherten Existenz zu verhelfen, so glauben wir den Beweis erbracht zu haben, daß auch auf diesem Gebiete alles nur irgendwie Mögliche geschehen ist, um die Interessen unserer Mitglieder zu wahren."[4]

Die stetig ansteigende Zahl der Mitglieder im Kriegsblindenverband läßt sich durch Kriegsverletzungen, die teilweise Jahre später zum Verlust der Sehkraft führten, erklären.

Die meisten dieser ehemaligen Soldaten wurden nach dem Invaliden-Entschädigungs-Gesetz jedoch nur als Teilrentner anerkannt, so daß ihre Bezüge oft nur einen Bruchteil der Vollrente ausmachten. Der halbe Blindenzuschuß war auch nur der berühmte „Tropfen auf den heißen Stein", so daß diese Gruppe eindeutig als arm anzusprechen war. Ihr Interesse, über den Verband für sich und ihre Familie wieder in angemessenen Verhältnissen leben zu können, war daher ein marginales.

Um ihr Geschäft neu einzurichten oder größere Mengen Rohmaterial für Bürstenbinder und Korbflechter einkaufen zu können, war es den kriegsblinden Betreibern möglich, um Rentenabfertigung anzusuchen. Es waren zwar umfassende Planungsnachweisungen einzureichen und Gutachten vorzulegen, aber nach einer kommissionellen Verhandlung am Invalidenamt konnte eine zehnfache Jahresrente, einmalig ausbezahlt, erreicht werden. Natürlich erlosch damit jeder weitere Rentenanspruch.[5]

Es wurde mit allen Mitteln um die Raucher gekämpft. Man scheute auch vor Dumpingpreisen nicht zurück, obwohl, dabei erwischt, die Konzession ohne weitere Nachsicht entzogen wurde.

Die Vergabe von Trafiken stieg weiter. Am 1. Jänner 1924 konnten bereits 224 Geschäfte von Verbandsmitgliedern geführt werden. Im gleichen Jahr veranstaltete der Landesverband Niederösterreich der Trafikanten einen Schaufensterbewerb in Wien. 303 Konkurrenten nahmen daran teil. Als am 19. September 1924 die Besten prämiert wurden, war die Hälfte der Ausgezeichneten in Führung von Verbandsmitgliedern.

Am 12. Oktober ehrte der Finanzminister Dr. KIENBÖCK die Sieger, die neben Preisen und Diplomen als besondere Anerkennung öS 5,– vom Minister persönlich bekamen.[6]

Manchmal gab es auch Schrammen im Trafikantenleben.

„In St. Florian in der Steiermark hat am 31. August (1925 Anm. d. Verf.) ein unbekannter Gauner den Kriegsblinden Anton GAUBE, der dort eine Tabak-Trafik betrieb, in gewissenloser Weise betrogen. Er war in die Trafik gekommen und hatte 20 Memphis gekauft. Dem Trafikanten übergab er ein Papier, das er als Note zu K. 50.000,– bezeichnete, worauf er darauf K. 40.000,– zurückbekam. Als der Gauner schon lange fort war, stellte der Trafikant fest, daß ihm der Betrüger ein wertloses Klassenlotterielos eingehändigt hat."[7]

Eineinhalb Jahre später versuchte man es wieder:

„Versuchter Betrug an einem Kriegsblinden.

Wir haben in unseren „Nachrichten" die Kameraden des öfteren davor gewarnt, in ihren Trafiken allein, ohne sehende Hilfskraft tätig zu sein.

Wie recht wir mit unserer Warnung hatten, beweist ein Vorfall, der uns vom Kamderaden Franz MASSER, Groß St. Florian mitgeteilt wurde. Am 28. Jänner d. J., knapp vor Geschäftsschluß, bediente Kamerad MASSER, einen Burschen, der dem Kriegsblinden ein Papier überreichte, mit dem Bedeuten, daß es eine Zehnschillingnote sei. MASSER fing an herauszugeben, fühlte jedoch, daß das ihm übergebene Papier keine Zehnschillingnote sei und fragte nochmals nach dem Wert des Papiers. Als Antwort auf diese Frage entriß der Bursche dem Kamderaden MASSER das bereits herausgegebene Geld und entfloh. Wie sich nachträglich herausstellte, war die angebliche Zehnschillingnote ein zugeschnittenes Klassenlos.

Drei Tage später versuchte der Bursche wieder einen Betrug, und zwar wollte er diesmal 20 Schilling, (diesmal war es ein altes Wohltättigkeitslos) herauszuschwindeln. Kamerad MASSER hatte gleich beim Bestellen der Rauchware das Gefühl, daß es derselbe Bursche war, der ihn einige Tage vorher betrogen hatte, und als der Käufer sagte, er gebe ihm eine Zwanzigschillingnote, festigte sich sein Verdacht. Er verzögerte die Herausgabe des Geldes, betätigte die elektrische Alarmglocke und mit Hilfe der sofort herbeigeeilten Personen konnte der Schwindler festgenommen werden."[8]

Natürlich fehlte es nicht an Aufrufen, sehende Hilfskräfte zu beschäftigen, das Warenangebot kundenfreundlich zu gestalten und selbst höflich und auf die Kunden eingehend zu sein. Der Verband legte sogar eigene Formulare zur Materialverwaltung auf, die zuständigen öffentlichen Stellen zeigten sich sehr verständnisvoll, die Blinden wieder revanchierten sich durch engagierte Mitarbeit in den Tabakverschleißgremien und reibungslose Geschäftsabwicklungen. Die Zusammenarbeit aller Stellen funktionierte im besten Einvernehmen.

Diesen Umständen ist es auch zuzuschreiben, daß eine so überdurchschnittlich hohe Rate von Blinden mit Tabakverschleißlizenzen versorgt wurde. Bedenkt man, daß sich pro Trafik in Wien zwischen 160 und 180 Kriegsbeschädigte bewarben, kann man die Bedeutung von oben Ausgeführtem ermessen.

So gelang es, zwischen 1919 und 1923 fast alle Bewerber, die aus dem Lager der Sehgeschädigten kamen, zu versorgen. Nur durch die erwähnten Neuzugänge kam es noch immer zu einem gewissen Nachholbedarf. Die Regierung kündigte 1923 die Trafikkündigungs-Vollzugsanweisung, was zur Folge hatte, daß nur mehr durch Ableben der Betreiber frei werdende Trafiken nachbesetzt werden konnten. Diese drastische Einschränkung verhärtete den Kampf der einzelnen Behindertenorganisationen. Auch für den hier behandelnden Kreis wurde die Lage erheblich ernster. Waren zwischen 1919 und 1923 200 Lizenzen erreicht worden, bekam man zwischen 1923 und 1927, also im gleichen Zeitraum von vier Jahren, nur 60 Stück dazu.[9]

Im Februar 1928 präsentierte der ehemalige Landwirt und umgelernte Trafikant WEGHOFER seine Erfindung, des uns auch heute noch vertrauten Zigarettenautomats, der Öffentlichkeit. Beim Patentamt angemeldet und von Ministerialräten des Bundesministeriums für Finanzen hochgelobt, wurde in den folgenden Monaten und Jahren das weiterentwickelte Modell an vielen Trafikstandorten eingebaut und den Rauchern damit endlich die Möglichkeit eröffnet, auch während der Schließzeiten zu ihren Zigaretten zu kommen.[10]

All diese Erfolge schienen auch von mißliebig denkenden Menschen beobachtet worden zu sein. So war am 7. April 1931 die Trafik des Kriegsblinden GOLDAPPER im 2. Wiener Gemeindebezirk Schauplatz eines Raubmordversuchs. Der Täter, der mit einem Auto vorfuhr, wollte die Kasse rauben. Die Verschleißgehilfin Betty SMETANA schlug ihm jedoch das Geld wieder aus der Hand und konnte einem Schuß aus einer Browning rechtzeitig ausweichen, so daß der Räuber Hals über Kopf flüchtete. Verschiedene Ehrungen für die tapfere Verkäuferin waren Anerkennung für ihren Mut.[11]

In all den Jahren ging es auch nicht ohne Zerwürfnisse zwischen Betreibern und Angestellten, die mehr Gehalt forderten, aus. Jedoch jedes Mal konnte eine gütliche, der jeweiligen Wirtschaftslage angepaßte, Lösung gefunden werden.

5.4 Medaillen – Auszeichnungen ohne Wert?

Für im Krieg mit Medaillen ausgezeichnete Soldaten gab es Anerkennungszahlungen. 1924 plante die Regierung eine Abfertigungszahlung, weil die Krone immer mehr an Wert verlor. Es war gedacht, für die goldene Tapferkeitsmedaille K. 18.000,–, für die silberne TM der I. Klasse K. 9000,– und für die silberne TM II. Klasse K. 4.500,– zu geben. Verbandsobmann Hans Hirsch lehnte diese Regelung ab, weil er hoffte, doch noch eine vernünftigere Auffassung durchzusetzen und eine Valorisierung der Zahlungen zu erreichen.[1]

Die 12.000 österreichischen Tapferkeitsmedaillenträger (Gold und Silber 1. Klasse) sollten nun im Jahr 1928 abgefertigt werden. Als Sätze waren in Aussicht gestellt: öS 1500,–/750,–/350,–.[2]

In Österreich gab es 1930 ca. 36.000 Tapferkeitsmedaillenbesitzer, aber es war seit der Geldumstellung nichts mehr ausbezahlt worden. In Südtirol wurde regelmäßig ausbezahlt.[3]

Am 10. Dezember 1931 wurde vom Heeresminister neuerlich verordnet, daß bei allen Tapferkeitsmedaillenbesitzern Anspruch auf Beteiligung mit einer Zulage bestehe.

Mit 1. Dezember jeden Jahres sollten öS 50,–/25,– an 172 Goldene und 11.885 Silberne ausbezahlt werden. Ursprünglich war das Doppelte vorgesehen, nur der Sparkurs der Regierung ermöglichte keine höheren Zuwendungen.[4]

Für das Jahr 1932 setzte das Sozialministerium mit 17. September öS 50,– für die goldene und öS 25,– für die silberne Tapferkeitsmedaille I. Klasse fest.[5]

„Das Gesetz über die Medaillenzulage vom Nationalrat beschlossen. Der Anspruch ist bis spätestens 31. Juli 1931 geltend zu machen." Man jubelte ein bißchen zu früh.

Im Bundesvoranschlag wurde für das Jahr 1931 ein Betrag von S 500.000,– für die Auszahlung von Medaillenzulagen ausgesetzt, dessen nähere Verwendung noch durch ein Bundesgesetz geregelt werden sollte. Der Finanz- und Budgetausschuß hatte diese Frage in seiner Sitzung vom 18. März beraten.

Der Berichterstatter Dr. Kneussl führte hiebei aus, daß die Bestimmungen über die Tapferkeitsmedaillen von der Republik übernommen wurden, daß jedoch die Auszahlung seit dem Jahre 1923 infolge der Inflationen eingestellt worden sei. Die Regierung hielt es für ihre Pflicht, den seinerzeit mit Tapferkeitsmedaillen Ausgezeichneten, ähnlich wie in Ungarn und Bayern, einen „Ehrensold" in Form einer Zulage zu gewähren. Die Frist zur Geltendmachung des Anspruches auf diese Zulage war mit 31. Juli, der Wirksamkeitsbeginn des Gesetzes mit 31. März des Folgejahres vorgesehen. 1931 gab es noch ungefähr 500 Besitzer von Goldenen, 9000 von Großen Silbernen und 26.000 von Kleinen Silbernen Tapferkeitsmedaillen. Nach der Regierungsvorlage sollten denjenigen Inhabern der Goldenen und Großen Silbernen Tapferkeitsmedaillen Zulagen gewährt werden, die ihre Auszeichnungen bis Oktober 1918 erworben hatten.

Den Ausführungen des Berichterstatters folgte eine Debatte, an der sich die Abgeordneten Dr. DEUTSCH, Dr. STRAFFNER und Bundesminister für Heerwesen VAUGOIN beteiligten.

Der Finanz- und Budgetausschuß nahm den Geldentwurf mit dem vom Berichterstatter vorgeschlagenen Forderungen und eine Entschließung an, in der „die Bundesregierung aufgefordert wird, die Aktion der Beteiligung der Tapferkeitsmedaillenbesitzer nach Maßgabe der budgetären Mittel fortzusetzen und zu diesem Zweck im nächsten Budget einen entsprechenden Betrag vorzusehen". Der Nationalrat hatte in seiner Sitzung vom 26. März 1932 dem Gesetzentwurf die verfassungsmäßige Zustimmung erteilt und die vorgelegte Entschließung angenommen.

Nach diesem Gesetz war für die Besitzer der Kleinen Silbernen Tapferkeitsmedaille vorläufig keine Zulage vorgesehen. Ferner, daß der Anspruch auf die Zulage ruhte, wenn dem Anspruchsberechtigten eine Einkommensteuer in der Höhe vorgeschrieben wurde, die nach § 29 das Ruhen der Invalidenrente bewirkte, d. h. bei einem Einkommen von mindestens öS 400,– außer der Invalidenrente.

Das Gesetz war jedoch nur ein Rahmen, und die näheren Bestimmungen sollten erst im Verordnungswege getroffen werden, vor allem deshalb, weil vorläufig noch gar nicht abzusehen war, wie viele der Medaillenbesitzer den Anspruch geltend machen würden und wie viele der Anmeldungen den Bestimmungen des Gesetzes entsprechen konnten. Da, wie erwähnt, für diesen Zweck nur ein fixer Betrag zur Verfügung stand, war es erst dann möglich, die Höhe der einzelnen Zuwendungen festzusetzen.

Es war jedoch nicht nur die Höhe, sondern auch noch andere Bestimmungen dem Verordnungswege überlassen, und die Verbandsleitung hatte deshalb sofort die Verhandlungen mit dem Bundesministerium für Heerwesen eingeleitet, das mit der Vollziehung des Gesetzes im Einvernehmen mit den beteiligten Ministerien betraut wurde, um so den Wünschen der Kriegsblinden auf diesem Gebiet mehr Gewicht zu verschaffen.[6]

5.5 Möglichkeiten der Wohnraumbeschaffung

Nicht jeder Rückkehrer konnte in seine Heimat, in sein Haus, zu seinen Vertrauten zurück. Zerstörungen, politische Umwälzungen, persönliche Tragödien (s. a. a. O.) ließen neuen Wohnbedarf entstehen. Noch während des Ersten Weltkrieges gründete sich der Verein „Kriegsblindenheimstätten". Bis Ende 1918 konnten 142 Häuser und Wohnungen angekauft und viele Objekte renoviert, ausgebaut oder schuldenfrei gestellt werden. (s. a. a. O.)[1]

Nach dem Zusammenbruch der Monarchie mußte die Organisation neu aufgebaut werden. Beratung und Hilfestellung bei den Wohnungsämtern in den Städten, Hausbauten konnten nur mehr am Land verwirklicht werden.

Es dauerte bis 1924, bis es zu einer Zusammenarbeit von Kriegsblindenverband und Kriegsblindenheimstättenverein kam. Bis dahin nahm die Kluft zwischen diesen beiden Organisationen immer mehr zu, wurden doch die Anträge auf Hausreparaturen vom Verein mit dem Hinweis auf leere Kassen alle abgelehnt.

Als am 30. April 1924 der Jahresbericht des Vereins ein Plus von 112 Mill. österr. Kronen und 23.000 czechoslowakischen Kronen auswies, wurde der Verband hellhörig. Ein Mitglied des Verbandsvorstandes wurde in den Verwaltungsrat des Vereins entsandt, Ministerialrat Dr. ZIMMER vom Bundesministerium für Soziales wurde ersucht, alles Erdenkliche zu unternehmen um das Vereinsvermögen dem Kriegsblindenfonds einzuverleiben.[2]

Im Wohnungsamt schuf die Stadt Wien 1925 ein eigenes Blindenreferat. Der Verband nominierte daraufhin Hofrat Franz EISENHUT zum Schriftführer, der die Achse zum Referatsleiter herstellte und sämtliche Angelegenheiten der Verbandsmitglieder fürs Amt vorbereitete.[3]

Diese Beziehung bewährte sich, noch dazu da mit 1. Jänner 1926 das Wohnungsanforderungsgesetz außer Kraft gesetzt wurde und nur mehr Neubauwohnungen vergeben wurden. Ungefähr ein Drittel aller in Wien lebenden Kriegsblinden wandte sich 1926 um Rat und Hilfe an Hofrat EISENHUT. Der hatte es zum Teil nicht leicht. Manche Wohnungswerber stellten exorbitante Anforderungen Größe und Lage der Wohnungen betreffend.Obwohl alle Ansuchen positiv erledigt werden konnten, dauerten natürlich die Amtswege ihre Zeit. Einige Ungeduldige oder Überbesorgte konnten aber ihre Unruhe nicht besänftigen. Bis zu 25mal sprachen sie in der gleichen Angelegenheit vor, obwohl ihnen jedesmal das Gelingen ihrer Wünsche zugesichert wurde. Einige übergingen sogar ihren Referenten und wandten sich direkt an den Leiter des Wohnungsamtes, der ihnen auch nichts anderes sagen konnte, aber enorm aufgehalten wurde.[4]

Die Inflation nahm verheerende Ausmaße an und machte auch das Vermögen des Vereins zunichte. Er mußte 1929 seine Tätigkeit einstellen.

Die junge Republik vermachte die ehemaligen kaiserlichen Güter dem Kriegsopferentschädigungsfonds. Jetzt beabsichtigte man Teile des Lainzer Tiergartens zu verbauen. Diese Siedlungsaktion, die auch die Großräume anderer Landeshauptstädte erfaßte, stieß auf reges Interesse.[5]

Das Projekt war aber noch relativ unausgereift. Man wollte Expertenmeinungen einholen wie gebaut werden sollte, hatte ein dicht baumbestandes Gebiet vor sich, das erst gerodet werden mußte und die Gemeinde Mauer, die als zuständige Baubehörde noch keine Zustimmung zur Parzellierung gegeben hatte.

Wohlahnend, daß dieses Projekt scheitern werde, sah man sich im 13. Wiener Gemeindebezirk angebotene Baugründe an, die aber so viele Negativa aufwiesen, daß auch sie abgelehnt wurden.

Das Wohnbauförderungsgesetz 1929 gab klare Richtlinien für die so begehrten Einfamilienhäuser. Gebaut werden durfte nur in Gebieten mit nachweislicher Wohnungsnot. Zuschüsse gab es nur für Bauten, die zwischen dem 1. Juli 1929 und dem 31. Dezember 1932 begonnen wurden. Die Grundfläche für ein Einfamilienhaus mit einer Wohnung betrug maximal 100 Quadratmeter, das gesamte Grundstück sollte 1000 Quadratmeter nicht überschreiten. Der Bauwerber hatte lediglich 20% der Gesamtkosten als Eigenmittel vorab aufzubringen, für den Rest waren langfristige (fünfzigjährige) Hypothekardarlehen vorgesehen. Alle Rechtsgeschäfte und Grundbucheintragungen wurden gebührenfrei gestellt, auf sämtliche Gemeinde- und Landesabgaben sowie für 20 Jahre auf die Landesgebäudesteuer wurde verzichtet.

Es ist hier eine hohe Bereitschaft der Behörden zu erkennen zu helfen, wo und wie es nur möglich war. In den westlichen Bezirken Wiens wurden von der Gemeinde sogar Pachtparzellen mit Größen zwischen 200–1500 Quadratmetern auf 70 Jahre zu günstigsten Konditionen angeboten.

Man unterstützte so gut es ging mit attraktiven Angeboten, die gerne angenommen wurden.[6]

Zusammenfassend läßt sich beruhigt feststellen, daß jeder Bedürftige in der Ersten Republik mit Wohnraum versorgt werden konnte und dabei großzügig gefördert wurde.

5.6 Des Blinden Fenster zur Welt – Das Radio

Heute sind audio-visuelle Medien, CB-Funk oder Hörbücherei ein breites, selbstverständlich gewordenes Betätigungsfeld – und neuerdings hält auch der Personalcomputer mit Tischscanner und Sprachausgabe Einzug in die Haushalte und Arbeitsbereiche Sehgeschädigter.

Jedoch war der 1. Oktober 1924 ein Meilenstein in der Informationsversorgung. Vor versammelter Regierung unter Bundeskanzler Dr. SEIPEL, Bürgermeister SEITZ und dem Generaldirektor der Post- u. Telegraphenverwaltung HOHEISEL eröffnete Landeshauptmann Dr. RINTELEN als Präsident der „RAVAG" den österreichischen Radiorundspruchverkehr.

Am Ende seiner Ansprache sagte er Zukunftweisendes: „... dieser Triumph der Technik soll auch jenen Ärmsten der Armen zugute kommen, die als Opfer des Krieges ihr Augenlicht verloren haben. Es wäre mein Wunsch, daß mit Unterstützung aller Beteiligten ein Fonds geschaffen werde, der es ermöglicht, armen Kriegsblinden unter günstigen Bedingungen Empfangsapparate zur Verfügung zu stellen ..."[1]

Eine Bausteinaktion wurde durch Regierung und Stadt Wien ins Leben gerufen und die Eintrittsgebühren zur Besichtigung der Sendestation wurden für einen eigens eingerichteten Blindenfonds zusammengelegt. Bald sammelte sich eine ansehnliche Summe an.

Noch im Spätherbst stellte die Österreichische Radio-Verkehr-AG, einen Röhrenapparat in die Verbandskanzlei und eine Reihe von Detektoren mit je einem Kopfhörer für den Raum Wien (es gab zu dieser Zeit nur diesen einen Sender, der ein Einzugsgebiet von ca. 30 km erfaßte, Anm. d. Verf.) aus Spendengeldern bereit.

Nach schriftlicher Anmeldung bei der Post wurden sowohl die Erteilung einer Rundfunk-Bewilligung als auch der Betrieb gebührenfrei gestellt.

1925 wurden Sendeanlagen in Graz, Innsbruck, Klagenfurt und Linz errichtet, das Einzugsgebiet damit überregionalisiert.

Der Bedarf an Empfangsgeräten war groß, sollten doch alle Blinden, also auch die zivilen, beteilt werden.

So stellte man in einer RAVAG-Aussendung anläßlich des ersten Jahrestags zufrieden fest 86 Kriegsblinde (29%) und 226 Zivilblinde mit Radiogeräten versorgt zu haben.[2]

Die Zeitung „RADIOWOCHE" stellte 24 Detektorkristalle als Austauscheinheiten zur Verfügung, der Sender Wien baute seine Sendeleistung auf 150 km, der Grazer Sender auf 65 km aus – weitere Detektoren wurden benötigt.[3]

Anfang 1927 kamen die Lampenapparate auf. Viele Mitglieder wollten ihre unmodern gewordenen Detektorapparate umtauschen, andere hatten noch überhaupt kein Gerät bekommen. Unmutsäußerungen auf beiden Seiten, der Verband hatte mit Beschwichtigung viel zu tun.[4]

In der Adventzeit rief die RAVAG immer ihre Hörer auf, für die Kriegsblinden zu spenden und – die Menschen kamen diesen Aufrufen nach, gaben fleißig. Am Ende des Jahres 1927 waren es nur mehr 100 Bedürftige.[5]

Mit Weihnachten 1928 war die Vollversorgung fast erreicht. 280 Mitglieder konnten an eigenen Geräten sitzen.[6]

Die wirtschaftliche Depression traf auch die RAVAG zunehmend. Der Spendentopf schmolz zusehends, der Geldfluß war deutlich abnehmend, die Zahl der Gratisausgaben der Radios sank von 60 Stück zu Weihnachten 1928 auf nur mehr 15 Geräte im Winter 1932. Man mußte den Gürtel enger schnallen, das Ohr fester an den Lautsprecher drücken. Die Meldungen, die herauskamen, waren für die Zukunft unerfreulich genug.[7]

5.7 Chancen, wieder zu sehen

Wir nehmen die Eindrücke aus unserer Umwelt hauptsächlich über die Sehorgane wahr. Wie bestimmend für uns Menschen diese Informationsquelle ist, mag der Ausruf eines blind geborenen Schülers bei der Erklärung des Panoramas am Radstädter Tauernpaß durch den Autor zeigen: „Mein Gott, würde ich das gerne sehen!" Seien hier auch Anteile allgemeiner Phrasen enthalten, so trifft es doch das menschliche Grundbedürfnis genau. Wir sind „Augentiere" und verwenden unsere übrigen Sinne als wertvolle Hilfen zur Ergänzung eines Bildes. Ein Mensch, der sein Augenlicht verliert, die Kraft hat, damit leben zu lernen und sich in der Gesellschaft erfolgreich behauptet, wird trotzdem, daß er weiß es gibt keine Chance wieder zu sehen, nie den letzten Funken Hoffnung aufgeben. Durch den technischen und medizinischen Fortschritt ist vielleicht doch für ihn eine Wiederherstellung der Sehkraft zu erreichen.

In ihrem stillen, oft verzweifelten Hoffen sind diese Personen sehr anfällig für religiöse Botschaften, Scharlatane und Wunderheiler. Sehr viel Geld wurde auch bereits in medizinische Behandlungen gesteckt, wo namhafte Ärzte, meist in gutem Glauben, voreilige Versprechungen abgaben, die sie in keiner Weise halten konnten.

Hier sei nun berichtet über Erkenntnisse, Versuche und Heilverfahren in der Zwischenkriegszeit. Meldungen, die bei den Kriegsblinden auf größtes Interesse gestoßen sind, obwohl, nachweislich, keiner von ihnen in den Genuß dieser „erfolgreichen" Behandlungsmethoden gekommen ist.

Louis FARIGOUTE behauptete, man könne Stellen der menschlichen Haut so empfindlich machen, daß sie wie die Netzhaut wirkten. R. SIMONIN und Jean LABADIE führten dazu scheinbar sehr erfolgreiche Kontrollversuche durch.

Dem Sehvermögen ähnelnde Tastleistungen hypnotisierter Menschen wurden optischen Erfassungsmöglichkeiten zugeschrieben. Fantastische Leistungen bei Farb-, Raum- und Schrifterkennung wurden berichtet.

Vor allem die Finger und Hände seien mit Fähigkeiten zum panoptischen Sehen optimal ausgestattet. Unerreicht in der Farberkennung sei die Nasenschleimhaut, wurde kolportiert.

FARIGOUTE glaubte durch Untersuchungen beweisen zu können, daß auf der Oberhaut mikroskopisch kleine augenartige Organe verteilt wären, die auch durch eine Art Sehnerv mit dem Gehirn verbunden seien.

Dem ungarischen Biologen Tivator KOPPANYI gelang in Wien der Versuch der Übertragung lebender Augen bei Ratten.

Professor GUYNET versuchte Gleiches in Genf mit Salamandern.

Die Wissenschaft zweifelte an der Seriosität der Experimente. Doz. Dr. Gustav GUIST in Wien gelang es 1926, ein lebendes Auge, 15 Minuten lang vom Körper getrennt, funktionstüchtig zu erhalten. In dieser Zeit meinte er, wäre eine Transplantation durchführbar.[2]

Einer der bedeutendsten deutschen Augenärzte äußerte gegen diese Erkenntnisse schwerste Bedenken, da bei Kaninchen transplantierte Augäpfel spätestens nach 3 Tagen schrumpften. Die Tiere stießen das Organ ab und starben daran.[3]

Der Kriegsblinde Charles BARREYE, durch eine Granatexplosion ohne Sehkraft, wurde in Paris erfolgreich operiert. Links soll er normal, rechts mit Einschränkungen gesehen haben.[4]

Dr. W. E. DUKE-ELDEAR vom Londoner königlichen Augenspital gelang es, durch ultraviolette Strahlen Hornhauterkrankungen zu heilen. Es soll diese Therapie auch bei anderen Erkrankungen gewirkt haben.[5]

Seit 1923 schaffte es Dr. BONNEFON durch Operationen, die Sehkraft wiederherzustellen. In Bordeaux gelang ihm 1928 die 44. Operation. Wenige Wochen vorher stellte eine untersuchende Superarbitrierungskommission die gänzliche und unheilbare Blindheit des August CORMIER fest. Danach sah er, konnte sich orientieren und lesen.[6]

„Der Wunderarzt der Blinden?"

Unter diesem Motto titelte das „Neue Wiener Journal" vom 12. Juli 1924 folgenden interessanten Aufsatz:

„Vor einigen Monaten ging durch alle Blätter der Alten und Neuen Welt die Nachricht, daß es dem französischen Augenarzt BONNEFON gelungen sei, einem an beiden Augen vollkommen erblindeten Kriegsinvaliden das Augenlicht zurückzugeben. Man wollte ursprünglich diesen unwahrscheinlichen Gerüchten keinen Glauben schenken. Die meisten ärztlichen Autoritäten äußerten sich dahin, daß es sich entweder um einen bewußten Betrug oder um eine geschickt angelegte Reklame handeln dürfte. Einige Fachleute, die Vorsichtigsten gaben es zu, daß es in ganz vereinzelten und seltenen Fällen vielleicht möglich sei, die Blindheit auf operativem Wege zu heilen. Eine Zeitlang schienen die Skeptiker recht zu behalten, da sich BONNEFON, der Wunderarzt der Blinden, ins tiefste Stillschweigen hüllte und gar nichts über die von ihm entdeckte Heilmethode verlauten ließ". Im Jänner 1924 berichteten die französischen Zeitungen abermals, daß BONNEFON auch an einem zweiten Betroffenen, der nach einer Explosion bereits viele Jahre zuvor vollkommen erblindet war, eine Operation mit vollem Erfolg durchgeführt hatte. Nun begann sich das Interesse der wissenschaftlichen Welt dem bisher unbekannten französischen Provinzarzt zuzuwenden. Die Pariser Ärztegesellschaft lud ihn ein, einen Vortrag über die neue Operationsmethode zu halten. BONNEFON lehnte ab und bestand darauf, seine Experimente, vorläufig im Stillen fortzusetzen und erst, nachdem er die Richtigkeit seiner Methode an einem größeren Patientenpotential versucht hatte, seine Erkenntnisse der medizinischen Welt zu präsentieren.

Im Frühjahr 1924 ließ der französische Arzt zweimal von sich hören. Es waren wieder zwei Kriegsinvalide, denen der junge Ophtalmologe die verlorene Sehkraft zurückgab. Die vier Fälle geheilter Blindheit, auf die der junge Augenarzt nun hinweisen durfte, schienen schließlich dem Mediziner eine sichere Grundlage für die Richtigkeit seiner neuen Entdeckung zu sein – und er fühlte sich stark genug, in der Pariser medizinischen Akademie einen Vortrag zu halten. Die Vorlesung des jungen Arztes, im Festsaal der Akademie, wurde vom Auditorium begeistert aufgenommen. BONNEFON führte aus, daß es ihm viermal gelungen war, Blinde, die von berühmten Professoren als unheilbar bezeichnet worden waren, vollkommen zu heilen. Alle vier Patienten konnten wieder sehen, drei davon waren in der Lage, ihrem Beruf, nachzugehen und der vierte, schaffte es, ohne Begleitung spazieren zu gehen.

Ein Mitarbeiter des „Quotidien" suchte den Pariser Arzt auf, der ihm über seine neue Heilmethode ein interessantes Interview gab:

„Seit Kriegsende beschäftige ich mich mit dem Problem, wie man gewisse Fälle von Blindheit, die die Ärzte bisher für unheilbar gehalten hatten, heilen könnte. Der Wunsch, jenen Unglücklichen zu helfen, die infolge des Krieges ihr Augenlicht verloren hatten, war der Ansporn zu meinen Forschungen, die schließlich zum vollen Erfolg führten. Es gibt in Frankreich nicht weniger als 3000 Invalide, die infolge einer Kriegsverletzung blind geworden sind.

Von diesen 3000 Unglücklichen habe ich bisher siebzig systematisch untersucht. Ich fand unter ihnen sechs ehemalige Soldaten, die zwar an beiden Augen vollkommen erblindet waren, bei denen jedoch noch eine Spur der Empfindlichkeit des Sehnerves vorhanden war. Die Ärzte pflegten früher in solchen Fällen eine Operation als aussichtslos, überflüssig und gefährlich zu bezeichnen. Ich ließ mich jedoch durch diese Auffassung nicht beirren und das Resultat des ersten operativen Eingriffs gab mir recht. Alle vier Fälle, in denen ich die Operation unternommen hatte, brachten mir vollen Erfolg. Zwei Blinde gelangen im Laufe der nächsten Monate zur Behandlung. Man sollte eigentlich alle Blinden, die infolge einer Verletzung oder eines Unfalls um ihr Augenlicht kamen, nochmals untersuchen, denn von nun an ist die Möglichkeit vorhanden, diese Ärmsten aller Armen dem Leben und ihrem Beruf zurückzugeben."[7] Die Verbandsnachrichten brachten viele Meldungen, wollten aber immer ausdrücklich vor allzugroßen Hoffnungen warnen. Daß sie damit richtig handelten, bewies die Antwort des russischen Augenarztes an der Universität in Moskau, Prof. GOLOWIN, die dieser dem Moonschen Blindenverein auf seine Anfrage hin gegeben hat und die in der „Medizinischen Beilage" der „Neuen Welt", Charlottenburg, gedruckt wurde. Die Entdeckung des amerikanischen Professors Dr. Theodore KOPONYI würde zweifellos einen großen wissenschaftlichen Fortschritt bedeutet haben, dem aber keinerlei praktische Bedeutung zuzumessen war. Es gab niemanden, der sich zu einer Augenübertragung bereitfand. Es war aber von sehenden Mitmenschen kaum größeres Verständnis zu verlangen, wenn selbst aus den Kreisen der Friedensblinden auf dem Stuttgarter Kongreß 1924 auf die Ausführungen des Referenten Alexander BISCHOFF, Vorsitzender des „Bundes erblindeter Krieger Deutschlands" hin der Zuruf kam, die Kriegsblinden sollen sich doch ihre Augen nicht bezahlen lassen.

Die Wissenschaft des In- und Auslandes arbeitete eifrig an dem Problem der Augenverpflanzung. Von den Kriegsblinden wäre es natürlich verkehrt gewesen, wenn sie auf diese Meldungen hin nicht voll Hoffnung gewesen wären. Sie waren einstimmig der Meinung, daß es eine der wichtigsten Aufgaben des Bundesvorstandes war, diesen Meldungen nachzugehen, Material zu sammeln und den Fortschritt bzw. Rückschritt der Versuche zu verfolgen und die Mitglieder davon zu verständigen. In der „Württemberger Zeitung" Nr. 200, vom 26. August 1924, Seite 10 war zu lesen:

„Aus Amerika kommt wieder einmal eine ärztliche Sensationsnachricht, die mit größter Vorsicht aufgenommen sein will. Wie Dr. Theodore KOPONYI von der Universität Chicago soeben öffentlich bekanntgibt, ist er nach siebenjährigem Studium und Versuchen zu der Überzeugung gekommen, daß es durchaus im Bereich der Möglichkeit liege, das menschliche Auge in unversehrter Sehschärfe zu überpflanzen. Dr. KOPONYIS Entdeckung wird in der amerikanischen Presse von bekannten Ärzten als ein Ereignis gepriesen, das dazu angetan sei, auf dem Gebiet der Augenheilkunde eine durchgreifende Umwälzung hervorzurufen".

In einem Artikel aus der „Medizinischen Beilage" der „Neuen Zeit", Charlottenburg, vom 11. Juli 1924, stand die Sensationsmeldung:

„Blindheit heilbar!

Aus Moskau wird berichtet:

Das amtliche Organ der Sowjetregierung veröffentlicht soeben einen ausführlichen Bericht über die neueste Richtung der Augenheilkunde; die sogenannte Tifliatrie ist ein vollkommen eigenartiges Verfahren, das nach langjährigen Forschungen und Experimenten von einem Deutsch-Russen, dem Professor KATZ, ausgearbeitet wurde. Prof. KATZ verteidigte im Jahre 1918 zum ersten Male in der Petersburger militärmedizinischen Akademie eine diesbezügliche Dissertation. Er leitete bis heute als einziger Arzt die Anstalt, die zur Aufnahme von 50 Kranken eingerichtet ist, mit Hilfe von zwei Barmherzigen Schwestern."

Zur Heilung der Kranken wurden verschiedene Methoden angewendet. Bei Atrophie der Sehnerven wurde eine kombinierte Kur von Wärme, Elektrizität und Radiowellen gebraucht. Durch diese Behandlung sollte dem atrophierten Sehnerv die Empfindlichkeit zurückgegeben werden. Bei Trübung des Augapfels wurde eine elektrische Massage angewendet, wodurch die im Auge befindliche Glasmasse zu vibrieren begann, und die Trübung zerstört wurde. Bei Blindheit, hervorgerufen durch einen organischen Fehler der Augenhöhle – wenn der Augapfel zu tief sitzt und dadurch die Lider geschlossen bleiben, so daß kein Licht in die Augen dringen kann – wurde eine Operation angewendet, bei der ein Teil der Muskeln durchgeschnitten wurde, so daß der befreite Augapfel normal funktionierte.

Die größte Errungenschaft der Tifliatrie war die Herstellung des halbkünstlichen Auges. Diese Operation wurde bei Augenstar sowie auch zur Belebung des Auges bei Trachom-Blindheit vorgenommen. Der angegriffene Teil des Auges wurde operativ entfernt und durch ein durchsichtiges Zelluloid-Schälchen ersetzt.

Dieses Schälchen verwuchs schnell mit dem Augapfel, und der Kranke, den die deformierte Hornhaut am Sehen hinderte, war geheilt. Da auf dem Zelluloid-Schälchen die Zeichnung des Augensternes mit Aquarellfarben aufgetragen wurde, machte das Auge einen normalen Eindruck.

Alle diese Methoden wurden anscheinend mit großem Erfolg im „Tifliatrischen Institut" in Petersburg kostenlos praktiziert. Hier kamen die Blinden von ganz Rußland, denen angeblich nicht mehr zu helfen war, zusammen und wurden, wie der Bericht versicherte, in kürzester Zeit geheilt.

Der Artikel der „Neuen Zeit" Charlottenburg vom 11. Juli 1924 berührt somit eine sehr unangenehme Erscheinung des medizinischen Lebens. Prof. Katz erreichte in der Tat durch verschiedene Meldungen in amtlichen Zeitungen große Popularität mit seinen Heilmethoden, und die Kranken von ganz Rußland pilgerten zu ihm. Indessen enthielt die Lehre von Prof. Katz vieles, was kein gelehrter Ophtalmologe anerkennen konnte. Jeder wußte, daß wahre Blindheit, d. h. der Tod des Auges, unheilbar war. Und in der Tat kurierte Prof. Katz keine Blinden. Er bot seine Hilfe nur solchen Patienten an, die Hoffnung auf Heilung hatten und sehr ungern in Kliniken aufgenommen wurden. Das war der einzige Verdienst des Prof. Katz. In den Methoden, welche er anwandte, war absolut nichts Neues. Es waren dieselben Verfahren, welche in der Ophtalmologie immer gebraucht worden waren. Nur einige von ihnen waren persönliche Modifikationen von Prof. Katz, z. B. die im Artikel der „Neuen Zeit" erwähnten Zelluloid-Schälchen, weil man sonst Glas oder Porzellan verwendete. Darum fand sich kein Grund, von einer besonderen Wissenschaft „Tifliatrie" zu sprechen. Leider ist die Heilung der „Atrophia nervi optici" und „Atrophia oculi", die im Artikel erwähnt waren, unmöglich. Die zwecklosen Reisen der Kranken, ausgelöst durch die Sensationsmeldungen in der allgemeinen Presse, ließen die verantwortlichen Stellen reagieren. Die Angelegenheit zwang die Sowjetregierung (die im ganzen Prof. Katz positiv gegenüber eingestellt war), einige Schritte vorzunehmen. Bald erschien im offiziellen Regierungsorgan „Iswestija" vom 1. August 1924, die Erklärung „Zum Blinden-Invaliden", wo gemeldet wurde, daß die Wahl der Kandidaten für die Annahme im Potograschen Tifliatrischen Institut durch die Provinzialabteilungen der Sozialpflegeämter gemacht wurde. Dazu gab es eine sehr wichtige Nachricht. Die Blinden, welche kein Licht mehr empfanden, wurden nicht zur Kur angenommen. Die Idee von Prof. KATZ und seinen Heilverfahren erfuhr ernste Kritik in den Sitzungen der ältesten russischen Ophtalmologischen Gesellschaften von Moskau und Potograd.

Man fand auch wirklich neue Operationsmethoden zur Heilung von Netzhautabhebungen.

Zwei Wiener Ärzte, Professor LINDNER und sein Assistent Dozent Dr. GUIST, erzielten aufsehenderregende Erfolge als sie eine von Dr. GONIN, Lausanne, erstmals entwickelte Operationsmethode durch neue Versuche weiterentwickelten und es ihnen auch in einer Anzahl von Fällen gelang, Blinden, die durch eine Netzhautablösung das Sehvermögen verloren hatten, ihr Augenlicht wiederzugeben.

Die in den Tageszeitungen erschienen Mitteilungen, die teilweise stark übertrieben waren, haben begreiflicherweise auch bei vielen Mitgliedern neue Hoffnungen erweckt und der Verband erhielt täglich Anfragen, die sich auf diese Mitteilungen bezogen.[8]

Man wandte sich deshalb an die Augenklinik Prof. LINDNER, wo Dozent Dr. GUIST einer Mitarbeiterin der Verbandsnachrichten ein Interview gab, in welchen Fällen von dieser neuen Heilmethode Erfolg erwartet werden konnte:

„Die neue Operation kann nur in solchen Fällen vorgenommen werden, in welchen die Erblindung durch Ablösung der Netzhaut hervorgerufen wurde. Die Netzhautablösung ist nicht an sich eine Krankheit, sondern ein Symptom, eine Folgeerscheinung, die entweder nach ärgerer Verletzung eintritt oder eine Folge hochgradiger Degeneration ist. Es wird nun bei Netzhautabhebung durch eine neue Operation versucht, die Netzhaut wieder anzulegen und zwar kann dieser Versuch sowohl bei frischen als auch bei alten Netzhautabhebungen gemacht werden. Er ist jedoch bei alten Netzhautabhebungen selten ein Erfolg, da die Netzhaut, wenn sie lange Zeit abgelöst war, meist abstirbt und aufhört als Perzeptionsmembrane (Lichtempfänger) zu wirken, so daß der Operierte dann trotz befestigter Netzhaut nicht sieht. Wenn also der Blinde gar keine Lichtempfindung mehr hat, so ist es zwecklos, den Versuch mit dieser Operation zu machen. Ebenso ist keine Aussicht auf Erfolg vorhanden, wenn durch eingetretene Blutungen die Falten der Netzhaut verklebt sind und dadurch ein Strecken der Sehmembrane unmöglich ist. Insbesondere ist dies der Fall, wenn nach einer Igni-Punktur – es ist dies die ebenfalls neue Methode, die Netzhaut mittels glühender Nadeln zu befestigen – die Netzhaut neuerlich abgerissen ist; auch dann kann diese Operation keine Hilfe mehr bringen. Bei Erblindungen, die hervorgerufen wurden durch Erkrankung der Netzaderhaut, des Sehnervs oder der Hornhaut, kommt diese Operation von vornherein nicht in Frage."

Die Operation war vor allem für Fälle frischer Netzhautabhebungen gedacht, wo sie auch in den meisten Fällen wieder eine normale Funktion des Auges erreichte. Gefahr bestand im allgemeinen nicht; doch gab es immerhin die Möglichkeit, daß durch die Operation Blutungen eintraten und dadurch ein eventueller Sehrest zerstört wurde; Ein Ausnahmefall, der äußerst selten eintrat.

Es konnte daher der Versuch dieser Operation hauptsächlich nur jenen Blinden empfohlen werden, bei denen die Voraussetzungen – Nezthautablösung und vorhandene Lichtempfindung – zutrafen.

Die Operation wurde damals einzig und allein in der II. Augenklinik des Allgemeinen Krankenhauses in Wien vorgenommen, und jeweils nur von Professor LINDNER oder Dozenten Dr. GUIST selbst durchgeführt.

Einen großen Fortschritt, wenn auch nur im Spezialfall der Netzhautablösung, bedeutete die von dem Wiener Kliniker konstruierte Lochbrille. Es handelte sich dabei um die Nachbehandlung nach dem von dem schweizerischen Ophtalmologen Dozent Dr. JUIST vervollkommneten neuen Verfahren der Behandlung der Netzhautablösung, die erst dann ein befriedigendes Ergebnis brachte, wenn es dem Patienten gelang, wochenlang die Augen ruhig und bewegungslos zu halten. Dies wurde durch die LINDNERische Lochbrille ermöglicht, bei der das Gesichtsfeld ganz abgedeckt wurde und das Licht nur durch ein kleines Loch in die Mitte des Auges fallen konnte. Die kleine Brille, die mattierte Gläser mit zentraler Durchsichtsmöglichkeit besaß, ersparte nach der Operation die lästigen Augenverbände und ermöglichte eventuell eine Operation bei Netzhautablösung auf längere Zeit hinauszuschieben bzw. vielleicht ganz zu vermeiden.[9]

Auch Dr. BONNEFON feierte neue Erfolge.

Die Nachrichten des Verbandes Kriegsblinder Österreichs berichteten immer wieder über die von Dr. BONNEFON unternommenen Versuche den im Ersten Weltkrieg verletzten Blinden durch eine Operation ihr Augenlicht wieder zu geben. Sie haben aber diese Mitteilungen immer mit äußerster Vorsicht aufgenommen, um nicht unerfüllbare Hoffnungen der Kameraden zu wecken.

In der Novembernummer des „Bulletin mensuel de l Union des aveugles de guerre", dem Organ der französichen Kriegsblindenorganisation, findet man einen Brief des Kriegsblinden Rene GUENIVET, der selbst von Dr. BONNEFON erfolgreich behandelt wurde, abgedruckt. Lassen wir nachstehend Rene GUENIVET selbst zu Wort kommen:

„Ich bin am 10. März 1917 durch Explosion einer Granate verwundet worden. Beide Augen wurden verletzt und trotzdem erhielt ich Lichtempfindlichkeit. Am rechten Auge unterzog ich mich zweimal Operationen. Die erste fand im September 1917, die zweite im Februar 1918 statt.

Letztere ergab schließlich ein mäßiges Resultat, zuletzt erlebte ich sogar die Freude, die Farben unterscheiden zu können. Leider dauerte diese Fähigkeit nicht an, und nach einigen Monaten hatte ich den Lichtschein ganz verloren.

Das linke Auge blieb mir noch. Aber nach Ansicht von Spezialisten war mit diesem Auge nichts zu machen, denn es war wirklich schwerer verletzt und zwar so, daß ich es bald entfernen lassen wollte. Man riet mir, vorher noch Dr. BONNEFON aufzusuchen.

Ich entschloß mich vor 3 Monaten, den Rat dieses aufopfernden Arztes einzuholen. Der untersuchte mich und versprach, mir durch eine Operation Erleichterung zu verschaffen. Am 9. März fand die Operation statt, und seither fühle ich mich besser. Ja noch mehr, einige Tage nachher konnte ich zu meiner Freude Farben und Umrisse ausnehmen, und gegenwärtig kann ich mit Hilfe von Spezialgläsern aus der Nähe meine Finger zählen und einige Formen erkennen."[10]

Es haben damals in der ophtamologischen Welt zwei Erfindungen der Zeit, die Haftgläser und die Lochbrille Aufsehen hervorgerufen, weil beide Erfindungen eine Umwälzung in der Augenheilkunde herbeiführten. Dem rumänischen Augenarzt Dozent Dr. Nikolaus BLATT ist es gelungen, bei kurzsichtigen Personen dadurch, daß er die Brillengläser direkt auf das Auge aufsetzte, eine wesentliche Verbesserung der Sehfunktion herbeizuführen. Die Wissenschaft war bereits soweit, daß bei einzelnen Fällen, bei denen die gewöhnlichen Brillengläser keine Korrektur der Sehschärfe bewirkten, mit den „Kontaktgläsern" eine akzeptable Sehschärfe zu erreichen war. Es handelte sich dabei um „schalenförmige, aus feinstem Material hergestellte, der Form des Augapfels angepaßte Gläser, die, auf das Auge selbst aufgesetzt, eigentlich kaum störend wirken, da sich zwischen der Vorderfläche des Auges und der Hinterfläche des Kontaktglases rasch eine Schichte von Tränenflüssigkeit ansetzt, die gleichsam eine Flüssigkeitslinse mit demselben Brechungsindex bildet, den die natürliche Hornhaut hat." Dadurch wurde die Hornhaut des kranken Auges optisch unwirksam, und sogar Unregelmäßigkeiten in der Hornhaut, wie Hornhauttrübungen, wirkten optisch nicht mehr störend. Allerdings war es manchen Personen nicht möglich, Kontaktlinsen zu tragen. Viele Patienten konnten jedoch die Kontaktlinsen ohne Beschwerden den ganzen Tag über tragen, und einzelne versuchten sogar damit zu schlafen. Dozent BLATT demonstrierte im Selbstversuch, daß er stundenlang ohne Beschwerden die Kontaktlinsen tragen konnte. Sowohl vom kosmetischen als auch vom augenärztlichen Standpunkt ist das Tragen von Kontaktgläsern heute zweckmäßig; dazu kommt die Erhöhung des Selbstvertrauens, besonders bei Sportlern. Das Blinzeln mit den Lidern, das bei Kurzsichtigen so häufige Runzeln der Stirnhaut hört auf, und beim Tragen der Linsen durch längere Zeit kann sich die Form des Auges ändern und damit die Kurzsichtigkeit sich verringern.

5.8 Verschiedenes

Im Verband der Schwerinvaliden und Hilflosen kamen einige schwere Unregelmäßigkeiten auf, die das Mißtrauen der Behörden und die Spendefreudigkeiten der Bevölkerung stark beeinflußten.

Anzeigen, auch gegen den Kriegsblindenverband, wegen unbefugten Sammelns waren die Folge, eine wesentliche Verschärfung der Sammelbewilligungsvorschriften die Konsequenz.

Dies brachte 1923 einen Einbruch in den Einnahmen.[1]

Am 28. Juni 1924 gab es eine Großdemonstration des Zentralverbandes der Kriegsinvaliden mit allen anderen Invalidenorganisationen zusammen. Trotz der Anhörung der Deputation der Demonstranten von hohen Parlamentariern, war die Frustration vieler der 10.000 Teilnehmer über die VIII. Novelle zum Invaliden-Entschädigungs-Gesetz so groß, daß man das Parlament stürmen wollte, was nur mit massivem Ordnereinsatz verhindert werden konnte. Daraufhin war man schon voll drauf und dran, das Finanzministerium zu besetzen, da kam es doch noch zu einer Aussprache mit Finanzminister und Sozialminister, die nur geringste Versprechungen machen konnten. Nach sechsstündiger Belagerung löste sich die Demonstration friedlich auf.[2]

Die 2700 Mitglieder des deutschen Kriegsblindenverbandes befanden sich in einer wesentlich mißlicheren Lage als ihre Schicksalsgenossen in Österreich. Daher flossen Unterstützungen von Osten nach Westen. Bis Mai 1924 kamen 4,4 Mill. Kronen zusammen.[3]

Im April 1924 gab es eine Vertriebsaktion für Seife, im November für Ansichtskarten und Kalender durch die Werbeabteilung des Verbandes, die sich auch um die Installation der Kriegsblinden-Lotterie bemühte.

Mit Erlaß des Bundesministeriums für Finanzen vom 24. Juli 1924 Zahl 50.462/VIII wurde diese auch genehmigt.

Für das 1. Halbjahr 1925 gab es eine Sammelaktion in Oberösterreich. In Salzburg dauerte sie das ganze Jahr.[4]

Daß es im täglichen Leben auch genug Unbill gab, zeigt ein Bericht über die Landesverbandssitzung Salzburg. Dort beschwerten sich einige Mitglieder massiv, vor Schulen von Kindern ausgespottet zu werden und daß sie aus Gaststätten und Kaffeehäusern hinausgewiesen wurden. Begründung: Die Mitnahme von Hunden in diese Lokalitäten war verboten. Viele waren mit ihren Führhunden unterwegs.

Daraus ergab sich ein reger Briefwechsel zwischen Bürgermeister, Polizeipräsidium und Landesschulrat von Salzburg. Der Landesschulrat erließ ein Rundschreiben mit der Aufforderung an alle Schüler, den Kriegsblinden höflich zu begegnen; das Polizeipräsidium änderte in Zusammenarbeit mit dem Gastronomieverband die Hundeverordnung dahingehend ab, daß Führhunde in öffentliche Gaststätten mitgenommen werden durften.

Um auch für die Weiterbildung etwas zu tun, veranstaltete man Lehrkurse für Blinde.

Der Verein blinder Intellektueller, in Wien, II; Rotensterngasse 25, beabsichtigte Lehrkurse in folgenden Gegenständen zu eröffnen bzw. zu wiederholen; Blindenvoll- und Kurzschrift, Maschinschreiben, Esperanto und Französisch für Anfänger; einen kaufmännischen Fortbildungskurs für blinde Kaufleute und Gewerbetreibende, der umfassen sollte: Handelskunde und Korrespondenz, einfache Buchhaltung, kaufmännisches Rechnen und eventuell Handelsrecht. Der englische Sprachkurs wurde fortgesetzt.

Die Kurse bezweckten die Förderung der Blindenbildung und waren daher allen interessierten Schicksalsgefährten zugänglich. Die angeführten Kurse wurden jedoch nur eröffnet, wenn sich für jeden Kurs eine entsprechende Anzahl von Interessenten anmeldete. Die Kurse zur Erlernung der Blindenvoll- und Kurzschrift waren völlig unentgeltlich; für die anderen Kurse waren monatlich zu bezahlen: für Maschinschreiben öS 1,–, Sprachkurse öS 2,–, und für den kaufmännischen Fortbildungskurs öS 3,–.

Die Kurse wurden durchwegs von lehrbefähigten blinden Mitgliedern des Vereins blinder Intellektueller geleitet. Der Unterricht fand einmal wöchentlich in zwei Kursstunden statt. Schreibrequisiten wie Tafel, Griffel und Punktschriftpapier hatte jeder Kursteilnehmer selbst mitzubringen.

Weiters bestand bei oben genanntem Verein ein „Hilfsdienst für blinde Musiklehrer, konzertierende Künstler und Organisten" der beinhaltete, daß den Interessenten einmal wöchentlich eine hochqualifizierte musikalische Hilfskraft zur Verfügung gestellt wurde, die für den Lehr- oder Konzertberuf notwendigen Musikwerke vorführte, einstudierte, fachwissenschaftliche Aufsätze vorlas und eventuell bei der Übertragung von Musikstücken aus der Normalnotenschrift in die Blindennotenschrift behilflich war.[10]

5.9 Die Lage der Kriegsblinden in den ehemals kriegführenden Staaten

Allgemein gab es von Politik und Gesellschaft eine Unmenge an Lippenbekenntnissen zur Sicherung eines angemessenen Lebensstandards der Kriegsopfer des Ersten Weltkrieges.

Wie es tatsächlich im Europa der zwanziger Jahre aussah, soll der folgende Kurzüberblick darstellen.

Zuerst sei das Augenmerk nach Westen, zum Kriegspartner Österreichs nach Deutschland gerichtet.

Das Reichsarbeiterministerium als oberstes Organ der Versorgungsbehörden war für alle gesetzlichen und fürsorgerechtlichen Maßnahmen zuständig. Darunter verzweigte sich das System in Hauptfürsorge, kommunale Fürsorgestellen und Organisationen in recht komplizierter Form.

Bis nach dem Ersten Weltkrieg war das Mannschaftsversorgungsgesetz vom 31. Mai 1906 für Heer und Marine maßgebend. Mit 12. Mai 1920 trat das Reichsversorgungsgesetz in kraft, dessen § 29 in seinem letzten Satz: „Blinde erhalten die Vollrente" diese Betroffenen auf jeden Fall absicherte. Dazu kamen noch Schwerbeschädigtenzulage, Pflegezulage, Ausgleichs-, Teuerungs- und Ortsklassenzulage sowie Verpflegsgeld für den Führhund. Deutschland war in 5 Ortsklassen aufgeteilt. Je nach Wohnort – und damit Wohnaufwand – wurden Unterstützungsgelder ausbezahlt. Trotz der galoppierenden Inflation wurde die Teuerungszulage faktisch nicht überwiesen. Die Folge war ein rapides Schwinden der Kaufkraft der Rentner und eine reale Verarmung der Kriegsopfer. Die österreichischen Kriegsblinden sammelten und spendeten für ihre deutschen Kameraden. (s. a. a. O.)

Im § 7 kam in der Aufzählung der zu gewährenden Hilfsmittel die deutsche Gründlichkeit zum Tragen. Bei Anspruch auf einen Führhund war die freie tierärztliche Behandlung gewährt. Da der Hund aber bei jedem Wetter ausgeführt werden mußte, war auch die Bereitstellung eines Regenmantels und eines Paares warmer Winterschuhe geregelt.

Die Hinterbliebenenversorgung war ähnlich heißumkämpft wie in Österreich. In den §§ 34 und 40 konnte aber doch eine finanzielle Sicherstellung der Witwe und Kinder nach einem Kriegsblinden erreicht werden, egal ob der Tod durch die Kriegsverletzungen verursacht wurde oder nicht.

Die auch in Deutschland deutlich schlechter werdende Wirtschaftslage ließ die Regierung den Rotstift ansetzen und viele Ausgaben drastisch kürzen. Die Kriegsbeschädigtenorganisationen liefen Sturm gegen Pläne, auch bei ihren Bezügen einzusparen. Tatsächlich konnten sie erreichen, daß die Vollrente den Beamtenanfangsbezügen angepaßt, die Pflegezulage anerkannt und die Teuerungszulage im § 87 der Novelle zum Reichsversorgungsgesetz von Mitte Juni 1922 festgeschrieben wurde. Damit war eine

Valorisierung der Kriegsopferbezüge an den Beamtengehältern gewährleistet.

Ein Pendant zu Eibiswald wurde Sommer 1929 in Herzberg am Harz eröffnet. Doppelt so groß wie das österreichische Erholungsheim, erfreute es sich ähnlich intensiven Zuspruchs.

Mit 1. Jänner 1922 wurden die Renten steuerfrei gestellt. Gleichzeitig wurden erhöhte Werbungskosten gewährt und Kleinstgewerbetreibende von der Umsatzsteuer befreit.[1]

Die 4. Novelle 1926 und die Fünfte von 1927 zum Reichsversorgungsgestz brachten so große Sicherheitsgarantien, daß die Versorgung der Kriegsblinden als abgeschlossen gewertet werden konnte. Sie wurden beruflich hauptsächlich in der Industrie und im öffentlichen Dienst untergebracht. Die Industriearbeiter hatten jedoch eine zunehmend überdurchschnittlich hohe Rate von Nervenleiden aufzuweisen, so daß man, um die Schäden zu minimieren, mehr und mehr auf Telefonie und Stenotypie umschulte.

Zur Erholung standen 1929 schon drei Heime zur Verfügung. Braunlage am Harz, Salzhausen und Swinemünde nahmen auch gerne österreichische Gäste auf.[2]

Die Möglichkeiten, sich bei der Bevölkerung immer wieder in Erinnerung zu rufen, waren vielfältig. Auch die Post half mit. Bereits 1916 gab die k. u. k. Militärpost für Bosnien und Herzegowina zwei Wohlfahrtsmarken aus. Eine zeigte das Bild eines von einem Mädchen geführten Kriegsblinden. Als dann Bosnien und Herzegowina jugoslawisch wurden, änderten sich diese Wohlfahrtsmarken zu normalen Briefmarken mit lateinischer oder cyrillischer Aufschrift. Italien überdruckte 1921 und 1924 diese Marken mit der Erklärung, daß der Ertrag den Kriegsblinden zufließen werde.

Im Saargebiet wurde bis 1926 jedes Jahr eine Blindenmarke aufgelegt. In Belgien wurden Marken mit Zuschlag für Kriegsblinde herausgegeben.[4]

In der Tschechoslowakei wurde 1922 das Invaliden-Entschädigungs-Gesetz novelliert. In diesem Zusammenhang konnte die Lage der Kriegsblinden etwas gebessert werden, jedoch gab es bis zum Ende des Dezenniums keine weiteren Angleichungen der Unterstützungszahlungen an die allgemeine Entwicklung. Hauptsächliche Einnahmequellen waren Tabaktrafiken, Geschäftsstellen der Klassenlotterie und Kinolizenzen. Es gab 461 voll-, 176 fast blinde, also zusammen 637 Kriegsblinde. 50 führten einen Tabakhauptverlag, 300 Trafiken ohne Verlag, 70 waren selbständige Bauern, 70 waren Siedler, 30 hatten verschiedene eigene Betriebe, so daß rund 500 Personen als versorgt anzusehen waren. Der Verband der erblindeten Soldaten der Tschechoslowakischen Republik betrieb auch so eine Kinolizenz, mit deren Einnahmen etliche Bedürfnisse unterstützt wurden.

Die Lage in Polen wurde Anfang 1929 deutlich verbessert. Durch eine 75%ige Erhöhung der Renten wurde, eine allerdings längst fällige, Angleichung an den Durchschnittslohn eines gelernten Arbeiters erreicht, sogar um ein Viertel noch übertroffen. Die seit langem eingestellte Schwerverwundeten- und Sanitätszulage wurde wieder ausbezahlt. Zehn Jahre nach Kriegsende waren ca. 60% der Kriegsblinden Polens mit Tabaktrafiken, Spiritus- und Salzniederlagen ausgestattet. Waren diese Geschäfte im Bezirk Nichtbehinderter, wurden die Betreiber von Staats wegen verpflichtet, einen gewissen Prozentanteil am Gewinn Kriegsblinden zukommen zu lassen.[5]

Vom 4. – 6. August 1929 tagte in Warschau zum 5. Mal die Internationale Arbeitsgemeinschaft der Verbände der Kriegsopfer und Kriegsteilnehmer (CIAMAC). Dort stellte man zur Lage der bulgarischen Kriegsopfer fest:
1. Daß die Lage der bulgarischen Kriegsinvaliden, Witwen und Waisen sehr bedrängt ist; daß ihre Renten unzureichend sind; daß sie einer entscheidenden Hilfe bedürfen.
2. Daß diese Feststellung eine Bestätigung der gleichen Feststellung ist, die schon in den entsprechenden Resolutionen in den Ausschüssen durch die Konferenzen von 1926, 1927 und 1928 gemacht worden ist.
3. Daß die Ciamac auf Grund dieser Resolution das Erforderliche zur Erhöhung der Renten der Kriegsopfer bei der bulgarischen Regierung getan hat.
4. Daß eine erste teilweise Erhöhung der Renten infolge dieser Intervention erfolgt ist, daß eine weitere Erhöhung aller Renten, die zu einem besseren Ergebnis führt, unerläßlich ist und unter voller Berücksichtigung des guten Willens der bulgarischen Regierung und der außerordentlichen Schwierigkeiten, in denen sich Bulgarien befindet, beschließt die 5. Jahresversammlung der Ciamac, den Vorstand der Ciamac zu beauftragen, wie bisher so auch weiterhin Schritte bei der bulgarischen Regierung für eine entscheidende Unterstützung der Kriegsopfer Bulgariens zu unternehmen."[6]

5.10 Das Kriegsblindenheim in der Ersten Republik

Der Krieg zeichnete die Menschen. Nach den Erlebnissen im Einsatz, der enormen physischen Belastungen durch Verwundungen, die teilweise nicht nur das Augenlicht, sondern auch Gliedmaßen trafen, den Kämpfen mit den Umschulungsmaßnahmen war man dringend erholungsbedürftig.

Dies galt für alle im Krieg zu körperlichen Schäden Gekommenen, nicht nur für die der Sehkraft Beraubten. Die Erholungsfürsorge des gesamtösterreichischen, alle berechtigten Personen erfassenden Kriegsopferverbandes richtete bereits ab ihrer Gründung ein Hauptaugenmerk auf diese Organisation.

Für erblindete Soldaten galt dies in besonderem Maß. Keiner dieser Verwundeten wollte in der Gesellschaft auffallen, Betreuungspersonen oder Ehefrauen zur Last fallen, trotzdem waren sie sich ihrer Pflegebedürftigkeit sehr wohl bewußt. Ihre Angehörigen sollten von dieser Aufgabe, teilweise zumindest, entlastet werden, sie selbst nicht immer das angestaunte Merkmal dieses Wahnsinns der Menschheit sein. Einige Wochen im Jahr unter sich zu sein, frei und nach Herzenslust Erfahrungen und Erlebnisse mit Gleichen auszutauschen, war ein ganz großer Wunsch.

Die meisten hatten es geschafft, sich in der Gesellschaft wieder zu etablieren, ihren sicheren, anerkannten Platz zu erringen. Der Kriegsblindenverband hatte auch seinen Stellenwert gegenüber den Behörden fixiert, man konnte sich nach einem gemeinsamen Quartier umschauen.

1923 war es dann soweit. Ein Haus in Aichberg bei Eibiswald wurde angekauft, versteckt in der Natur, gerade recht den Bedürfnissen der künftigen Nutzer.

Der Markt Eibiswald liegt in einem breiten Talkessel, von den Ausläufern der Koralpe und des Radl umrahmt. Der Name stammt von den im 6. Jahrhundert sich hier ansiedelnden Slaven, die ihrem Häuserring den Namen Ybanswald, das ist „Wald des Johann", gaben.

Unweit des Ortes stand die Kapelle St. Pangratz, halb auf österreichischem, halb auf jugoslawischen Boden, so daß an Sonntagen abwechselnd von einem Priester des einen oder anderen Staates die Messe gelesen wurde.[1]

Zwei Gehstunden am Radl verlief die jugoslawische Grenze. Der 1923 ca. 1000 Seelen zählende Ort bestand hauptsächlich aus Bauernschaft, die dank des milden Klimas und ertragreichen Bodens auch ohne Kunstdünger zweimal im Jahr ernten konnten. Schilcher und Obstbau sorgten für einen gewissen Wohlstand der Region. Inmitten dieses Umfelds lag das erste Heim der Kriegsblinden (siehe Bild auf der folgenden Seite).

Das Gebäude am Fuß des Radlpasses auf der steirischen Seite der Soboth, war ursprünglich eine große Stallung des Eisenwerks Eibiswald. Im Parterre waren die Pferde, im Obergeschoß die Knechte untergebracht.

Eine Reihe von Umbauarbeiten waren notwendig um aus dem Gebäude des ehemaligen Stahlwerks Eibiswald, dessen Betrieb 1920 eingestellt wurde, ein komfortables Erholungsheim werden zu lassen. Der Verein „Kriegsblinden-Heimstätten" stellte 20 Millionen Kronen für Einrichtung zur Verfügung, so daß früher als geplant eröffnet werden konnte.[2]

1924 begann der Verband mit den Adaptierungsarbeiten vom Industriebauwerk zum Erholungsheim.

Das Haus war 46m lang, mit einer hölzernen Veranda für ca. 30 Personen. Zwei Joch Grund boten viel Platz für Gemüsegarten, Obstbäume, Felder und mit hölzernen Leitplanken versehene Spazierwege.

NACHRICHTEN
DES
VERBANDES DER KRIEGSBLINDEN
ÖSTERREICHS
WIEN · III · HENSLERSTRASSE · 3
FERNSPRECHER · 6768   POSTSPARKASSENKONTO · 183734

3. Jahrgang   August — September 1923   Nr. 8 u. 9

Unser Heim!

Abb. 35

Um den Freizeitwert noch zu steigern, staute man die vorbeifließende Saggau durch ein Wehr auf und schuf so eine willkommene und vielgenutzte Bademöglichkeit.

Die Saggau speiste das 22 ×17 m große Freibad und das angrenzende Elektrizitätswerk. Jeden zweiten Samstag war das Wannenbad geöffnet.

Schwimmen ist für Blinde eine ideale Sportart, die auch über eine hohe Akzeptanz verfügt. Da aber nicht jeden Tag Badewetter sein konnte, stellte man im angrenzenden Laubwald Tische und Bänke auf, baute eine Kegelbahn dazu, und ein weiteres gesellschaftliches Zentrum war geschaffen.

Aichberg wurde zu einem lebhaft frequentierten Erholungsgebiet während der Ersten Republik.

Ruderboote, Heimbibliothek, Radio und Telefon standen extra zur Verfügung.[3]

Für die Gäste von Eibiswald bestand die Möglichkeit, ihre Führhunde in der Dressuranstalt abzugeben, wo sie fachmännisch betreut und sogar nachdressiert wurden.[4]

Für Jahre wurde der Pensionspreis von öS 4,– gehalten, und das bei der für diese Zeit ungewöhnlich reichlichen Verpflegung. Nur Alkohol wurde im Heim keiner ausgeschenkt.[5]

1925 war von Anfang Juni bis Anfang September geöffnet, und die ebenfalls blinde Heimleitung konnte stolze 725 Verpflegstage melden.[6]

Ein treuer Feriengast berichtete seinen daheimgebliebenen Verbandskollegen: „Alljährlich im Frühjahr kehrt ein Tag wieder, der für uns Kriegsblinde, bzw. für unser Wohl von großer Bedeutung ist. Es ist dies der Tag, an dem die Eröffnung unseres Erholungsheimes in Aichberg stattfindet.

Der Verband der Kriegsblinden ist eine Institution, die sich nach besten Kräften bemüht, für unser Wohlergehen zu sorgen. Dieser Aufgabe ist der Verband bis jetzt in jeder Beziehung gerecht geworden. Neben den pekuniären Errungenschaften danken wir ihm auch solche, die auf unser Innenleben wohltuend wirken. Zu diesen gehört in erster Linie das Erholungsheim Aichberg.

In der westlichen Steiermark liegt, vom lärmenden Verkehr unberührt, ein kleiner Fleck, der so recht für das Ausruhen allzu beanspruchter Nerven geschaffen scheint. Eine Siedlung, von hohen, bewaldeten Bergen eingeschlossen, der Ort, der für uns schwer betroffene Kriegsinvalide erworben wurde.

Wer von uns würde nicht mit freudigem Herzen die Gelegenheit benützen, während der Sommermonate einige Wochen der staubigen, stickigen Großstadtluft zu entfliehen. Dazu bietet uns der Verband durch Aichberg die Hand.

Im Vorjahre hatte ich das Vergnügen diese Sommerfrische auf einige Zeit zu genießen. Ich habe die angenehmsten Erinnerungen mit nach Hause gebracht... Durch eine kurze Beschreibung meines Aufenthaltes im Heim will ich allen jenen Kameraden, die aus irgend welchen Gründen noch nicht in Aichberg waren, ihr Versäumnis klartun.

Im Verkehrsbüro am Karlsplatz habe ich mir die Fahrscheine im Vorverkauf beschafft. An einem sonnigen Sommertag habe ich am Südbahnhof den Schnellzug bestiegen und einen guten Sitzplatz gefunden. Nachdem wir's uns – mein Vater und ich – bequem gemacht hatten, sahen wir mit erwartungsvollen Sinnen dem Kommenden entgegen. Der Zug war kaum von Wien weggefahren, da glaubten wir uns in eine andere Welt versetzt. Was war wohl die Ursache des Neuen? Ein einzig Wort gibt die Antwort die da heißt: Luft! Ja diese Luft, die so ganz anders ist, als jene, die man das ganze Jahr in der Stadt zu atmen hat, öffnet das Herz. Und die lachende Sonne dazu, gibt so recht das Bewußtsein aller Alltagssorgen entrückt zu sein.

Der Semmering wurde erklommen, wenn auch nur im Eisenbahnzuge. Dann fuhren wir durch einige größere und prachtvoll gelegene Städte. Einige Stunden brachten wir so im Wagenabteil zu und erreichten Wies. Jetzt hieß es den Rest des Weges per Achs zurückzulegen. Manche werden wohl fragen, wie denn eigentlich dieses letzte Stückchen Weg gewesen. Natürlich stand kein Landauer zur Verfügung, aber auch kein Ochsengespann. Es war der goldene Mittelweg; ein netter, mit Pferden bespannter Wagen brachte meinen Vater und mich nach Aichberg. Dort hielten wir abends, nach einer angenehmen Fahrt, unseren Einzug.

Im Heim erwartete uns der Herbergsvater. Er wies uns ein Zimmer zu, in dem wir uns gleich häuslich niedergelassen haben. Die erste Sorge war das Reinigen vom Reisestaub, nachher fielen wir über die Speisen her, die uns die sorgsame Herbergsmutter auftischte... So war auch der Magen auf seine Rechnung gekommen und wir legten uns zu Bett. Am anderen Morgen erst hielten wir Umschau, um uns zurecht zu finden. Der Wohnraum war entsprechend dem einer Sommerfrische, nicht luxuriös eingerichtet, aber bei nicht zu hoch gerichteten Ansprüchen – behaglich. Die Verpflegung war reichlich und gut; der beste Maßstab für die guten Qualitäten und Quantitäten ist wohl der, daß wir beide, mein Vater und ich während unseres Aufenthaltes im Heim einige Kilogramm an Körpergewicht zugenommen haben. Berücksichtigen wir, daß das Heim erst seit kurzem bestand, so muß man dem Herrn Verwalter und seiner nie ermüdenden Gattin das vollste Lob für die Sorge um ihre Schützlinge aussprechen. Beide bemühten sich nicht nur um das leibliche Wohl, sie waren auch bestrebt, uns aufzuheitern. Sie förderten unsere Unterhaltung, arrangierten Kegelpartien und Ausflüge und erheiterten uns durch Hausmusik.

Der Ort selbst bietet verschiedene Zerstreuungen. So ist kein Mangel an angenehmen Spaziergängen, schattige Waldwege und duftige Wiesen laden zum Lustwandeln ein. Verschiedene Plätzchen bieten willkommene Gelegenheit zu Sonnenbädern. Knapp am Heim vorbei fließt ein Bach, der doppelte Annehmlichkeiten bietet. Einerseits erquickt er Leib und Seele durch ein erfrischend Bad, andererseits ist er von Forellen bevölkert und das gibt Anlaß für eine nervenberuhigende Tätigkeit.

Wer seine Nervosität verlieren will, der nehme eine Angel in die Hand und fische im Bach. Er wird nebst dem beruhigenden Einfluß auf die Nerven guten Lohn zu verzeichnen haben. Ein selbst gefangenes Fischlein, gut zubereitet, mundet vortrefflich. Und so gibts noch viele Dinge, die ich schon nicht mehr einzeln aufzählen kann.

Mit Bedauern habe ich das Herannahen des Endes meiner Urlaubszeit vernommen. Hätte ich mit meinem Aufenthalt Aichberg unzufrieden sein wollen, müßte ich gegen alle, mit denen ich zusammen war, ungerecht sein.

Ich kann nur jedem Kameraden aufrichtig empfehlen, von dieser unserer Wohlfahrtseinrichtung nach Möglichkeit Gebrauch zu machen. Jeder fahre nach Aichberg, um nicht sonnige Erholungstage zu verlieren.

Und ich kann dies um so eher empfehlen, weil ich in Erfahrung gebracht habe, daß es um ein bedeutendes angenehmer sein wird in diesem Sommer. Es ist der Verbandsleitung gelungen, die Mittel zum Bau einer Veranda, für elektrisches Licht und verschiedene andere Neuerungen aufzubringen. Ein eigenes Zimmer mit Radio, in dem die Pensionäre auch ihre Korrespondenz erledigen können, wird an trüben Regentagen und an den Abenden für Zerstreuung sorgen. Ferner beabsichtigt die Leitung auch eine Kahnvermietung einzurichten, damit unsere Heimbesucher zuweilen ein wenig Sport betreiben können. Und wenn nun gar unsere Kameraden nicht nur auf der sonnigen Veranda in freier, würziger Luft ihr Mittagmahl einnehmen können, wenn sie allein und ohne Führer auf geebneten Kieswegen spazierengehen, wenn sie auf einem, dem Heim unmittelbar gegenüberliegenden Kogel auf eigens dazu angelegten Serpentinenwegen allein mit dem Stock oder ihrem treuen Hund zu schattigen Waldbänken wandern können, sich in übermütigen Stunden auf der Wiese tummeln dürfen, ohne Sorge haben zu müssen, daß irgendwo eine heimliche Tücke lauert, dann werden sie alle die schönsten Erinnerungen mit heim nehmen nach der Großstadt. Mit heim in den Trubel der Großstadt und werden in stillen Stunden gern im Geist zurückwandern zum Ruheplätzchen – ins Erholungsheim!

Allen Erholungsheischenden wünsche ich gute Reise und frohen Aufenthalt und daß sie ebenso angenehme Erinnerung heimbringen, wie ich."

1926 wurde ein Zubau geschaffen und die Betriebs- und Wirtschaftsführung vollkommen umgestellt, der blinde Verwalter Franz KAPFENBERGER der nicht entsprochen hatte, entlassen, das angekratzte Image wieder aufpoliert. Im ungefähr gleichen Öffnungszeitraum konnten die Verpflegstage auf 1307 gesteigert werden.[7]

Bis zur Sommersaison 1927 wurden im Zuge eines Dachausbaus noch einmal 12 Zimmer gewonnen. Ab 15. Mai 1927 standen 25 Zimmer zur Verfügung. Die Beliebtheit des Heimes stieg so an, daß sogar der österreichische Kriegsblindendelegiertentag zur Neueröffnung seine Sitzungen dort abhielt.[8]

1929 konnte man auf 3171 Verpflegstage steigern.[9]

Durch die 1000,– Mark Sperre Deutschlands blieben Gäste aus unserem Nachbarland aus, und auch die eigenen brachen wegen des schlechten Sommerwetters den Aufenthalt früher ab. Ein Einbruch in der Erfolgsstatistik war die Folge.[10]

Dabei waren die Deutschen begeisterte „Sommerfrischler", die das österreichische Angebot gerne annahmen.

Die Entwicklung der Verpflegstage im Heim Eibiswald

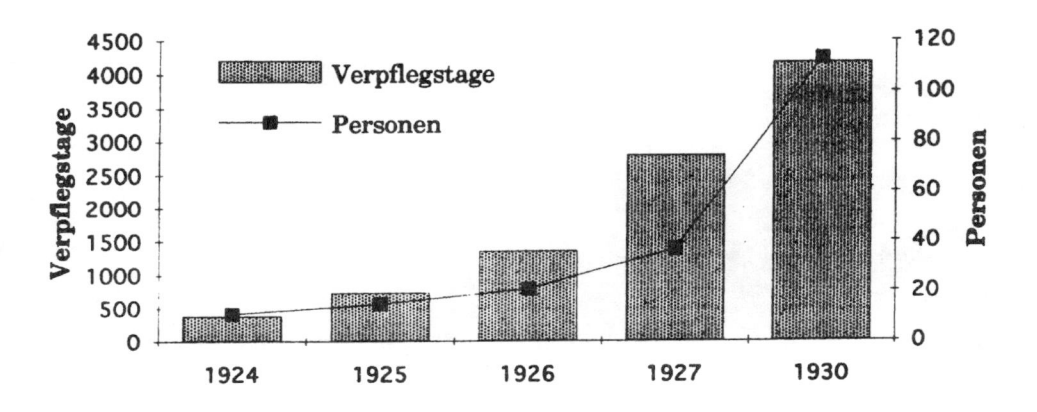

V. Ein Intermezzo

Nachdem die Versorgung der Kriegsblinden weitestgehend sichergestellt war, bildete sich der Ständestaat, der nicht nur die Demokratie, sondern auch Obmann Hans Hirsch ablöste. 1934 wurde der Verband aufgelöst, seine Mitglieder dem Österreichischen Kriegsopferverband – und in weiterer Folge dem Einheitsverband der Kriegsopfer zugeordnet. Die Leitung übernahm Herr Tschernach als Angehöriger der Heimwehr. 1938 hörte Österreich auf zu bestehen, mit ihm die Eigenständigkeit des Verbands. Er wurde in seiner Rechtsform aufgelöst. Die Nationalsozialistische Kriegsopferversorgung (NSKOV) mit der Fachabteilung für erblindete Krieger übernahm die Agenden. Die Leitung der Abteilung übertrug man dem aus dem Ersten Weltkrieg blind und ohne Hände zurückgekehrten Ferdinand Ehmann, der schon seit vielen Jahren in der Wiener Landesgruppe intensiv tätig war.[1]

VI. Der Zweite Weltkrieg

1. Militärische Aspekte

Über diesen sechsjährigen Greuel gibt es eine Unzahl an Werken operativ-taktischen und politischen Inhalts. Es kann und soll hier nicht auf die Kriegsführung selbst eingegangen, sondern deren Auswirkung auf die Menschen schlaglichtartig beleuchtet werden.

In der Zeit von 1939 bis 1945 wurde, bis auf wenige Ausnahmen, ein Bewegungskrieg geführt. In der Bewegung gibt es allgemein weniger Verwundete, da bewegliche Ziele schwerer zu bekämpfen sind.

Die Kontinuität der Waffenwirkung im Bewegungskrieg ist wesentlich eingeschränkt. Kam man zum Stehen, versuchte man aus der Luft zu „überspringen". Im Luftkrieg und Panzereinsatz führte man Stöße durch die befestigten Stellungen des Feindes, um die Beweglichkeit zu erhalten. Was liegen blieb, wurde von der Infanterie erledigt. Es war das System der Blitzkriege. Die Ideen zu diesem Vorgehen wurden vom Deutschen GUDERIAN und dem Österreicher EIMANNSBERGER dem Oberkommando der Deutschen Wehrmacht geliefert.

Bei Einschließungen kam es zu „wandernden Kesseln" ganzer Armeen. Der Kessel von Stalingrad war einer der wenigen starren Kesseln. Die daraus resultierende Katastrophe ist hinlänglich bekannt.

„In diesem jahrelangen Ringen ist ein Frontsoldat im Durchschnitt schon nach 7 Tagen ausgefallen. Er wurde entweder verwundet, ist gefallen, erkrankte oder wurde gefangen."[1]

Die Militärmedizin der dreißiger Jahre hinkte den Erkenntnissen nach. Ein neues Arzneibuch dauerte in seinem Werden sehr lange. Daher entschloß man sich in der Vorschriftenstelle des Heeressanitätsparks Berlin, eine Heeresdienstvorschrift über die aktuelle Arzneimittelliste unter dem Titel: „Arzneiheft für Heer und Luftwaffe vom 1. August 1939" (H.Dv. 183 bzw. L.Dv. 52/1) herauszugeben.

„Durch den baldigen Kriegsausbruch waren die Feldsanitätsausrüstungen mit Arzneimitteln weder qualitativ noch quantitativ ausreichend."[2]

Antibiotika, Psychopharmaka, Antihypertonika oder orale Antidiabetika und Cortisone etc. waren 1939 noch unbekannt.

Als Schmerzstillungsmittel kannte man unter anderem nur Opium, Brom und Acetylsalicylsäurepräparate wie Aspirin und Novalgin, für die Augen nur konventionelle Mittel wie Borwasser etc. Wurden allgemein nur Großpackungen hergestellt, gab es für Augentropfen und Salben zweckmäßige Einzelpackungen.[3]

In der Feldsanitätsausrüstung waren anfangs 294 Artikel vorgesehen, in den Wehrkreissanitätsparken 636 (inkl. Verbandsmaterial, etc.). An diesen Zahlen änderte sich im Laufe des Krieges faktisch nichts. Nur durch Streichungen und Neuaufnahmen (z. B. Corticol, etc.) wurden die Bestände aktualisiert.

Mit diesen Mitteln fand man im großen und ganzen bis 1945 sein Auslangen. Die USA war jedoch in der Schockbekämpfung und bei den Antibiotika schon viel weiter als die deutsche Wehrmacht.

Fleckfieber (Impfstoff erst durch den Sanitätsdienst der Wehrmacht entwickelt), Cholera, Dysenterie, Pocken und Typhus rafften die Menschen in den Spitälern massenweise hin. Immer wieder vorkommende Übertretungen der Sanitätsvorschriften verhinderten lange ein In-den-Griff-Bekommen dieser Krankheiten.[4]

Im Mai 1943 gab es im Nordteil der Ostfront 4000 augenkranke Soldaten. Im Juni 1943 wurden dann erste „Ohren- und Magenbataillone" aufgestellt. Schwerhörige und Magenkranke wurden hier zusammengefaßt. Die Küche ging in ihren Menüzusammenstellungen auf die Leiden der Soldaten ein. Sie wurden als Bautruppen eingesetzt.

Im Herbst 1944 bestanden 45 Magen- und 11 Ohrenbataillone, aber es gab auch Sondereinheiten für Herzkranke, Nierenkranke und Kriegsneurotiker.[5]

Bekam ein Soldat Urlaub, wurden ihm von der zuständigen Schreibstube seine Urlaubspapiere ausgehändigt. Damit war der Mann für alle Kontrollen gerüstet und berechtigt, die notwendigen Verkehrsmittel vom Dienst bis zum Heimatort und zurück zu benützen. Diese Regelungen funktionierten im ganzen Reich klaglos, auch über weiteste Entfernungen. So war die Personalevidenz jederzeit vorhanden. Da Versetzungen nach dem gleichen Modus abliefen, wußte man binnen kürzester Zeit über jeden Mann Bescheid.

Im gleichen, bewährten System wurde mit den Verletzten verfahren. Nach der Bergung, faktisch immer durch Kameradenhilfe, bis zum ersten Verbandsplatz (Verwundetennest) schafften es die meisten, auch Schwerstverletzten durch Eigeninitiativen wie kilometerlange Märsche bis zur nächsten Rücktransportmöglichkeit aus der unmittelbaren Gefahrenzone zu kommen und sich so bis zum nächstgelegenen Lazarett in Sicherheit zu bringen.

Der Verwundungsschock hielt meist so lange an, daß, in diesem von der Natur so weise eingerichteten Selbstschutz, die Schmerzen in dieser Phase nicht zu Bewußtsein kamen – oder zumindest erträglich erschienen. Erst in der Sanitätseinrichtung, wenn dann die ganze Spannung abfiel, kamen die Schmerzen, die dann aber fast unerträglich waren. Hier begann die eigentliche Leidensgeschichte.

2. Soziale Aspekte

2.1 Die Betreuungsmaßnahmen im Dritten Reich – Auch Kriegsinvalide als „unwertes Leben"?

Anhand obiger Ausführungen ist klar ersichtlich, daß im Dritten Reich mit zweierlei Maß gemessen wurde. Vernichtete das Regime mit unfaßbarer Härte alles, was ihm nicht genehm erschien, fielen die Kriegsopfer nicht in diesen Topf. Sie trugen doch die Wunden, die sie in ihrem Einsatz für den Führer erhielten. Da war schon eher das Gegenteil der Fall. Diese Männer und Frauen wurden als die Helden der Nation vorgezeigt. Für sie tat die Führung alles in ihrer Macht stehende. Von der bestmöglichen ärztlichen Versorgung über ein Vorrücken in der militärischen Hierarchie mit mannigfaltiger Ordensdekoration, bis hin zur zivilen Versorgung schaute man auf seine Krieger. In Propagandafilmen wurden lachende Menschen gezeigt, denen zwar ein Bein fehlte, die aber ein glückliches, erfülltes, beschwerdefreies Leben führen konnten. Damit zeigte die Führung der Masse, daß sie wohl wußte, daß Verletzte in diesem Krieg anfielen, aber daß dies halb so schlimm wäre, würden sie doch in weiterer Folge ein vom Staat unterstütztes, sorgenfreies Dasein im Familienkreis beschert bekommen. Ein Aufruf in den Medien, Kriegsinvalide zu heiraten, fand ein überwältigendes Echo in der Damenwelt. Bald nach dieser Medienkampagne waren alle Kriegsversehrten mit Partnerin versehen. Was war der Auslöser für dieses Phänomen? Natürlich gab es einen Hintergrund. Einen sehr realen noch dazu.

In diesen Aufrufen wurden allen neugeschlossenen Ehen weitreichende Vesprechungen gemacht. Ein Eigenheim, ein Volkswagen und eine lebenslange, gut dotierte monatliche Rente wurden jeder jungen Verbindung in den Geschenkskorb gelegt. Ein Kriegsbeschädigter war also mit einemmal eine „attraktive Partie", um die man sich beeilen mußte, wollte man ein Leben lang versorgt sein.

Das Kartenhaus brach mit dem allgemeinen Ende zusammen. Der Garant für die Einhaltung der Zusagen war weg, viele Ehefrauen auch. Ein Punkt mehr, in dem „das Reich" viel Leid zurückließ.

Am Rande sei noch erwähnt, daß es nicht günstig war, bei all den verschiedenen Möglichkeiten der Verletzungen einen Gehirnschaden davongetragen zu haben. Ein massiver geistiger Defekt konnte schon Grund genug gewesen sein, trotz allem oben beschriebenen Lobs, in den Strudel der Vernichtungsmaschinerie zu kommen.

3. Vom Chaos zur Sicherheit – Schicksale Kriegsblinder in der Zweiten Republik

3.1 Umschulungen

Nicht lange, nachdem am 1. September 1939 „zurückgeschlagen" wurde, erwischte es den ersten östereichischen Soldaten. Es war der Wiener Othmar TOPIL, Jg. 1917, der am 15. September 1939 beim Polenfeldzug verwundet wurde. Sein Augenlicht blieb am „Feld der Ehre".

Die Erfahrungen aus dem Ersten Weltkrieg waren noch nicht verblaßt. Es lagen ja nur 20 Jahre dazwischen. Genug Betroffene waren vorhanden, zeigten die Wege an der eigenen Person, wie Staat und Gesellschaft zu agieren und reagieren hatten. Die sprichwörtliche Genauigkeit der Deutschen Wehrmacht und ihrer Personalverwaltung (s. a. a. O.) ermöglichte die prompte und durchgehende Sorge für die Schwerstverwundeten. Ein eigener Fürsorgeoffizier war nur damit betraut, Schulung und Umschulung bleibend behinderter Soldaten einzuleiten und zu überwachen. Ferner sollte er ihre weitere Verwendung in einem Dienst, den sie ausüben konnten, ermöglichen (s. Lebensbericht MANHART).

Auch heute gibt es beim Österreichischen Bundesheer ein ähnliches Amt. Der Referent für soziale Betreuung mit Sitz in jedem Militärkommando beschäftigt sich im Frieden mit Hilfestellungen bei Ansuchen um Beihilfen und Befreiungen, wie Wohnkostenbeihilfe, Familienunterhalt, Kreditbefreiungen, etc. Im Ernstfall ist er mit der Überstellung von invaliden Soldaten aus dem Heeresverband an das zivile Landesinvalidenamt zur weiteren Versorgung eingesetzt und überwacht die Rückführung der ehemaligen Soldaten ins nichtmilitärische Leben.

Die Wehrkreiskommanden sorgten in den Kriegsvorbereitungen, sowie in den ersten Monaten des Ernstfalls für die Einrichtung von Umschulungsstätten im gesamten Deutschen Reich. Im Zuge der Blitzkriege wurde auch sofort in den jeweils annektierten Staaten für dementsprechende Einrichtungen gesorgt. Noch 1939 wurde die KLARsche Blindenanstalt in Prag zur Umschulung erblindeter SS-Angehöriger herangezogen.

Für den „ostmärkischen Raum" standen das Blinden-Erziehungs-Institut, das Kriegsblindenheim Baumgarten und das Blindensammellazarett im Schloß Schwarzenberg, Neuwaldegg, in Wien und das ODILIEN-Institut in Graz zur Verfügung. Man teilte die Ausbildung in drei Stufen:
Stufe A: Grundschulung
Stufe B: Büroberufe
Stufe C: Handwerke.
Die Maßnahmen blieben im großen und ganzen die gleichen wie zwischen

1914 und 1918. Die Angebote an Berufsmöglichkeiten waren erprobt – und kaum erweiterbar.

Das Regime versuchte jeden Mann zu halten, zu verwenden, einzusetzen. Andere Leidende in den oben angeführten Magen- und Ohrenbataillonen, Blinde als Telefonisten, Maschinschreiber oder Masseure. Korbflechter, Bürstenbinder und Industriearbeiter, vornehmlich in den Rüstungsbetrieben, waren ob ihrer Hilfe in der Produktion sowieso sehr willkommen.

Wo man Spezialisten fand, wurden sie als Lehrer eingesetzt. Im Palais ESTERHAZY in der Wallnerstraße im Herzen Wiens, wurden Bürstenbinder ausgebildet. Der bereits aus dem Ersten Weltkrieg blind zurückgekehrte Bürstenmachermeister Albin SACKL wurde 1939 aus Graz nach Wien geholt und lehrte seine Gefährten bis 1945 die Herstellung von Bürsten, Besen und Pinseln aller Art.

Abb. 36

Noch heute sind diese Räumlichkeiten Sitz des Österreichischen Kriegsblinden-Verbandes. Albin SACKL starb als letzter der Kameraden aus dem Ersten Weltkrieg 1991 im hohen Alter von 99 Jahren.

Ein erblindeter Soldat blieb so lange im Verband der Wehrmacht, bis seine Heilbehandlung, Umschulung und Ausbildung abgeschlossen waren – und er keine Verwendung innerhalb des Truppengefüges fand. Nur dann wurde er abgerüstet. Die Uniform jedoch durfte er behalten. In einer Zeit, da diese Kleidung Tür und Tor öffnete, ermöglichte ihm diese ein wesentlich erfolgreicheres Auftreten vor den Behörden, denn als Zivilist. Das war aber nur Beiwerk, um eine bessere Position zu erreichen, denn jeder superarbitrierte Blinde bekam eine, seiner Ausbildung entsprechende, Anstellung.

Da sie, bedingt durch die Verwundung, sofort den nächsthöheren Dienstgrad und das Eiserne Kreuz bekamen, waren sie überall hochgeachtet.

Mit dem Ende des Krieges und dem damit verbundenen Zerfall eines stringenten Organisationssystems, kam auch für die Kriegsblinden eine neue Zeit. Das Chaos der Auflösung, die Suche nach neuen Ordnungsmustern, brachte vor allem für die kurz vor Kriegsende blind Gewordenen enorme Versorgungs- und Betreuungsschwierigkeiten, die nur durch private, sprich Familieninitiative bewältigt werden konnten.

Am 5. April 1946 wurde in den Räumen der Kriegsblindenvereinigung im Palais ESTERHAZY ein Lehrgang für Grundausbildung unter Leitung von Dr. MAYER vom Blinden-Erziehungs-Institut eröffnet. Hauptziel war die Vermittlung der Braille-Kurzschrift, um Blindendruckbücher lesen zu können.[1]

St.Florian bei Linz wurde für viele zum Mekka für die Blindenbildung und den Aufbau eines neuen Lebensinhalts. Am Donnerstag, dem 14. März 1946, wurde vom Landesinvalidenamt mit Unterstützung der Landesregierung Oberösterreich in der Landesblindenschule St. Florian eine Umschulungsstätte eröffnet. Die amerikanische Militärregierung holte die Einrichtung für das ehemalige Krankenhaus aus dem früheren Kriegsblindenlazarett Schloß ENGLEITEN. Frau GLÜCK wurde als Heimleiterin aufgenommen. Sie konnte 22 Personen stationär beherbergen. Insgesamt war für 50 Kriegsblinde Platz, die in Blindenschrift, Maschinschreiben, Korbflechten, Bürstenbinden, Massage und Musik ausgebildet wurden. Schulungsleiter war Professor Eduard WETSCHEREK vom ehemaligen Blindensammellazarett Wien. Bereits am 10. April 1946 konnte der erste Ausbildungslehrgang für Bürstenbinder abgeschlossen werden.[2]

Am 17. Juli 1948 fand die Schlußfeier der Blindenschule St. Florian statt. Professor WETSCHEREK führte in seiner Ansprache aus, daß seit Februar 1946 in acht Lehrgängen 230 Kriegsblinde für eine neue Zukunft ausgebildet wurden.[3]

3.2 Verbandsgeschehen und die Entwicklung der staatlichen Fürsorge

Das Durchschnittsalter bei Erblindung durch kriegerische Einflüsse war relativ niedrig. Es traf meist junge, zum Teil hastig ausgebildete Soldaten signifikant öfter als „erfahrene Haudegen".

Die knapp vor Kriegsende Verwundeten waren besonders arg dran. Ihre finanzielle und allgemeine Versorgungssituation war in den ersten Friedensjahren noch katastrophal. Die Anforderungen waren rauh. Ohne Unterstützung durch die Eltern und Freunde war eine geordnete Lebensbewältigung kaum vorstellbar. Dieser Personenkreis sorgte sich mit dem Verletzten um Berentung oder berufliche Unterbringung. Dies gelang nur sehr zäh. Erschwert wurde dieser mühevolle Aufbau eines Neubeginns durch die Verarbeitung der stark prägenden und beeinflussenden Verwundungsumstände durch die Betroffenen.

Gab es während des Krieges die Versorgung durch die Wehrmacht – und in den fünfziger/sechziger Jahren mit der Konsolidierung Österreichs auch wieder klare Renten- und Beihilfenregelungen, herrschte in dem Gelenk zwischen den Wirren des Kriegsendes und dem Wiedererstehen und Werden Österreichs große Unklarheit, und diese jungen Kriegsblinden drohten „durch den Rost zu fallen".

Bereits im Mai 1945 konnte Hans HIRSCH den 1933 abgegebenen Verband in seinen alten Statuten restituieren und die Arbeit für die vielen Neuzugänge aufnehmen. Insgesamt waren es fast eintausend mehr. Ohne Ansehen von Religion, politischer Einstellung oder sonstiger Zugehörigkeiten wurde jeder Bedürftige akzeptiert.

Im Staatsgrundgesetz von 1929 steht, daß die Republik Österreich alle Kriegsinvaliden standesgemäß versorgen wird und die Erholungsfürsorge zu sichern ist. In den Jahren nach Kriegsende konnten diese Zusicherungen schrittweise verwirklicht werden. 50% der zu Versorgenden betrieben eine Trafik oder waren selbständige Gewerbetreibende, wie Kaufleute, Masseure oder Rechtsanwälte. Nur ca. 3% waren unselbständig Erwerbstätige in Büroberufen oder als Fabrikarbeiter. (siehe Abb. 40)

Die restlichen 47% lebten nur von der Rente. Waren sie vor dem Einrücken schon berufstätig, so konnten sie von diesem früheren Arbeitsverhältnis her noch eine bescheidene Pension zusätzlich beziehen.

Aber jetzt befinden wir uns erst knapp nach dem Krieg.

Am 28. September 1946 fand der erste ordentliche Delegiertentag des Verbandes der Kriegsblinden Österreichs in Wien, im Rittersaal des Niederösterreichischen Landhauses statt. Damit war der Verband wieder konstituiert.[1]

Das jüngste Mitglied des Verbandes wurde am 9. Oktober 1946 aufgenommen. Die dreijährige Hildegard HERAF wurde, so wie ihre Mutter, durch Bombentreffer an deren Einfamilienhaus geblendet, der Vater zur Hälfte erwerbsunfähig.[2]

Im Herbst 1946 führte der Verband eine Bekleidungsaktion durch und gegen Ende des Jahres begann man wieder mit der Vergabe von Trafiken. Eine 150%ige Aufbesserung der Rente als Teuerungsausgleich brachte eine neuerliche Verbesserung der Situation.[3]

Das Bedürfnis nach einem Erfahrungsaustausch mit den Kameraden war groß.

Ab 15. Oktober 1947 traf man einander im Klubzimmer des Cafes RABEL, in unmittelbarer Nähe des Verbandbüros, jeden Mittwoch und Samstag Nachmittag zum jour fixe.[4]

Viele waren verzweifelt und planlos. Ihnen versuchten Erfahrene aus der Desparation zu helfen, ihnen zu zeigen, wie schön es „trotzdem" sein kann.

„Ein neuer Lebensabschnitt.

Man raubte uns das kostbarste Gut, das Augenlicht. Aber eines, meine gleichbetroffenen Kameraden, konnte man uns nicht rauben: die Kraft, den schweren Schicksalsschlag zu meistern und zu parieren. Geblieben ist uns die Kraft, mit neuem Mut und frischer Zuversicht ein neues, für die menschliche Gesellschaft wichtiges Leben aufzubauen.

Wie sehr viele meiner Kameraden habe ich an der blindentechnischen Grundausbildung teilgenommen, und wenn es uns auch anfangs schwerfiel, so war es dann im Verlaufe der Ausbildung doch nicht so schlimm, wie wir es uns vorgestellt hatten. Man mußte nur nach dem Sprichworte handeln: „Frisch gewagt ist halb gewonnen!" und schon stellte sich die Freude ein, die ersten Buchstaben schreiben und lesen zu können. Drei Monate waren für die Grundausbildung vorgesehen. Sie genügten, um die Blindenvollschrift zu beherrschen und auf der Schreibmaschine seine Korrespondenz erledigen zu können. Der Augenblick, den ersten Brief mit den Angehörigen zu wechseln, war ein festlicher. Sowohl Schreiber als auch Empfänger wurden von einem wonnigen Gefühl erfaßt. Und groß war auch die Freude, wieder einmal nach langen, versäumten Jahren ein Buch lesen zu können.

Kurz vor Beendigung der Grundausbildung wurden wir der Berufsberatung unterzogen. Sie erfolgte ungezwungen, und die Kommission brachte den Berufswünschen das nötige Verständnis entgegen.

Die Berufsausbildung, die ich im schönen Kriegsblindenschulheim St. Florian unter vorbildlichen Lehrern genoß, war noch viel anregender und fesselnder. Man sah nun das Ziel vor Augen, nach dem man strebte, und mit Zähigkeit, Fleiß und Ausdauer wurde es auch erreicht. Das glückliche Gefühl, wieder bald arbeitsfähig zu sein, formte einen neuen Menschen aus uns.

In vorbildlicher Weise wirkten alle zuständigen Ämter und Behörden zusammen, und tatsächlich wurde mir ein Arbeitsplatz in der Bezirkshauptmannschaft in meiner Heimatstadt Ried im Innkreis gesichert. Da ich in zwei Berufen vollwertig ausgebildet bin, konnte ich mein zukünftiges Wirkungsfeld – Stenotypie oder Betriebstelephonie – wählen.

Ich weiß schon heute, daß ich im harten Lebenskampf bestehen werde und sicherlich wieder ein lebensfroher Mensch sein kann. Auch als Schwerstbetroffener darf ich nun nutzbringend arbeiten und meinen Mitmenschen helfen. Allen Kleinmütigen und Verzagten aber rufe ich zu: Nur die Arbeit ist die Krone des Lebens!

An euch aber, meine Kameraden, die ihr noch keine Umschulung genossen habt, richte ich die dringende Mahnung: Nehmt doch eine Umschulung entgegen! Es gibt nichts Furchtbareres für uns, als untätig sein zu müssen und sich von vielen unerfreulichen Gedanken quälen, das Leben verbittern zu lassen. Mit der Umschulung aber werdet ihr wieder zu nützlichen Mitgliedern der menschlichen Gesellschaft erzogen und bereit gemacht, der Allgemeinheit wertvolle Dienste zu leisten."[5]

Der Kriegsblinde ist auf Grund seiner Wehrdienstbeschädigung krankenversichert. Den Krankenschein bekommt er heute bei der für seinen Wohnort zuständigen Gebietskrankenkasse, bei deren Zahlstellen auch gegen Vorlage des Rentenbescheides. Zur Mitversicherung der Gattin oder der Pflegeperson waren 1948 monatlich öS 2,50, für jedes Kind öS 0,50 zu bezahlen.[6]

Mit 6. Juli 1948 wurde, in Anlehnung an die Deutsche Kriegsblinden-Arbeitsgemeinschaft m. b. H., die „Gemeinschaft der kriegsblinden Bürstenerzeuger Österreichs" neu organisiert. Der Verband bemühte sich um die gewerberechtlichen Grundlagen und um Lieferverträge mit der öffentlichen Hand, um den Absatz zu sichern. Ferdinand BRUNNER wurde mit 1. August zum Geschäftsführer der ARGE bestellt. Ein Aufruf an die Kriegsblinden, nur erstklassige Ware herzustellen und nicht auf das Mitleid der Bevölkerung zu hoffen, erging gleichzeitig über die Verbandszeitung.[7]

Ungefähr 50 Kriegsblinde meldeten sich bei der ARGE, um als Heimarbeiter für den Verband mitzuwirken.

Zwar ähnliche Leiden, aber verschiedene Generationen fanden sich nun in einer Interessengemeinschaft. Nur, die Interessen waren oft gar nicht so gemeinschaftlich.

„Aber nicht nur physische, mehr noch soziale, geistige und seelische Unterschiede können die Verbandsharmonie beeinträchtigen. Ein Beispiel aus der eben abgelaufenen Waxenberger Saison soll aufzeigen, wie schwierig gerade dieses Kapitel bei uns ist.

Der Ort der Begebenheit war der Speisesaal zu ebener Erde im Schlosse, und es war ungefähr eine halbe Stunde vor dem Mittagessen. Ein paar alte Kameraden, geführt von ihren Mutterln, betraten den Saal und nahmen plaudernd und scherzend an zwei Tischen in einer Saalecke Platz. In ihrem Eifer hatten sie gar nicht bemerkt, daß unterdessen ein neuer Gast in den Saal gekommen war. Ein Jungkamerad hatte sich allein hereingetastet, zwischen Tisch und Sesselreihen richtig bis zum Radioapparat durchgeschlängelt und auch gleich den Empfänger angedreht. Man hörte einen jener atonalen Negerwirbel, bei dem außer Saxophonen und kläglich winselnden Klarinetten auch noch massivere Werkzeuge, wie leere Fässer, Bierschlegel usw., mitwirkten. Der Apparat lief auf vollen Touren, so etwa Windstärke 10 und es jaulte und heulte und drosch, daß einem ordentlich die Ohren schepperten. Schon wollten die Alten gegen diesen Rummel protestieren, als sie von ihren Begleiterinnen zurückgehalten wurden, die interessiert auf das sich ihnen bietende Bild blickten. Der Junge hatte sich nämlich einen Sessel zurechtgerückt. Kaum hatte er darauf Platz genommen, so begann er auch schon mit dem ganzen Körper zu arbeiten. Die Beine wippten, die Linke trommelte abwechselnd mit Fingerspitzen und Handballen auf den Tisch, während die rechte Hand, die aus dem bereits angerichteten Eßbesteck heraus, die Gabel bei den Zinken erwischt hatte, mit deren Griff im Takte auf die Lehne des benachbarten Sessels hinhieb. Das ursprünglich verzwickte Gesicht war aufgehellt, der Mund gespitzt und schon war es dem Kameraden gelungen, sich in die kaum erkennbare Melodie einzuschalten! Die Alten schwiegen, um den Augenblick nicht zu stören. Denn was sich ihnen darbot, war ein einmaliges Erlebnis. Der ganze vibrierende, wippende, trommelnde, dreschende und und pfeifende Mann, überstrahlt von einem Lächeln im Gesicht, das selbst die toten Augen überglänzte. Man merkte: er war in seinem Element! Jetzt kamen aber auch schon andere Gäste herein, der Saal füllte sich nach und nach und in dem sich entwickelnden Lärm ging das musikalische Erlebnis des Jungkameraden unter. Dieses Beispiel ist natürlich auch keine Uniform, die jetzt auf alles das passen könnte, was unsere Alten und Jungen trennt. Aber es zeigt mit unverhüllter Deutlichkeit die Tiefe der Kluft, die zwischen uns liegt. Ist das verwunderlich? Wer kann es den Alten, die mit LANNER und STRAUSS aufgewachsen, mit SCHRAMMEL gelacht, mit ZELLER, ZIEHRER und LEHAR alt geworden sind, verübeln, wenn sie an dem modernen Musikgetöse keinen Geschmack haben, ja wenn sie dabei von körperlichen Unbehagen befallen werden."[8]

Am 6. Juli 1948 beschloß der 2. Delegiertentag in Waxenberg die Bereitstellung eines Berufsberaters. Der blinde Dr. MATZENBERGER wurde als eine Art Jobbörse verstanden, der sich auch mit der Organisation von Geschäftslokalen beschäftigte.[9]

Derselbe Tag brachte eine besondere Hochzeit.

Es heirateten Elisabeth RAUBITSCHEK, die bei einem Bombenangriff auf Innsbruck blind wurde, und der ebenfalls blinde Obmann-Stellvertreter der

Abb. 37: In der Freizeit

Abb. 38: Ein Kriegsblinder in einer Fabrik

Abb. 39: Eines der von den Kriegsblinden Heimstätten-Ges. m. b. H. erbauten Eigenheime

Landesgruppe Tirol Hans GRÖGER. Die einzige Verbindung dieser Art sei hier erwähnt. Sie leben heute in Schärding.[10]

Mit der Konsolidierung der Verhältnisse fand man auch wieder Zeit für die Kultur, und ab September 1948 erschien in Salzburg die Monatszeitschrift „Die Neue Warte". Herausgeber, Eigentümer und Verleger war der kriegsblinde Adolf MEDER aus Straßwalchen, der damit allen seinen schriftstellerisch ambitionierten Kameraden eine Möglichkeit zur Veröffentlichung von unterhaltsamer Literatur bieten wollte.[11]

Stenotypisten, Telefonisten, Masseure fanden wieder Anstellungen, Studenten konnten wieder ihre Ausbildung fortsetzen – es ging aufwärts. (siehe Anhang: Berufs- und Studienberichte)

Im Juli 1949 wurde das neue Tabakmonopolgesetz vom Nationalrat beschlossen. Es erhöhte die Handelsspanne, gab bessere Maßnahmen zur Bekämpfung des Schleichhandels und bot dem Staat wieder die Möglichkeit, den Kriegsopferorganisationen durch Ausgabe fundierter Tabakskonzessionen solid unter die Arme greifen zu können.[12]

Fassungen waren auch für den Kriegsblinden möglich. Der Verkauf von Ansichtskarten, Brief- und Stempelmarken konnte nur von einer sehenden Hilfe durchgeführt werden.

Da kam ein Riesenschritt vorwärts. Mit 1. Jänner 1950 trat das Kriegsopfer-Versorgungsgesetz (KOVG) in Kraft. In seinem § 19 ist definiert, was Blindheit vor dem Gesetz bedeutet. (Weiteres: siehe Kapitel: Das KOVG)

Die finanziellen Grundlagen wurden auch definiert: 80% des kollektivvertraglichen Lohns eines qualifizierten Facharbeiters waren die Basis der Rentenberechnung.

Am 5. September 1951 wurde die Kriegsblinden-Heimstättengesellschaft gemeinnützige GmbH, mit Sitz beim Kriegsblinden-Verband, ins Handelsregister des Wiener Handelsgerichts eingetragen. Damit wurde an die Tradition der Ersten Republik angeschlossen. Die Probleme waren sehr ähnlich und gleich dringend.[13]

Geschäftsführer war D. I. Fritz UNGER. Einfamilienhäuser für ca. zwanzig Kriegsblinde konnten gebaut werden.

Im Sommer 1951 wurden von der Geschäftsführung der Kriegsblinden-Heimstättengesellschaft drei Haustypen präsentiert:

Typ A: Grundriß 8,40 m mal 8,70 m, ganz unterkellert
Typ B: gleiche Ausführung nur kleiner
Typ C: Grundriß 6,00 m mal 8,70 m.
        Keller: Die Waschküche war als Bad ausgebaut, jeweils ein Lager-,
           ein Werkstätten-, ein Geräteraum angeschlossen.
        Erdgeschoß: Vorraum mit Garderobe und Klosett, Stiegenhaus,
           22 m^2 Zimmer, 11 m^2 Küche.
        Dachgeschoß: 2 Zimmer je 15 m^2.[14]

Mit der Machtübernahme der Nationalsozialisten ging das Verbandseigentum an den NSKOV über. Nach deren Scheitern fiel sämtliches nationalsozialistisches Besitztum an den Staat. Somit war die kuriose Situation gegeben, daß Eibiswald, seit 1923 im Eigentum des Verbandes, auf einmal der Republik Österreich gehörte und vom Finanzministerium verwaltet wurde. Die Liegenschaft, durch Kriegseinwirkungen schwer beschädigt, daher nicht benützbar, konnte von den Verbandsmitgliedern aufgrund der Zonenregelung auch nicht erreicht werden. So lag das Anwesen völlig brach. Trotzdem verlangte das Ministerium vom Verband eine Erklärung über die mangelnde wirtschaftliche Nutzung des Heimes.

Bis 1952 waren auch alle Ersparnisse, die kriegsblinde Trafikanten bei der nationalsozialistischen Fachabteilung erblindeter Krieger hinterlegt hatten, um Steuern, Abfertigungen von Angestellten, Krankengelder usw. zahlen zu können, gesperrt.[15]

Am 14. Mai 1953 fand im Festsaal des Linzer Bahnhofs eine Ehrung zum „30jährigen Berufsjubiläum als Trafikant" für die Herren Johann SUMETSHAMMER und Raimund SCHNEIDER statt.[16]

Das kriegsblinde Kind Hilde HERAF und ihre kriegsblinde Mutter Marie aus Haugsdorf verloren das Familienoberhaupt Karl HERAF am 25. Mai 1953 mit 47 Jahren völlig unerwartet, womit die zwei blinden Frauen ihr einziges sehendes Familienmitglied eingebüßt hatten.[17]

Am 12. August 1953 eröffnete der Verband in Wien 15., Reindorfergasse 38 ein Haushaltsartikel-Geschäft. Hier bestand nun die Möglichkeit, Bürsten und Besen aus eigener Produktion anzubieten. Bei Einkäufen über öS 100,– gab es sogar kostenlose Hauszustellung.[18]

Josef KERBL eröffnete Mitte 1953 im 6. Bezirk, Brückengasse 11, ein Obst- und Gemüsegeschäft. Interessant, worüber sich KERBLS drübertrauten. Natürlich waren alle Kameraden aufgerufen, bei KERBL einzukaufen.[19]

Das Verbandsgeschäft entwickelte sich über den Herbst prächtig. Alle Reinigungsmittel wurden zehn Prozent unter dem Regelpreis verkauft. Das Verbandsmitglied HOFER mit Gattin scheint das Geschäft gut geführt zu haben, der Kundenkreis war binnen kurzem recht ansehnlich. Alle Handwerkserzeugnisse waren nun mit einer Schutzmarke, die mit der Nummer 28.988 im Markenregister des Österreichischen Patentamtes eingetragen wurde, versehen. Zu viele Unlautere nützten den zugkräftigen Titel „Blindenarbeit". Man mußte sich schützen.[20]

Mit Stand 30. Juni 1953 erhielten 812 Kriegsblinde von den Landesinvalidenämtern Blindenzulagen.[21]

In der Verbandsvorstandssitzung vom 8. Oktober 1953 beschloß man, begabte Kinder bedürftiger Kameraden bei ihrem Gang an die Universität durch Verbandsstipendien zu unterstützen.[22]

Der Verwaltungsgerichtshof fällte am 8. Juli 1953 ein wichtiges Erkenntnis: Ein praktisch Blinder nach § 19 KOVG in der Pflegestufe II litt auch noch unter Schwindel und Gleichgewichtsproblemen. Er beantragte die Stufe III. Die Schiedskommission beim Landesinvalidenamt Wien lehnte ab. Der Verwaltungsgerichtshof als angerufene oberste Instanz stellte fest, daß es belanglos sei, ob das andere Gebrechen mit dem Sehvermögen zusammenhänge oder nicht. Es sei eine erhöhte Pflegebedürftigkeit gegeben und daher die Stufe III zu gewähren. Vor allem für fortgeschrittene Altersstufen konnten ab nun Umstufungen fundiert und problemlos durchgeführt werden.[23]

Das Bundesministerium für Verkehr und verstaatlichte Betriebe änderte am 9. November 1953 die Postordnung ab. Nach den §§ 54, 55 und 63 erfolgte ab dann die Beförderung von Blindendrucksendungen bis 7 Kilogramm gebührenfrei.[24] Eine wichtige Entscheidung auch schon im Hinblick auf die spätere Hörbücherei.

Von 1945 bis 1953 konnte der Verband im Zuge der amtlichen Wohnungszuweisung 120 Wohnungen beschaffen. Einige Wohnungswerber fixierten bereits von vornherein den Bezirk, ja sogar das Gebäude, in dem sie wohnen wollten. Wurden Sonderwünsche oder Wohnungsgrößen nicht erfüllt, kam es immer wieder vor, daß die Interessenten ganz einfach die angebotenen Wohnungen ablehnten und unter Protesten auf der Erfüllung ihrer Forderungen beharrten. Es läßt sich leicht die Desparation des Verbandswohnungsreferenten D. I. Fritz Unger nachvollziehen, herrschte doch allgemein drückende Wohnungsnot, und das Entgegenkommen der Behörden war sowieso ein sehr großes.[25]

Dazu ergänzend gab es die Heimstätten-Gesellschaft, die vornehmlich die Kameraden in den Bundesländern zu unterstützen versuchte, da in Wien das Schwergewicht sowieso auf dem Wohnungsmarkt lag.

Eine der schwerst betroffenen Damen konnte ihr Leben auch wieder in den Griff bekommen. Franziska Kratochwill heiratete am 6. Juni 1954 Herrn Herbert Klaus. Sie hatte beide Augen und beide Hände verloren, arbeitete aber seit 1953 als Telefonistin.[26]

Weihnacht 1954 befanden sich noch sieben von ursprünglich zehn jugendlichen Kriegsblinden im Blinden-Erziehungs-Institut in der Hofzeile. Sie wurden dort von Grund auf für ihr neues Leben vorbereitet. Ihnen galt natürlich genauso die Verbandsarbeit.[27]

Am fünften ordentlichen Delegiertentag vom 21. bis 23. Mai 1955 im Palais Esterhazy wurden in einer Entschließung folgende Forderungen aufgestellt:
1. Erhöhung der Geldleistungen des KOVG, die seit 25. Juli 1951 nicht mehr angepaßt wurden.
2. Lösung des Problems der Ernährungszulage.

3. Gewährung von Sonderzahlungen, die an die Ernährungszulage gebunden waren.
4. Kleiderzulagen für alle Pflegezulagenempfänger ab Stufe II.
5. Gewährung einer Rentenvorauszahlung auf 10 Jahre zur Schaffung eigenen Wohnraums bei gesicherter Existenz. (28; Zit. 29, 30 siehe Anhang)

Die im Jahre 1949 verstorbene Elise SRNKA vermachte ihre Villa in Baden, Mozartstraße 12, dem Verband, um das Gebäude in weiterer Folge als Heim zu nützen. 5 Zimmer, Gesellschaftsraum, Bad, Küche und Nebenräume standen für Mitglieder, die zur Kur in Baden eingeteilt waren, zur Verfügung. Daß es bis 1956 dauerte, bis die Adaptierungsarbeiten abgeschlossen waren, ist auf die Besatzung zurückzuführen.[31]

Dieses Haus wurde dann jahrzehntelang intensiv von zur Kur Weilenden genutzt und auch anderen Kriegsbeschädigten zur Verwendung geöffnet. Dazu wurden zwei Zimmer „rollstuhlgerecht" umgebaut.

Durch die Aufstellung des Bundesheeres kamen 47 Militärkantinen zur Vergabe. Bis Oktober 1956 wurden fünf Betriebe den Kriegsblinden zugesprochen.

EUMIG stellte vier junge Kriegsblinde, einen als Telefonist, die anderen als Hilfsarbeiter ein.[32] Die Versorgung mit Arbeitsplätzen erfaßte immer größere Kreise.

Am 19. Jänner 1957 wurde dem Obmann des Verbandes Hans HIRSCH der Dr. Karl RENNER-Preis durch den Wiener Bürgermeister Franz JONAS verliehen. Die damit verbundenen öS 10.000,- widmete er dem Aufbau einer Hörbibliothek. Am 11. Jänner, von den Plänen des Obmanns bereits informiert, beschloß der Wiener Vorstand aus Verbandsmitteln weitere öS 100.000,- aufzubringen, und Sozialminister PROKSCH sicherte anläßlich der Verleihungsfeier noch einmal eine Subvention von öS 200.000,- zu, aus denen im Mai öS 500.000,- wurden. Private Spender fanden sich auch genug ein, wobei deren erster Kabinettsdirektor Dr. Alexander TOLDT mit öS 500,- war.[33]

Nicht immer lief alles freundlich ab. Gustav ATTENEDER trug nicht nur irreversible Augenverletzungen, sondern auch schwere Hirnverletzungen aus dem Krieg davon. Obwohl schließlich in die geschlossene Anstalt „Am Steinhof" eingewiesen, holte ihn seine Frau Anna gegen Revers heraus. Von Ende Februar bis zum 5. September 1957 ging alles halbwegs gut. An diesem Tag brachte Gustav ATTENEDER die dreifache Mutter um.[34]

Untersuchungshaft, Einweisung, Entmündigung waren die logischen Folgen.

Der Verband organisierte gleich einen Vormund für die Kinder. Die Verbandsangestellte Frau Elsa HEILING übernahm die Vormundschaft vor der Behörde, der Vorstand sorgte für eine neue Wohnung und neue Namen,

Abb. 40–45: Die vom Bundespräsidenten für 10–40jährige Verbandstätigkeit mit dem Goldenen Verdienstzeichen dekorierten Funktionäre

Abb. 40: RICHARD FOTTER
Wien, geboren 21. April 1924, erblindet 15. April 1943, Mitglied des Verbandsvorstandes seit 1945, Verbandskassier, Versorgungs- und Fürsorgereferent

Abb. 41: ALOIS POISEL
Wien, geboren 13. April 1913, erblindet Mai 1942, Mitglied des Verbandsvorstandes seit 1945, Verbandsschriftführer, Referent für Führhunde und kulturelle Angelegenheiten

Abb. 42: Dipl.-Ing. FRIEDRICH UNGER
Wien, geboren 21. Juni 1912, erblindet 10. März 1945, Mitglied des Verbandsvorstandes seit 1950, Verbandskassier, Geschäftsführer der Gemeinnützigen Kriegsblinden-Heimstätten-Gesellschaft seit 1950.

Abb. 43: ANTON ALLERBERGER
Salzburg, geboren 2. August 1896, erblindet Mai 1917, Mitbegründer der Landesgruppe Salzburg und deren Obmann von 1918–1945 und ab 1950

Abb. 44: Komm.-Rat HANS HIRSCH

Abb. 45: ANTON WALCHENSTEINER
Graz, geboren 2. Juni 1896, erblindet 24. November 1916, Obmann der Landesgruppe Steiermark seit 1945, Delegierter der steirischen Kriegsblinden seit 1920. Mitglied des Verbandsvorstandes seit 1948

Abb. 46–48: Drei Kameraden aus dem Zweiten Weltkrieg, die mehr als 10 Jahre an der Spitze von Landesgruppen standen

Abb. 46: JOHANN GRÜN
Linz, geboren 4. Juni 1921, erblindet 21. November 1944, Obmann der Landesgruppe Oberösterreich seit 1950

Abb. 47: ALFRED HORB
Bregenz, geboren 15. Jänner 1920, erblindet 19. März 1945, Obmann der Landesgruppe Vorarlberg seit 1948 (Gründung)

Abb. 48: WILHELM SCHIERER
Innsbruck, geboren 8. September 1921, erblindet 9. September 1941, Obmann der Landesgruppe Tirol seit 1948 (Gründung), Mitglied des Verbandsvorstandes

so daß die Kinder von diesem Verbrechen möglichst unbelastet aufwachsen konnten.[35]

Am 1. Dezember 1957 wurden im Schwechater Hof die Herren Fuchs, Engelbrecht, Müllner und Zoch geehrt. Sie erhielten bereits 1917 die Tabakverschleißlizenzen und übten das Amt des Trafikanten bis dahin schon 40 Jahre aus.[36]

Die Firma Remington Rand GmbH. schenkte ab Weihnachten 1957 von ihren neuen Rasierapparaten 10 Stück an bedürftige Kriegsblinde. Für viele Jahre wurde dieser liebe Brauch dann von der Firma beibehalten, der immer große Freude auslöste.[37]

Hilde Heraf spielte bei der Weihnachtsfeier des Bundes-Blinden-Erziehungs-Instituts in der Hofzeile 1957 bereits Blockflöte in der Musikgruppe.[38]

Auch in der Zweiten Republik wurde der Heldenmut im Ersten Weltkrieg belohnt. Am 5. März beschloß der Nationalrat das Tapferkeitsmedaillen-Zulagengesetz, das als BGBl. Nr. 53 vom 20. März 1958 verlautbart wurde. Für die Goldene Tapferkeitsmedaille wurden öS 100,–, die Silberne Tapferkeitsmedaille Klasse I. öS 50,–, die Silberne Tapferkeitsmedaille II. Klasse öS 25,– monatlich bezahlt.[39]

Die Feier zum vierzigjährigen Bestandsjubiläum des Verbandes, verlegt auf den 8. Juni 1959, war durch die Anwesenheit des Bundespräsidenten Dr. Adolf Schärf und die Spitzen der Regierung ausgezeichnet. Acht Verbandsfunktionäre wurden mit dem Goldenen Verdienstzeichen geehrt.[40]

In diesem Jahr 1959 wurde die Ohnhänder-Zulage und die Witwen-Zulage für Empfänger der Pflege- oder Blindenzulage ab der Stufe III ins KOVG aufgenommen.

Am 3. Juni 1962 fand im Mozartsaal des Wiener Konzerthauses die Endkonkurrenz des „1. Wiener Liedfestivals" statt. Die Veranstaltung stand unter der Leitung von Professor Leopold Varga. Sieger wurde als bester Komponist der kriegsblinde Franz Hammermayer mit dem Lied „Ein Wiener Lied muß man erleben in Nußdorf, beim heurigen Wein". Er schrieb auch selbst den Text dazu. Herr Hammermayer ist auch ein sehr erfolgreicher Schachspieler, der den Verband in vielen Konkurrenzen gut vertrat.[41]

Erst nach jahrelangen Interventionen gelang es dem Verband im August 1962, die „Allgemeinen Bedingungen für die Kraftfahrzeugversicherung" in seinem Interesse abzuändern. Der § 17, Abs.4 der allgemeinen Bedingungen für die Kraftfahrzeugversicherung lautete ab dann: „Personen, die von völliger Taubheit oder Blindheit befallen sind, gelten nunmehr als versicherungsfähig". Jetzt konnte endlich eine Insassenversicherung auch für Kriegsblinde abgeschlossen werden.[42]

43.000 Tapferkeitsmedaillenbesitzern wurde ab 1962 eine Zulage zuerkannt. Teilweise gab es langwierige Erhebungen des Landesverteidigungsministeriums, um unklare Anspruchsberechtigungen zu verifizieren. Ein monatelanges Dokumentenchaos zwischen Ministerium und Beziehern war die Folge.[43]

Mit dem Bundesgesetz Nr. 159/60 vom 6. Juli 1960 wurde die neue Straßenverkehrsordnung erlassen, deren wichtigster Paragraph, der dritte, den Vertrauensgrundsatz verankerte. Bei Personen, gekennzeichnet durch gelbe Armbinde mit drei Punkten oder weißem Stock, gilt der Vertrauensgrundsatz für die anderen Verkehrsteilnehmer nicht.[44]

Am 22. November 1963 legte Kommerzialrat Hans HIRSCH seine Obmannfunktion zurück. In den 45 Jahren des Bestandes „seines Verbandes" wurde er zur Institution, mit dessen Demission niemand einverstanden war. Es war schwer, eine Nachfolge für ihn zu finden. Nach intensivem Drängen durch die Kameraden entschloß sich D. I. Fritz UNGER, seit Jahren Stellvertreter, zur Nachfolge.[45]

D. I. UNGER wurde im selben Monat auch zum Obmann der Landesgruppe Wien, Niederösterreich und Burgenland gewählt, zu seinem Stellvertreter Michael GLÖCKL.[46]

Das Zeitalter der Ehrungen brach an:

Am 5. März 1964 bekam Hans HIRSCH das Ehrenzeichen der burgenländischen Landesregierung für Verdienste um das Burgenland[47], und am 20. Mai desselben Jahres das Große Ehrenzeichen des Landes Niederösterreich.

Die Kameraden waren gerne unterwegs und nahmen auch größere Entfernungen in Kauf, um sich zu bilden oder zu erholen.

Badereisen waren sehr beliebt. 1964 fuhren die Kärntner bereits zum neunten Mal nach Caorle, die Salzburger zum dritten Mal nach Jesolo, die Steirer zum 10. Mal nach Lignano.[49]

Am 4. November 1964 bekam Hans HIRSCH die Ehrenmedaille der Bundeshauptstadt Wien in Gold durch Vizebürgermeister Felix SLAVIK überreicht.[50]

Am 25. Februar 1965 empfing Sozialminister PROKSCH die Verbandsvertreter D. I. UNGER und Kommerzialrat SCHNABL zu einer Finanzierungsbesprechung für Ossiach und versprach großzügige Unterstützung durch den Ausgleichtaxfonds.[51]

Mit der Novelle vom 30. Juni 1965 zum Tapferkeitsmedaillen-Zulagen-Gesetz wurde eine fünfzigprozentige Erhöhung der Zahlungen für die Auszeichnungen des Ersten Weltkrieges beschlossen.[52]

Mit 1. Jänner 1967 wurden die Tapferkeitsmedaillen-Zulagen neuerlich erhöht. Die Goldene war nun öS 200,–, die Silberne I. Klasse öS 100,–, die Silberne II. Klasse öS 50,– wert.[53]

Das Fünfzigjahr-Jubiläum des Verbandes im Mai 1969 wurde unter reger internationaler Beteiligung im Rittersaal des Niederösterreichischen

Landhauses gefeiert. 52 Goldene Ehrennadeln, zehn Ehrenkreuze und vier Ehrenringe wurden vergeben. Überschattet wurde die Feier durch den plötzlich im Saal tot zusammenbrechenden Linzer Johann GRÜN, Obmann der Oberösterreichischen Landesgruppe.

Der Festakt selbst fand im Theater an der Wien statt. Der Bundespräsident verlieh an verdiente Verbandsfunktionäre den Titel Bundesstaatlicher Fürsorgerat.[54]

Den Abschluß der Jubiläumsfeierlichkeiten bildete am Samstag, 10. Mai 1969, die Einladung des Vorstands zum gemeinsamen Abendessen ins Palais AUERSPERG. Alte Erinnerungen wurden wach, wurden doch viele Jahre hindurch die Faschingsfeste des Verbandes in diesem Palais abgehalten. Diese Gedanken gaben auch der Feierlichkeit den richtigen Nährboden – und liest man die Gedichte nach, die zwischendurch ausgebracht wurden – kann man noch immer nachfühlen, welch gelungener Abend es gewesen sein muß.[55]

1969 war das Jahr der Jubiläen. Das zwanzigste BEETHOVEN-Konzert im Großen Musikvereinssaal war, wie jedes Jahr, bis auf den letzten Platz ausverkauft. Die Wiener Symphoniker unter Robert HEGER, der zum siebten Mal dirigierte, spielten unter anderem die Erste und die Jenaer Symphonie.[56]

Mit 1. Jänner 1970 wurden durch Veröffentlichung im BGBl. Nr. 271/69 die Tapferkeitsmedaillenzulagen neuerlich erhöht. Die Goldene brachte öS 300,–, die Silberne I. Klasse öS 150,– und die Silberne II. Klasse öS 75,– monatlich.[57]

Am 2. August 1970, während er sich von einem Kuraufenthalt in Bad Hall erholte, starb Hans HIRSCH 73jährig überraschend an einem Herzinfarkt. Am 10. August 1970 fand die Einäscherung in Anwesenheit einer großen, prominenten Trauerschar in der Feuerhalle der Stadt Wien statt.[58]

Mit 1. Juli 1971 wurde die Befreiung von der Fernsprechgebühr eingeführt.[59]

Am 12. Juli 1971 befreite man die Kriegsblinden von der Radio-Fernsehgebühr.[60]

Der kriegstaubblinde Ohnhänder Franz HIRMANN wurde mit seiner Frau ab 1972 zu Lehrgängen ins deutsche Rehabilitationszentrum Bad Berleburg geschickt. Um wenigstens einmal im Jahr mit gleich schwerstbetroffenen Kameraden einen Gedankenaustausch pflegen zu können, ermöglichten der Verband und das Sozialministerium diese Reisen zu den vierzehn anderen Schicksalsgefährten. Vorträge mit anschließenden Diskussionen, Sport und Basteln standen auf dem Programm.[61]

Mit 1. Juli 1972 führte Sozialminister HÄUSER, der selbst im Konzentrationslager genug Leid miterlebt hatte und großes Verständnis für die Lage der Kriegsblinden aufbrachte, die Verdoppelung der Pflege- und Blindenzulagen ein. Die Gewerkschaft der Privatangestellten, Sektion Hauspersonal, gab den durchschnittlichen Stundensatz der Haushaltshilfen bekannt. Für die Stufe III wurde der Gattin oder sonstiger Pflegeperson vier Stunden pro Tag berechnet. Für die Stufe IV fünfeinhalb Stunden, für die Stufe V sieben Stunden und für V+ noch einmal $1/3$ des Satzes dazu, so daß ein Ausmaß von ca. zehn Stunden erreicht wurde. Jedes Jahr im Jänner wird die Zulagenberechnung mit dem aktuellen Stundensatz akkordiert. Nur durch diese 17. Novelle zum KOVG wurde zumindest erreicht, daß die Pflegeperson wenigstens Haushaltshilfenstatus bekam.

Endlich war eine Angleichung an den westeuropäischen Standard gegeben. Beachten Sie den deutlichen Knick in der nachfolgenden Statistik der Bezüge. Nun ging es kontinuierlich bergauf.

Am 8. Mai 1980, am 17. Delegiertentag des Verbandes, wurde Bundesstaatlicher Fürsorgerat Michael GLÖCKL einstimmig zum Obmann des Verbandes als Nachfolger Alois POISELS gewählt.

Zehn Ehefrauen von Kriegsblinden wurden an diesem Tag, nach 61 Jahren zum ersten Mal, mit dem Ehrenmedaillon des Verbandes ausgezeichnet.[62]

1982 wurde an der Kreuzung Innerer Gürtel-Gumpendorfer Straße die erste Blindenampel Wiens installiert.[63]

Das Bundesbehindertengesetz hat sieben Stufen: Von öS 2500,– bis 20.000,–.

Das Bundespflegegesetz vom 1. Juli 1993 hat für die Kriegsblinden keine Relevanz. Wer seine Rente vom Landesinvalidenamt bezieht, kommt mit diesem Gesetz überhaupt nicht in Berührung.

Wer Pensionsbezieher ist, bekam seit 1956 den Hilflosenzuschuß. Dieser Begriff gehört seit 1. Juli 1993 der Vergangenheit an. Er wurde durch das Bundespflegegeld mit seinen sieben Stufen ersetzt.

Ein Kriegsblinder, der eine Pension bezieht, bekommt seit 1. Juli 1993 an Stelle des Hilflosenzuschusses eine Ausgleichszahlung in gleicher Höhe. Es gibt kein Pflegegeld nach irgendeiner Stufung.

Die Alters-Erschwerniszulage, die Schwerstbeschädigtenzulage, die Blindenführzulage, eine Kleider- und Wäschepauschale und einen Zuschuß für Diätverpflegung können die heute (1993) durchschnittlich Siebzigjährigen dringend gebrauchen.

Mit Stichtag 1. 1. 1993 gab es in den Stufen III, IV, V, und V+, 360 Kriegsblinde und 80 praktisch Blinde, die allerdings nicht als Mitglieder in der Organisation aufgenommen sind.

Von den 360 Verbandsmitgliedern haben noch 50 mit der Amputation eines Fußes oder einer Hand und neun überhaupt mit der Zusatzbehinderung des Fehlens beider Hände zu kämpfen.

Anteil der noch lebenden kriegsblinden Österreicher mit Stand 1. Juli 1992

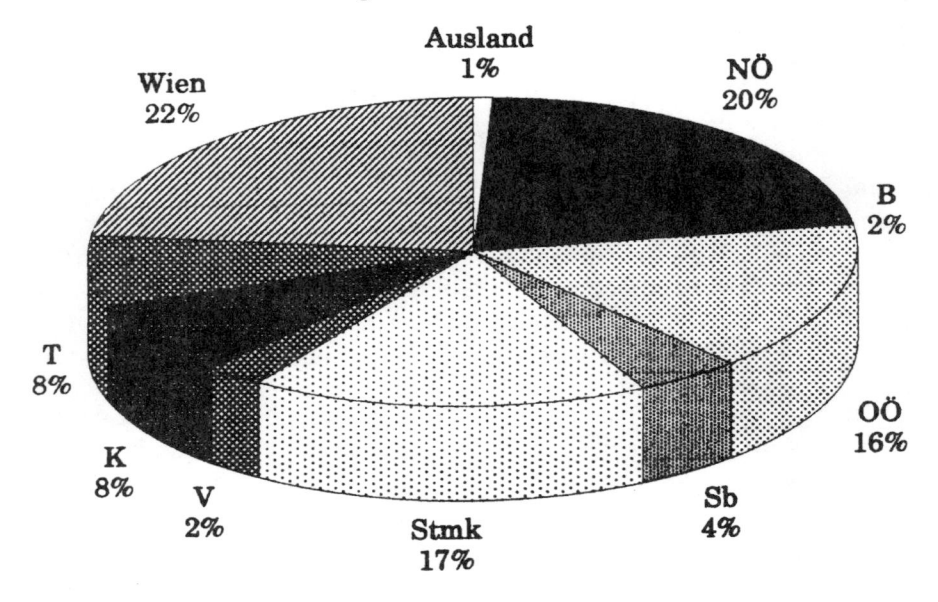

- Ausland 1%
- NÖ 20%
- B 2%
- OÖ 16%
- Sb 4%
- Stmk 17%
- V 2%
- K 8%
- T 8%
- Wien 22%

Jährliche Inflationsrate in Prozent

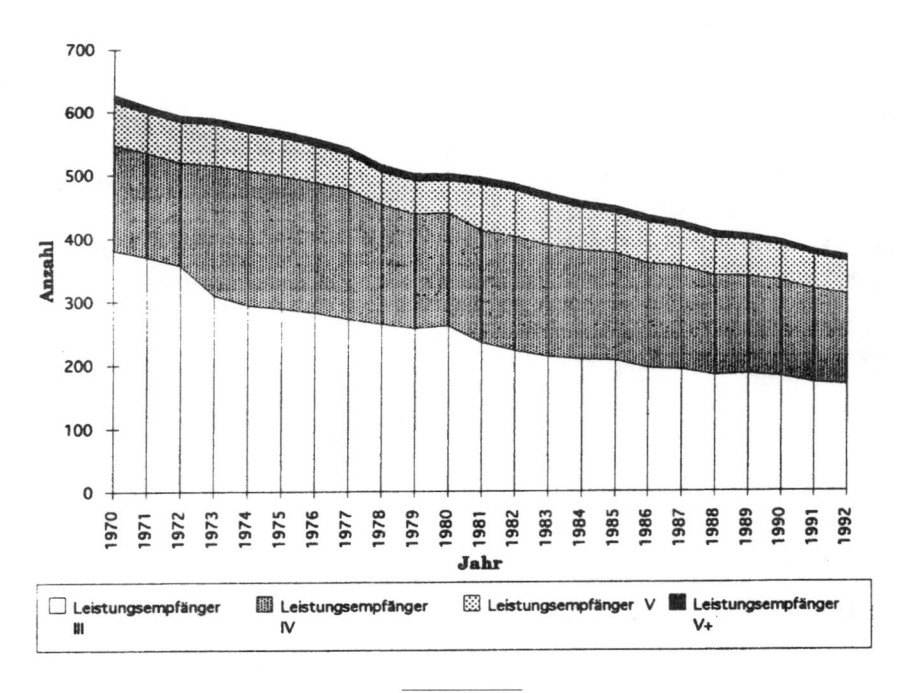

Leistungsempfänger III | Leistungsempfänger IV | Leistungsempfänger V | Leistungsempfänger V+

Höhe der Blindenzulage

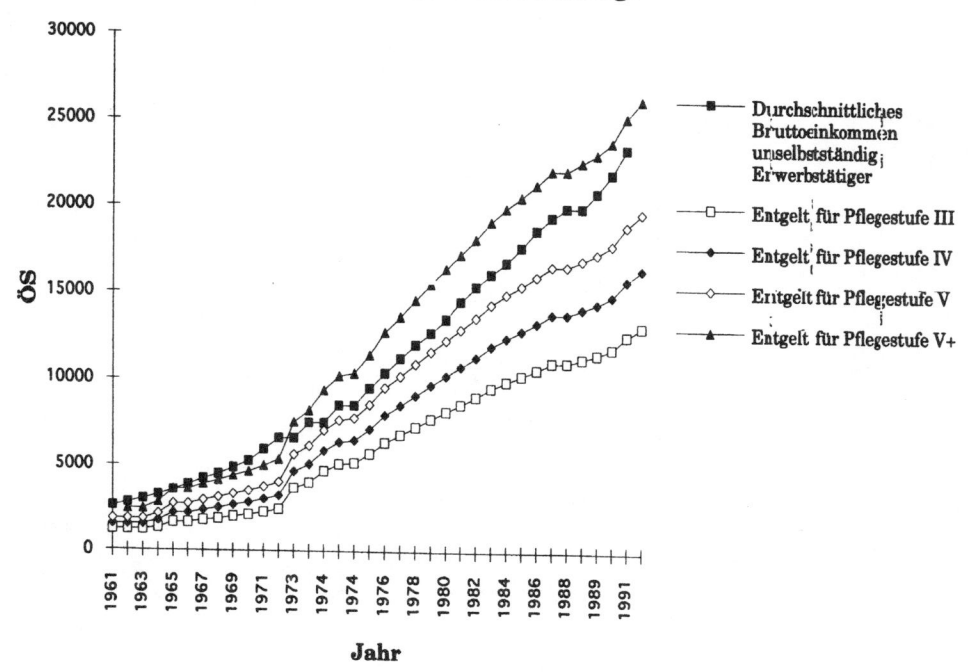

Anzahl der Leistungsempfänger der Blindenzulage

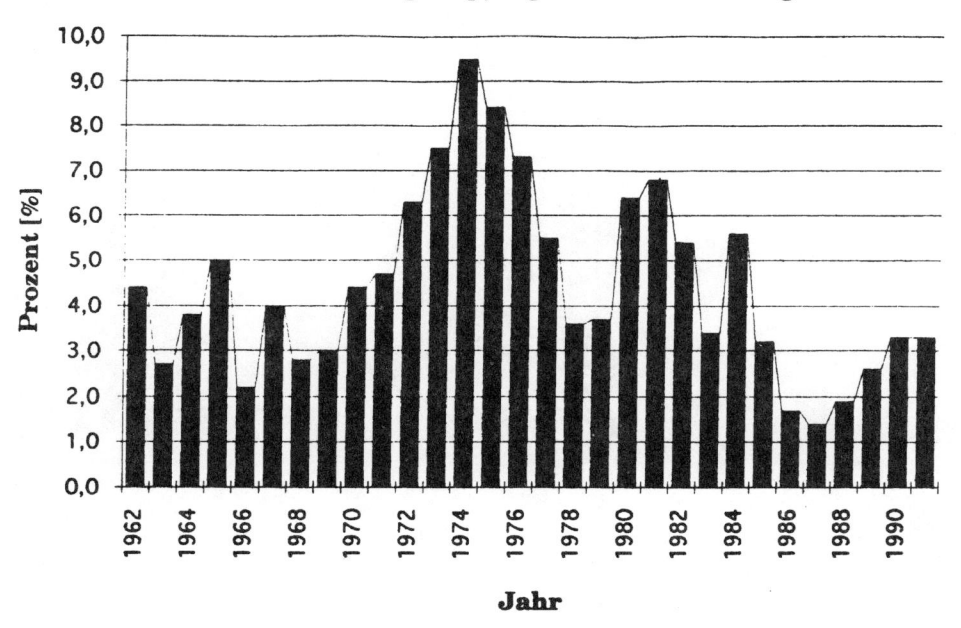

Blindenzulagen

Jahr	Inflationsrate	Jahr	Bruttoeinkommen	Entgelt für Pflegestufe III	Entgelt für Pflegestufe IV	Entgelt für Pflegestufe V	Entgelt für Pflegestufe V+	Anzahl der Leistungsempfänger Stufe III	Anzahl der Leistungsempfänger Stufe IV	Anzahl der Leistungsempfänger Stufe V	Anzahl der Leistungsempfänger Stufe V+	Gesamtbevölkerung
1961/62	4,4%	1961	2.540	1.200	1.500	1.800						
1962/63	2,7%	1962	2.760	1.200	1.500	1.800	2.400					
1963/64	3,8%	1963	2.980	1.200	1.500	1.800	2.400					
1964/65	5,0%	1964	3.250	1.300	1.700	2.100	2.800					
1965/66	2,2%	1965	3.540	1.600	2.150	2.700	3.600					
1966/67	4,0%	1966	3.890	1.600	2.150	2.700	3.600					
1967/68	2,8%	1967	4.240	1.730	2.324	2.919	3.892					
1968/69	3,0%	1968	4.530	1.841	2.473	3.106	4.141					
1969/70	4,4%	1969	4.890	1.972	2.649	3.327	4.436					
1970/71	4,7%	1970	5.290	2.078	2.792	3.507	4.676	381	166	69	12	7,491.526
1971/72	6,3%	1971	5.960	2.226	2.990	3.756	5.008	370	164	65	11	
1972/73	7,5%	1972	6.620	2.391-3.680	3.211-4675	4.034-5.669	5.379- 7.559	357	162	64	10	
1973/74	9,5%	1973	7.520	4.011-4.714	5.096-5.894	6.179-7.071	8.239- 9.423	310	204	65	10	
1974/75	8,4%	1974	8.540	5.124-5.204	6.407-6.507	7.686-7.806	10.248-10.408	294	211	62	11	
1975/76	7,3%	1975	9.550	5.735	7.171	8.602	11.469	289	209	60	11	
1976/77	5,5%	1976	10.420	6.395	7.996	9.591	12.788	283	204	58	11	
1977/78	3,6%	1977	11.280	6.843	8.556	10.262	13.683	272	204	54	11	
1978/79	3,7%	1978	12.070	7.315	9.146	10.970	14.627	264	188	51	11	
1979/80	6,4%	1979	12.750	8.226	9.740	11.683	15.577	257	180	52	11	
1980/81	6,8%	1980	13.540	7.790	10.285	12.337	16.449	261	178	50	11	7,555.338
1981/82	5,4%	1981	14.560	8.646	10.810	12.966	17.288	234	177	71	12	
1982/83	3,4%	1982	15.430	9.096	11.372	13.640	18.187	221	180	73	10	
1983/84	5,6%	1983	16.140	9.596	11.997	14.390	19.187	212	175	71	11	7,552.551
1984/85	3,2%	1984	16.810	9.980	12.477	14.966	19.955	208	171	66	11	7,557.667
1985/86	1,7%	1985	17.690	10.309	12.889	15.460	20.613	206	169	62	11	7,565.603
1986/87	1,4%	1986	18.700	10.670	13.340	16.001	21.335	194	165	64	11	7,575.732
1987/88	1,9%	1987	19.440	11.075	13.847	16.609	22.145	192	161	61	10	7,596.081
1988/89	2,6%	1988	19.990	11.075-11.330	13.847-14.165	16.609-16.991	22.145-22.655	183	156	59	10	7,623.605
1989/90	3,3%	1989	20.900	11.568	14.462	17.348	23.131	185	153	56	10	
1990/91	3,3%	1990	21.990	11.915	14.896	17.868	23.824	181	150	54	10	
1991/92		1991	23.430	12.636	15.797	18.949	25.265	171	146	53	9	
1992/93		1992		13.141	16.429	19.707	26.276	167	142	51	10	

durchschnittliches Bruttoeinkommen unselbständig Erwerbstätiger

Der letzte Krieg ist nun bald 50 Jahre zu Ende. Trotz ständiger Berichte in den Medien, Filme über die Zeit und teilweise verzweifelter Aufarbeitungsversuche, stellt sich die Frage nach der Berwertung der Folgen in der Gesellschaft.

Direkt nach Ende der Kampfhandlungen waren Not und Leid allgegenwärtig und die Betroffenheit über die vielen Opfer groß. Natürlich fühlte man sich verpflichtet, dem bleibend Betroffenen zu helfen.

Wie jedoch veränderte sich das „Gewissen der Gesellschaft" mit zunehmender Entfernung von den Ereignissen?

Einer dieser Indikatoren ist die finanzielle Unterstützung durch die öffentliche Hand. An den oben angeführten Statistiken ist erstmals die Entwicklung der Beihilfenzahlungen in den Behindertenstufen III, IV, V und V+ zur Inflationsrate in Beziehung gestellt.

3.3 Erholungsaufenthalte

1945 begann man wieder bei Null. Eibiswald war devastiert, teilweise zerstört, nicht mehr für den Zweck der Menschen, die es aufbauten, verwendbar. Eine neue Bleibe war dringend erforderlich. Die 300 Kriegsblinden des Ersten Weltkriegs waren um 1000 Gefährten des Folgekriegs angewachsen. Die Probleme der Nahrungsbeschaffung, speziell bei den Wienern, waren groß. Aber, zwar disloziert, man schaffte es. Ab 1946 konnte auch wieder für Erholungsaufenthalte gesorgt werden. Im Salzburger Murwinkel mit den Orten Mauterndorf, St. Michael und Muhr konnten etliche Familien für 4 Wochen neue Kraft sammeln. Oberösterreich nahm 25 Kriegsblinde auf, und in Laßnitz bei Graz standen ab 15. Juli 1946 weitere 10 Quartiere zur Verfügung.[1]

Von Ende 1946 bis über den Sommer 1947 konnten einige Familien ins „Elfriedenheim", eine von den Engländern geräumte Villa in Sattendorf am Ossiachersee, ziehen.

Die Suche der Kriegsblinden nach einer Nachfolgeeinrichtung zu Aichberg war im Herbst 1947 erfolgreich.

Schloß Waxenberg im oberösterreichischen Mühlviertel war das ausgesuchte Objekt, auf das man sich schließlich festlegte. Notzeiten entsprechend, halfen alle zusammen. Graf STARHEMBERG verpachtete das Schloß für 10 Jahre. Das Sozialministerium, private Spender und die Betroffenen selbst legten in einer Art Bausteinaktion alle verfügbaren Mittel zusammen. Nun konnte der im 17. Jahrhundert errichtete Komplex blindengerecht umgebaut, mit zeitgerechtem Komfort ausgestattet werden. Am Sonntag, 4. Juli 1948, wurde mit der 3. Länderkonferenz des Verbandes das Erholungsheim eröffnet.

Trotz der umfangreichen Adaptierungsarbeiten, die gut gelangen und, bezogen auf den Zeitpunkt der Arbeiten, hohes Niveau hatten, waren viele Frequentanten nicht sehr glücklich mit Waxenberg. Das auf dem Anwesen errichtete Schwimmbad enthielt stark eisenhältiges Wasser, das die Algenbildung sehr begünstigte. Der Reinigungsaufwand war groß, die Algen schneller. Viele Blinden scheuten sich davor, beim Schwimmen plötzlich Algen über die sensiblen Finger streichen zu spüren.

Die Infrastruktur war auch ein bißchen problematisch. Es gab lange und komplizierte Anmarschwege von den 55 Zimmern zu den Gemeinschaftseinrichtungen mit zum Teil engen und steilen Stiegen.

Aber es hatte auch viel Gutes. Die Abgeschiedenheit des Ortes ließ faktisch kein Verkehrsaufkommen zu. Ein Umstand, der sorglose, weite Wanderungen durch die sanfte Landschaft des Mühlviertels ermöglichte. Ein geschmackvoll eingerichteter, großer Sitzgarten lud zu Kartenspiel, Schach und Diskussionen ein.

Das weitläufige, naturbelassene Angelände bot ein unerschöpfliches Reservoir an Abenteuerspielplätzen für die Kinder.

Waxenberg wurde von Oktober 1948 bis April 1949 als Schullandheim des Stadtschulrats für Wien verwendet. Jeweils 45 Kinder plus Lehrer wurden für vier Wochen untergebracht. Am 4. Dezember 1948 fuhr Obmann HIRSCH als Hausherr aufs Schloß, um die Schüler zu begrüßen. Am Schluß seiner kurzen Ansprache verwies er mit seinen beiden Armstumpfen (er hatte beide Hände amputiert) auf seine leeren Augenhöhlen und rief den Kindern zu: „Merkt es Euch wohl! Das ist der Krieg!"[2]

Von November 1954 bis April 1955 wurde dem Landesschulrat für Oberösterreich und dem Landesarbeitsamt Linz die Möglichkeit geboten, für schulentlassene Mädchen Haushaltungskurse abzuhalten. 60 Mädchen durchliefen diese Ausbildung.[3]

Die Zeit machte auch vor Schloß Waxenberg nicht halt. Graf STARHEMBERG verlängerte den Pachtvertrag ab 1960 nicht mehr. Man mußte sich nach anderem umsehen. Mitte 1961 stand in Bad Ischl das Hotel Bauer zum Verkauf. Nach eingehender Prüfung stellte die Verbandsleitung fest, daß es ein finanziell und lagemäßig optimales Objekt sei. Bürgermeister, Landeshauptmann und Sozialminister sprachen sich für den Plan aus, setzten sich teilweise massiv dafür ein.

Da sich auch eine deutsche Hotelgruppe für das Haus interessierte, liefen der Gemeinderat der Stadt, die Kulturvereinigungen und die Lokalpresse Sturm gegen das Behindertenprojekt. Man fürchtete, der Anblick der Kriegsopfer könnte die Kurgäste abschrecken. Außerdem waren die Umsatzerwartungen in die internationalen Gäste höher als in die heimischen Invaliden.[4]

Nach 2 Jahren Bemühung scheiterten die Verhandlungen um das Hotel

Bauer. Daraufhin war man sich einig: Kein Haus sollte mehr adaptiert werden. Man würde neu bauen.

In Rappitsch, einem Ortsteil Ossiachs fand der Obmann der Landesgruppe Kärnten, Kommerzialrat SCHNABL, am Südufer ein 10.000 Quadratmeter großes Hanggrundstück und, zehn Minuten zu Fuß entfernt, ein 1200 m² großes Seegrundstück. Diese beiden Flächen wurden aus Mitteln aller Landesgruppen angekauft. Mit der Bauplanung und Durchführung wurde der Klagenfurter Architekt D. I. WETZLINGER beauftragt. Bereits bei der Einholung der Baugenehmigung wurden weitreichende Auflagen bei der Abwasserentsorgung verfügt. Unwetter beeinträchtigten die Aushubarbeiten, bei denen man feststellte, sehr schlechten Untergrund zu haben. Die Fundamente mußten neu berechnet und verstärkt werden. Finanzmittel für den Bau stellten auch noch die Landesregierungen, Landeshauptstädte und Landeskriegsopferfonds, vor allem der für Wien, Niederösterreich und Burgenland zur Verfügung. Eine große Anzahl von Firmen, Geldinstituten und privaten Spendern schlossen sich an.[5]

Nachdem die Blinden mit ihren Angehörigen und Gästen ihr altes Erholungsheim intensiv frequentiert hatten, kam der Tag des Abschiednehmens.

Am 27. September 1967 verließ der letzte Turnus Waxenberg. War in den ersten Nachkriegsjahren die Beschaffung der Verpflegung das Hauptproblem, kämpfte man ab 1960 mit massiven Personalproblemen, die 1961 sogar die Ehefrauen der Kriegsblinden veranlaßten, als Personalersatz einzuspringen, da sonst die Turnusse nicht durchführbar gewesen wären.[6]

Von 1948–1967 wurden 10.823 Gäste an 278.864 Verpflegstagen beherbergt.[7]

Das Neue wurde wirklich neu. Die Betroffenen setzten sich mit dem Kärntner Architekten zusammen und planten „ihr Haus". 1966 begannen die Baumaschinen zu arbeiten, und am 14. März 1968 konnte feierlich eröffnet werden. Am 16. März kamen die ersten Gäste. Wieder hatten sich alle Stellen (s. o.) zusammengetan, um diesen dritten Anlauf zu ermöglichen.

Hier stimmte alles. Eine klare Bauform mit blindengerechten Orientierungshilfen, höchstem Austattungskomfort, bester Infrastruktur, der Wandel vom Heim zum Hotel. Es gibt keine Türschwellen zum Drüberstolpern, in sämtlichen Gängen des Hauses sind Leitschienen angebracht, so daß jeder Blinde auch allein gehen kann. Mit einem Lift erreicht man jedes Stockwerk. Das zentralgeheizte Haus verfügt im Keller über eine finnische Sauna, ein 47 m² Warmwasserbecken, Fitneßraum und russische Kegelbahn. Im Parterre befinden sich die Gemeinschaftsräume, 2 Fernsehzimmer, Bibliothek, Musikzimmer, Stüberl mit Tanzboden, Speisesaal, Kartenzimmer. Im 1. und 2. Stock sind die 34 Zweibettzimmer und 8 Einbettzimmer angelegt. Jede Zimmereinheit besteht aus Vorraum, Bad und Dusche, ausreichend dimensioniertem Schlafraum und großem Balkon. Im Wirtschaftstrakt wohnen der Verwalter und das Personal. Dort sind auch die Magazine und die Küche untergebracht. Über 17,8 Mill. Schilling betrugen die Gesamtkosten der Anlage.

Nicht im Ort gelegen, aber doch zu Fuß schnell im Zentrum von Ossiach, war es auch möglich, lebhaft am breiten kulturellen Programm der aufstrebenden Fremdenverkehrsgemeinde teilzunehmen.

Akzeptanz und Auslastung des Hauses waren hoch. 17.077 Verpflegstage bereits im Ersten Jahr sprechen für sich. Beeindruckend auch die Zahlen der Folgejahre. Durchschnittlich 200 Kriegsblinde mit ihren Familien fanden jährlich Erholung. Im ersten Jahrzehnt war Ossiach zu 90% ausgelastet.

Mit der Zeit verringerte sich jedoch die Schar der Berechtigten auf natürliche Weise. Ab 1986 mußte von 8 auf 5 Turnusse reduziert werden. Der Zuspruch der Verbliebenen war ungebrochen hoch. Trotzdem war mit den Jahren eine rentable Auslastung des „Kriegsblindenhotels" nicht mehr möglich. Der Mitgliederstand des Verbandes betrug mit 1. 1. 1992 302 Personen. (s. o.) 67% davon fuhren 1991 nach Ossiach. Das war zu wenig. Die Sommersaison 1992, mit gar nur noch 60% Auslastung, sah den Österreichischen Kriegs-Blindenverband das letzte Mal als Hausherrn in Ossiach. Mit Jahresende ging die Verwaltungshoheit an den Kärntner Kriegsopferverband über. Eine neuerliche intensive Nutzung ist wieder möglich. Ab den Sommermonaten 1993 sind die Kriegsblinden allzeit herzlich willkommene Gäste im ehemals eigenen Haus, das ihnen immer zur Verfügung stehen wird und die 70jährige Tradition der Erholungsfürsorge aufrecht erhalten werden kann.

3.4 Sport und Spiel

Der blind Geborene hat eine natürliche Scheu vor Bewegung. Er hat ununterbrochen Angst, gegen ein Hindernis zu stoßen, über dieses zu stolpern, in eine Grube hineinzusteigen, irgendwo hinunterzufallen. Diese Überlegungen kommen in jedem Betroffenen hoch, und der Geist steuert den Körper. Das Bedürfnis nach aktiver Betätigung sinkt gegenüber vollsinnigen Kindern stark ab. All die gesundheitlichen Probleme, die aus dieser von kleinst auf dominierenden Bewegungsarmut resultieren, sind leicht vorstellbar. Für Eltern und Lehrer ist es ein mühsamer, viel Geduld erfordernder Erziehungsprozeß, dem Heranwachsenden Sicherheit und Freude, somit das Bedürfnis nach sportlicher Betätigung zu vermitteln.

Beim Kriegsblinden sind die Probleme anders gelagert. Er hat die Zeit, in der wir Bewegung lernen und unseren Körperrhythmus finden, wodurch

Abb. 49: Das erste Erholungsheim des Verbandes in Aichberg, Steiermark

Abb. 50: Das zweite Erholungsheim des Verbandes in Waxenberg, Oberösterreich

Abb. 51: Kriegsblinden-Erholungsheim Ossiach, Kärnten

wir die uns eigene Sicherheit bekommen, als Vollsinniger erlebt. Er hat schon im Fangenspiel, Versteckenspiel, beim Turnunterricht, im Sportverein Aktion und Reaktion geübt und erprobt.

Die Blindheit brachte ihm Unsicherheit, Zweifel an den eigenen Fähigkeiten und Möglichkeiten weiterhin, sie konnte ihm aber sein bereits ausgebildetes Körperschema nicht mehr nehmen.

Den meisten Geburtsblinden sieht man eine gewisse Steifigkeit an. Die meisten Kriegsblinden, auch wenn sie bereits seit Jahrzehnten mit dieser Behinderung leben, sind in ihren Bewegungen rund und elastisch.

Es ist daher ganz natürlich, daß nach der ersten Zeit des Schocks, des Gesundwerdens und Leben-neu-Aufbauens das Bedürfnis nach Sport und Spiel wieder erwacht.

Die Freizeitaktivitäten seien mit dem Gedicht von W. H. GENSBAUER vom März 1950 ein bißchen launig beschrieben, drückt es doch die generellen Möglichkeiten der Zeit treffend aus.

„Ich habe schrecklich viel zu tun!

Ich hab schrecklich viel zu tun!
Und möchte doch viel lieber ruhn
Und liegen auf der Ottoman,
Ich vielgeplagter, armer Mann!
Doch schuld daran ist, wie bekannt,
Nur der Verband!

Nur der Verband!

Am Montag fängt der Jammer an,
Da muß ich auf die Kegelbahn,
Wo ich so zwischendurch noch mach'
Ein Spielchen oder zwei am Schach!
Auch Karten nehme ich zur Hand.
Und schuld ist dran nur der Verband!
Nur der Verband!

Am Dienstag muß ich tanzen gehn,
Sie können bei Dick Roy mich sehn!
Dort schwinge ich mit Hochgenuß
Den Vorderfuß, den Hinterfuß!
Wir hopsen alle umanand.
Und schuld ist dran nur der Verband!
Nur der Verband!

Am Donnerstag beim Kulka Hans
Da wird geturnt mit Eleganz!
Mit Höhensonne wird bestrahlt,
Und auch geduscht wird, warm und kalt!
Und in der Sauna halb verbrannt.
Und schuld dran ist nur der Verband!
Nur der Verband!

Dann werde ich noch maniküRt
Und pediküRt und präpariert!
Im Sprachkurs lerne ich im Nu,
Wie englisch heißt das „hubicku".
Zum Schluß verlier ich den Verstand!
Und schuld dran ist nur der Verband!
Nur der Verband!

Wer bei all dem Zeit noch hat,
Muß außerdem ins Brünnlbad!
Nach dem Prinzip: Der Tepp hat's Glück!
Durch's Toto ich den Zwölfer krieg
Es bietet wirklich allerhand:
Nur der Verband!
Nur der Verband![1]

Im Sport waren es vor allem Leichtathletik, Schwimmen, Tandemfahren und Wandern sowie Schilauf und Eislauf, die begeisterten.

Vom 18.–23. Juni 1951 fanden in Wien die ersten Versehrtensportwochen statt. Die für Blinde extra geschaffene Versehrtensportklasse IX des Österreichischen Sport- und Turnabzeichens war Anreiz genug für sechs besonders sportlich Interessierte, sich voll zu engagieren und die Anforderungen zu erfüllen. Sie gewannen eine neue Sicherheit ihrem Körper gegenüber.[2]

1952 begann man Behindertensportwochen durchzuführen. Erfahrene Sportpädagogen und in späterer Folge viele Unteroffiziere des Bundesheeres stellten sich als Ausbildner und Betreuer engagiert – und kostenlos – zur Verfügung.

Vom 15.–20. Juni 1953 fand die 2. Österreichische Versehrtensportwoche in der Bundessportschule Schielleiten statt, an der auch sechs Kriegsblinde teilnahmen. Willy Hohm gewann den 60-m-Lauf in 8,2 Sekunden und den Kugelstoß mit 11,23 m.[3]

An diesen Ergebnissen läßt sich deutlich ablesen, zu welchen Leistungen die vor Energie strotzenden Kriegsblinden fähig waren.

Um auch einer größeren Gruppe die Möglichkeit zu sicherer, ruhiger Betätigung zu geben, wurde ab November 1956 im Amalienbad jeden Samstag zwischen 20.30 Uhr und 22.00 Uhr eine spezielle Badezeit für Verbandsmitglieder geschaffen, die eifrig genutzt wurde.[4]

Die Versehrtensportwochen erfreuten sich zunehmender Beliebtheit. Bei der 13. Veranstaltung vom 13. Mai bis 5. Juni 1965 in Schielleiten nahmen 71 Beschädigte teil. Natürlich gab es wieder jede Menge Wettkämpfe. Gesamtsieger wurde der kriegsblinde Steirer Johann Zevart.[5]

Beim 2. Bergturnfest des Oberösterreichischen Versehrtensportverbandes am 26. September 1965 kämpften 52 Teilnehmer um den Sieg, den der kriegsblinde Steirer Johann Maxones für sich erringen konnte.[6]

Erfolge motivieren, geben Kraft für noch intensiveres Training, es entstehen noch bessere Voraussetzungen für die nächsten sportlichen Meetings.

Willi Kollmann, Ewald Grill, Willi Hohm waren die herausragenden Sportler, die ab den siebziger Jahren von Erfolg zu Erfolg eilten, auch internationale reussierten. Sie waren sogenannte „Allrounder". Ob Schwimmen, Schifahren, Leichtathletik oder Torball, sie waren dabei, und oft gewannen sie.

Willi Hohm nahm am 24. und 25. Oktober 1970 in Morioka an den sechsten Japanischen Versehrtenspielen teil. 800 andere Wettkämpfer waren angetreten. Er holte die Goldmedaille im Kugelstoßen für Österreich.[7]

Das bevorzugte Ballspiel der Blinden ist Torball. Hier gibt es internationale Meisterschaften bis hin zu Weltmeisterschaften bzw. den Sommer-Paralympics. Heute setzen die jungen Zivilblinden in den Spitzenrängen fort, deren Grundstein die österreichischen Kriegsblindenmannschaften gelegt haben. Immerhin wurde Österreich bei der Ersten Europameisterschaft in Kopenhagen Europameister.[8]

Der Winter bietet auch genug Möglichkeiten, aktiv zu sein. Im Bodental, einem Seitental zur Auffahrt zum Lioblpaß in Kärnten, dicht an der slowenischen Grenze, gibt es ein Naherholungsgebiet der Klagenfurter. Richtung Talschluß liegt die Märchenwiese, zu der man in einem mäßig kupierten Gelände ideal vom Gasthaus bei der Postautobus-Endstelle weg, schilanglaufen kann. Dieser Gasthof war bis Anfang der 90iger Jahre der jährliche Schikurstreff, befindet sich noch dazu gleich neben dem Haus eine Wiese mit zwei Schiliften. Ein stiller Flecken, der zu romantischen Winterwanderungen einlädt.

Zunehmende Schwierigkeiten mit den Besitzern und auch das fortschreitende Alter der Teilnehmer ließen die Begeisterung am Schikurs sinken, bis er eingestellt wurde.

Die Zeit der Ehrungen begann. Es sei nur eine markante an eine besondere Persönlichkeit angeführt.

Vom 14.–20. Juli 1981 fand die 30. Versehrtensportwoche in Schielleiten statt. Bundespräsident Dr. Rudolf KIRCHSCHLÄGER ehrte Willi HOHM als Obmann der Sektion Blindensport mit dem Goldenen Verdienstzeichen.[9]

Heute geht man viel spazieren, schwimmt und sauniert, versucht sich altersadäquat fit zu halten.

Spielen formt Reaktion, Entschlußkraft und Kreativität des Menschen.

Es gibt Hunderte Spiele, die blindengerecht adaptiert sind – und der Sehgeschädigte spielt gerne.

Beim in dieser Arbeit behandelten Personenkreis dominieren eindeutig Schach, Kartenspiel und Kegeln.

Bereits die Betroffenen des Ersten Weltkriegs erfreuten sich am Kegeln, ob im Kaiser Karl-Kriegsblindenheim, in Straß im Strassertal, in Prolling etc. (s. a. a. O.), bald fand man sich zu einer lustigen Partie zusammen.

Auch Eibiswald, Waxenberg und Ossiach verfügten über Kegelbahnen, die eifrig verwendet wurden. In den Erholungsheimen gehört es bis heute zum Ritual des Tages, sich von 20.00 Uhr bis 21.30 Uhr zu den diversen Kartenrunden zusammenzusetzen, und dann geht es meist hoch her. Sogar Kiebitze gibt es. Das Blatt ist in Blindendruck markiert, und der Ausspielende sagt an, welche Karte er gerade verwendet.

International – und über die geselligen Spielrunden hinaus – wurde nur das Schach ausgetragen. Es fing an wie immer. Einige Interessierte taten sich zusammen und wollten eine gewisse Regelmäßigkeit in ihre Treffen bringen. Zu Beginn des Jahres 1953 konstituierte sich eine fixe Schachrunde für jeden Mittwoch Abend in den Räumlichkeiten des Verbands.[10]

Die Schachtreffs liefen gut an, die Teilnahme war rege. Da kam man auf den Gedanken, auch das Schloß mit einzubeziehen. Es war daher für Oktober 1953 in Waxenberg ein Schachturnier geplant. Das Interesse war so gewaltig, daß man in Länderrunden splitten mußte. Der Termin konnte nicht gehalten werden und mußte auf das Frühjahr verschoben werden. Die Wiener Schachrunde nützte die Chance und engagierte Hermann ROBITSCH vom Österreichischen Schachbund als Lehrer.[11]

Vom 15.–29. Mai 1954 fand dann im Erholungsheim endlich die erste Schachmeisterschaft für Kriegsblinde statt. Meister wurde mit einem Remis, d. h. einem halben Punkt, Vorsprung Raimund GODSCHACHNER vor Eduard SCHNABL.[12]

Das ganze Jahr über versuchte man sich in Form zu halten. Eine Reihe von Schachvergleichswettkämpfen wurde ausgetragen. Und schon im Mai/Juni 1955 kämpften zwölf Teilnehmer in Waxenberg um den 2. Österrreichischen Titel.[13]

Beim Ersten Internationalen Blindenschachturnier in Meschede, Westfalen, erreichte die österreichische Mannschaft mit R. GODSCHACHNER, F. EBNER, J. PASTEINER und H. ZEVART den dritten Platz und schlug sich damit weit besser als erwartet.[14]

Für die Schachbewegung im Verband war 1963 ein bedeutendes Jahr. Es wurde begründet und jubiliert. So fand am 28. Februrar 1963 die Erste Österreichische Blindenfernschachmeisterschaft ihr Ende, die 1961 gestartet wurde. 35 Wettkämpfer nahmen daran teil. Sieger wurde Johann HASEWEND aus Graz.[15]

Das erste Cupturnier der Wiener Schachrunde gewann am 4. Juni 1963 von 16 Teilnehmern Franz HAMMERMAYER.[16]

Das 10. Waxenberger Schachturnier vom 2.–19. September 1963 gewann H. PASTEINER vor R. GODSCHACHNER, F. HAMMERMAYER und J. HASEWEND.[17]

10 Jahre später konnte wieder ein Jubiläum begangen werden.

Am 16. September 1973 feierte die Wiener Schachgruppe mit ihrem Leiter Johann MANNHART ihr zwanzigjähriges Bestehen. Die interne Jubiläumsmeisterschaft gewann Seriensieger F. HAMMERMAYER, das Jubiläumsturnier um den Wanderpokal Josef WITEK.[18]

Auch die 20. Verbandsmeisterschaften im April 1974 gewann in vertrauter Weise F. HAMMERMAYER, und am 4. Mai schlug Österreich Deutschland mit 11 : 9 Siegen beim 3. Länderturnier.[19]

Um den internationalen Wettkämpfen eine entsprechende Grundlage zu geben, wurden sogar Olympische Spiele eingeführt. Und bei der 6. Blindenschacholympiade in Holland, 12.–26. August 1980, konnte Franz HAMMERMAYER Silber erringen.[20]

Ein neuerliches Jubiläum bahnte sich an. Seit Jahrzehnten wurden Turniere in den Erholungsheimen durchgeführt.

Bei der 30. Kriegsblinden-Schachmeisterschaft, Oktober 1984 in Ossiach, gewann Hans PASTEINER vor Franz HAMMERMAYER und Johann ZEVART.[21]

Dann ein Höhepunkt in der Geschichte und Entwicklung des Blindenschachwesens in Österreich: Franz EBNER wurde Weltmeister 1987 und

Österreichischer Meister 1987 im Blinden-Fernschach sowie internationaler Meister im Blinden-Fernschach. Voraussetzungen dafür waren: in drei aufeinanderfolgenden Weltmeisterschaften in den Medaillenrängen zu sein.[22]

Eine aktuelle Meldung soll den Schluß dieses Kapitels bilden, das auf so viele aufbauende Erfolge hinweisen kann:

Bei der 16. Blinden-Fernschach-Weltmeisterschaft 1992 wurde Friedrich BAUMGARTNER Vizeweltmeister.[23]

Herzliche Gratulation all denen, die Österreich so beeindruckend vertreten und repräsentiert haben, beziehungsweise den Sehenden zeigen konnten, daß, auch wenn man nichts sieht, vieles möglich ist.

3.5 Die Führhunde

Der Blindenhund ist für seinen Besitzer eine wesentliche Hilfe. Seit mehreren tausend Jahren werden Hunde für diese Aufgabe herangezogen. So sehr, daß das Tier als „Blindenhilfsmittel" auch vom Staat anerkannt wird.

Obwohl seit September 1914 Bedürftige existierten, begann man in Österreich, nach deutschem Vorbild, erst 1919 mit einer provisorischen, privat finanzierten Hundeausbildung. Inklusive dem Folgejahr konnten nur sieben Hunde mit ihrer Aufgabe vertraut gemacht werden.

Der erste kriegsblinde Österreicher, der mit einem Führhund ging, war Heinrich MARHOLD. Er wurde einen Tag nach seinem 38. Geburtstag, am 12. Juli 1917, bei der Verteidigung der Kärntner Grenze verwundet. Bis zu seiner Pensionierung betrieb er eine Trafik in Wien.[1]

Ab 1921 bekam der Verband ein Areal in der Wiener Radetzkykaserne auf der Schmelz. Ab nun war es möglich, einen hauptberuflichen Dresseur und Pflegepersonal anzustellen, und 1922 konnten bereits 42 geschulte Hunde abgegeben werden. Dieses Jahr brachte auch die ständige Gewährung von Subventionen des Bundesministeriums für soziale Verwaltung für die Ausbildung und Beihilfen zur Beschaffung und Erhaltung der Hunde.

Bereits im Mai 1923 mußte das Gelände wieder geräumt werden. Ein Ausweichquartier in den Baracken der Schleiergasse im 10. Wiener Gemeindebezirk konnte nahtlos bezogen werden. Obwohl die neue Anlage soweit allen Erfordernissen entsprach, ging der Bedarf so stark zurück, daß der Betrieb mit 31. Dezember 1924 eingestellt werden mußte. Der Abrichter mußte seine Hunde vorläufig in seiner Wohnung unterbringen.[2]

1925 stieg die Nachfrage wieder. Teils auf die verheerende Nahrungsmittelsituation, die auch die Tiere schwächte, teils auf neue Interessenten zurückzuführen, war der Wunsch nach vierbeinigen Begleitern sehr lebhaft.

Der Dressurwart des Österreichischen Polizei- und Schutzhundevereins SCHADLBAUER konnte für dieses Amt gewonnen werden und übernahm ab Oktober 1925 eine neue Anlage auf dem Gelände des Polizeihunde-Sportvereins im Wiener Prater.[3]

Ab 1927, mit der 9. Novelle zum Invaliden-Entschädigungsgesetz, hätte der Führhund als „Prothese" anerkannt werden sollen, dazu kam es aber noch nicht. Trotzdem war die Nachfrage ungebrochen hoch – und bis Ende der Ersten Republik verließen 265 Blindenhunde die Ausbildung.

1938 wurde die Schulung der Tiere von den Führhunde-Ausbildungsstellen der Wehrmacht übernommen. Noch Ende 1944 wurde ein neues Zentrum in Wien Hadersdorf errichtet, das aber in den Wirren des Jahres 1945 unterging.[4]

Am 15. Jänner 1947 begann wieder ein Kurs, diesmal im Schutzhaus des Wiener Tierschutzvereins. Überaus schwierig war es, an die richtigen Hunde zu kommen. Eigneten sich am besten Schäferhunde, konnten auch andere Rassetiere wie Rottweiler, Riesenschnauzer, Ertlterrier, Bernhardiner und andere eingesetzt werden. Das Tier sollte eine Mindestschulterhöhe von 55 cm haben und ungefähr zwei Jahre alt sein. Doch die Züchter verlangten teilweise reine Phantasiepreise, etwa öS 2000,–, oder den Tausch Motorrad gegen Hund.[5] So konnten bis 1948 nur 25 Neue ausgefolgt werden.

In Oberösterreich und der Steiermark wurden auch Schulungszentren eingerichtet, und ab 1949 konnte man in einer konzertanten Aktion wesentlich besser den Bedarf decken. In Wien übernahm in altbewährter Weise Dresseur SCHADLBAUER die Ausbildung. Bis Ende 1952 konnten 180 Hunde abgegeben werden.

Wieder mußte man übersiedeln. Mit Beginn des folgenden Jahres stellte die Gesellschaft vom Roten Kreuz auf dem Gelände seiner Depotanlage im Wiener Prater ein Areal von 14.500 m² samt Gebäuden zur Verfügung. Nach wenigen Adaptierungsarbeiten konnte der ganzjährige Ausbildungsbetrieb aufgenommen werden.[6]

Im Frühjahr 1960 meldete das Rote Kreuz Eigenbedarf an, der Zeitpunkt des neuerlichen Umzugs war gekommen.

Der Verband fand ein Kanalwächterhaus der Gemeinde Wien im Prater, das auch tatsächlich mit dem notwendigen Umgelände zu bekommen war. Der Bund finanzierte die Neu- und Umbauten. Zwei Jahre wurde gebaut, dann konnten Betreuer und Schützlinge am 15. Juli 1966 umziehen. Am 21. Dezember desselben Jahres gab es eine feierliche Eröffnung durch den Bundesminister.[7]

Ein Hund ist für diese verantwortungsvolle Tätigkeit ungefähr 10 Jahre einzusetzen. Die Ausbildung dauert gute drei Monate.

Mit 12. Dezember 1977 gab der Verband die Führhunde-Ausbildungsstätte im Wiener Prater dem Bund zurück, der dort Polizeihunde stationierte. Fast 500 Hunde wurden in der Zweiten Republik ausgebildet. Durch das zunehmende Alter der Mitglieder ließ die Nachfrage nach Hunden jedoch so stark nach, daß die Anlage geschlossen werden mußte.[8]

Der Blindenhund, unser treuester Freund

„Wie so viele meiner Schicksalskameraden habe auch ich in dem größten aller Kriege mein Augenlicht verloren. Ein Leben lang ohne zu sehen, ein Leben lang ohne Licht, wird man dies überhaupt ertragen, wird man dies überwinden können, so dachten wir alle einmal. Wohl gibt es Menschen, die es sich mit ihrem Berufe zum Ziel gesetzt haben, uns, die wir das Augenlicht verloren, zu helfen. Sie sind es, die uns das Schreiben und Lesen in unserer Schrift beibringen, die uns zu Bürstenbindern, Telephonisten und manch anderen Berufen umschulen, wodurch wir wieder zu brauchbaren Menschen werden. Unser Leben erhält dadurch wieder Sinn und Zweck und unser Lebensmut, unser Selbstbewußtsein wird dadurch gehoben. Doch eines fehlt dabei noch, die Bewegungsfreiheit! Aber auch hier hat es Menschen gegeben, die in dieser Richtung für uns segensreich gewirkt haben; das waren die Ausbilder in der Führhundstaffel, die die Blindenführhunde abzurichten hatten. Ja, sie hatten wohl wertvolle Tätigkeit ohne jenes Bedürfnis verrichtet, dem erblindeten Kameraden einen unentbehrlichen Helfer und treuen Weggefährten heranzubilden, wäre wohl nur ein schablonenhaftes Mißprodukt herausgekommen und nicht der mit so viel Liebe und Geduld abgerichtete, verläßliche Führhund. Denn dem Erblindeten soll ja mit seinem Führhunde die fast völlige Bewgungsfreiheit wiedergegeben werden. Daß dies möglich ist, wissen wir alle, die bereits im Besitze eines Führhundes sind oder waren. Aber der Führhund, er ist uns noch mehr! Er ist nicht nur Wegbereiter und Gefährte, er ist unser bester und treuester Freund, der uns nie verläßt! Unsere Mitmenschen, getrieben von der Hast und Eile der Zeit, für einen Augenblick, für Stunden vielleicht, nehmen sie sich unser aus Menschlichkeit, aus Mitleid an, um im Alltag des Lebens wieder von uns zu gehen, uns zu vergessen. Doch einer ist immer für uns da, ob wir mit ihm bei schlechtestem Wetter auf die Straße müssen, ob es galt nach Bombenangriffen durch Ausfall der Straßenbahn einen weiten Fußmarsch heimwärts anzutreten, immer erfüllt er treu und verläßlich seine Pflicht. Wo wir sind, da will auch er sein, er wartet überall geduldig, bis wir seiner bedürfen und ist dann noch erfreut und dankbar dafür, daß wir ihn zu seinem schweren und verantwortungsvollen Dienst zu uns rufen, der Führhund, unser treuester Kamerad!
Der Wunsch und Bedarf nach Führhunden ist daher sehr groß.

Leider ist die für uns so segensreiche Ausbildungsstätte für Blindenführhunde durch die Kriegshandlungen vollkommen zerstört und viele Kameraden, die bereits eine Verständigung zur Teilnahme an einem Führhundlehrgang in Händen hatten, wurden in ihrer freudigen Erwartung, einen Führhund zu erhalten, enttäuscht. Außer einigen kleinen Überresten, die gerettet wurden, ist von diesem vorbildlichen Institut nichts mehr übriggeblieben. Daß eine solche Einrichtung aber wieder erstehen muß, steht ohne Zweifel fest. Und so hat es sich die Kriegsblindenvereinigung zu einem ihrer Ziele gesetzt, eine Ausbildungsstätte für Führhunde zu errichten und mich mit dieser Aufgabe betraut. Doch ehe es wieder so weit ist, daß Schicksalskameraden aus ganz Österreich mit einem Führhund bedacht werden können, sind noch viele mannigfache Hindernisse aus dem Weg zu räumen. Es muß ein geeignetes Objekt zur Unterbringung ausfindig gemacht werden. Es muß vor allem ein geeignetes Hundematerial vorhanden sein, geeignete Abrichter müssen zur Mitarbeit gewonnen werden, Behelfe müssen beschafft und angefertigt werden, die Verpflegung für die Tiere muß sichergestellt sein und vieles andere mehr. Denn soll auch hier Vorbildliches geleistet werden, ist eine gute Vorarbeit unerläßlich. Daß uns Behörden und maßgebende Stellen bei dem Wiederaufbau dieser für uns so wichtigen Institution in jeder Weise unterstützend und helfend zur Seite stehen werden, ist zu erwarten.[9]" A. POISEL

Franz WIMMER aus Bad Ischl schrieb unter dem Titel:

Der treue Weggefährte

„Ich erhielt meine ‚Betti' vor fast zwei Jahren in Wien, von wo ich mich gleich in mein Heimstädtchen Ischl begab. Hier waren meine lieben Eltern über mein plötzliches Erscheinen sehr überrascht, ich legte nämlich den Weg vom Bahnhof bis zu meiner Wohnung, der eine Gehzeit von dreißig Minuten erfordert, ganz allein mit meiner Betti zurück. Nicht minder groß war das Erstaunen, als ich bemerkte, dieses große Tier brauche Futter, und zwar nicht einmal wenig. Wir hatten nämlich früher nie einen Hund gehalten. Doch dies sah nur anfangs so schlimm aus und auch diese schwierige Frage fand ihre befriedigende Lösung. Die ersten Wochen und Monate erforderten große Anstrengungen, und ich muß ehrlich gestehen, meine Kräfte waren manchmal völlig erschöpft, doch mit unerschöpflicher Geduld und Ruhe wurde alles gemeistert. Es war eine merkliche Veränderung im Tiere vorgegangen, als wir beide allein waren und nicht mehr das Gefühl hatten, es sei ein Ausbildner hinter uns. Was mir stark aufgefallen ist, war, daß der Hund sehr viel schnupperte, wodurch ich abgelenkt wurde und glaubte, es sei ein Hindernis vorhanden. Natürlich lag der Fehler nur bei mir selbst, wie sich später herausstellte. Ging ich nämlich zu zögernd, hatte das Tier Zeit und Gelegenheit, den Gerüchen nachzuspüren. Beim Nehmen von Stufen sind mir immer die guten Ratschläge von Kamerad POISEL zugute gekommen. Ziemlich oft wurde so ein Hindernis übersehen und da gab es eben nur ein Wiederholen des Gelernten, und der Fehler war bald wieder beseitigt. Ich hätte es mir nie träumen lassen, daß man mit so einem lieben Vierbeiner stundenlang marschieren könnte. Ich besuche nämlich öfter einen Kameraden aus dem Ersten Weltkrieg, der zwei Stunden von mir entfernt wohnt, doch kann ich ihn ohne jede Schwierigkeit erreichen, ohne jemand nach dem Weg fragen zu müssen. Im gebirgigen Gelände ist meine Betti besonders gut, da verweist sie auf jede Wurzel und jeden Stein, auch wenn alle zwei Meter so ein Hindernis kommt. Baumstämme zum Rasten zeigt sie regelmäßig an, wovon wir sehr oft Gebrauch machen, da mir bei solchen Wanderungen mein verletztes Kniegelenk große Schmerzen verursacht. Einmal hatte ich ein kleines Erlebnis, das den Beweis erbrachte, daß manchmal auch ein Blinder einem Sehenden aus der Not helfen könne. Es war ein regnerischer Tag und, wie mir später gesagt wurde, sehr dunkel, oder besser gesagt, pechschwarz wie die Nacht, so daß sehende Menschen nicht einmal die Hand vor den Augen sehen konnten. Da hörte ich auf meinem Heimweg Schreie, die von einem Verirrten herrührten, der von der Straße abgekommen war. Da nun konnte meine gute Betti außer mir noch einem anderen Menschen den richtigen Weg zeigen und damit beweisen, daß sie auch bei Nacht ihr Herrchen gut führen kann. Schattenseiten bei dem Tier lassen sich leider auch nicht wegleugnen. Es kommt wohl häufig vor, daß ich an Hindernisse in Kopfhöhe stoße, aber das sind natürlich die schwierigsten Hindernisse, die es für den Hund zu verweisen gibt. Auch in der Freiheit benimmt sie sich gern ungebührlich. Beispielsweise, wenn meine Mutter und ich mit Betti in einer Kanzlei zu tun haben, hält sie nicht lange still und fängt zu jaulen und herumzuspringen an. Vielleicht macht es ihr so großen Spaß, wenn sie dienstfrei ist, sie weiß nämlich Dienst und Freizeit sehr wohl zu unterscheiden. Im allgemeinen bin ich höchst zufrieden und schon sehr gut eingespielt. Mein treues Tierchen ist mir in jeder Weise ein guter Kamerad, und man kann wohl mit Recht sagen, dies ist wohl das schönste, was man noch besitzt."[10]

Irmgard SCHLERET aus Innsbruck berichtet über ihren Wunderhund:

„Als kürzlich unser Telephon läutete, sah ich unseren Rolf davorstehen, wie er interessiert und freundlich zum Telephon hinaufblickte. Da mußte ich an den Brief meiner Mutter denken, die mir zur Geburt meiner Ältesten schrieb: ‚Nun gehörst du zu den wenigen begnadeten Menschen, denen ein Kindertraum buchstäblich erfüllt wird, denn als 12jähriges Mädchen wünschtest du dir ein Kind, ein Telephon und einen Hund . . .' Dieser Satz fiel mir ein, als ich den Rolf vor dem Telephon sah, und so allerlei Erinnerungen zogen durch meine Gedanken. Diesmal aber bezogen sie sich vorwiegend auf den Hund.

Diesen Hund hatte mein Mann sozusagen mit in die Ehe gebracht, und da er Fütterung und Wartung und sonstige Versorgung in den damals noch so geordneten Zeiten selbst übernommen hatte, stand ich in gar keinem Verhältnis zu ihm, denn mein Kinderwunsch war aus anderem entsprungen: Ein Hund und ein Telephon waren damals für mich die Inbegriffe alles Vornehmen. Ein Verhältnis zu unserem Rolf bekam ich erst, als ich einmal – ich war allein zu Hause und im Radio wurde ein Heimatlied so recht von Herzen gesungen – in abgrundtiefes Heimweh verfiel und den Kopf auf den Tisch legte und heftig weinte, da spürte ich einen sanften Druck von der Seite, der Hund hatte seinen Kopf an mich gelegt und versuchte, mich zu trösten. Von da an war er auch ‚mein' Hund.

In den Zeiten, als man um das Allernötigste am längsten anstehen mußte, war es auch sehr schwer, Fleisch für den Hund zu bekommen. Der Wasenmeister war für uns zuständig, und der hatte einen riesengroßen Kundenkreis. Es muß lobend anerkannt werden, daß er uns Führhundbesitzer stets bevorzugt behandelt hat, und wenn er überhaupt etwas hatte, dann bekamen wir mit Bestimmtheit Fleisch. Wir brauchten uns auch nicht anzustellen. Dies vermerkten uns die übrigen Hundebesitzer sehr übel, und wir standen immer etwas abseits und verfemt. In dieser Zeit des Abseitsstehens (es wurde nur gekochtes Fleisch abgegeben und es dauerte oft lange, bis es zur Abgabe bereit war) ist mir der Gedanke gekommen, ob man nicht neben dem Jägerlatein auch das Hundebesitzerlatein ‚amtlich' anerkennen könnte. Was kamen da für Sachen an den Tag: Ein Fell wie Tulipan, Ruten wie russische Silberfüchse, Augen wie Wagenräder, Ohren wie geschliffen und Seelen erst! Mitreden konnten wir da wirklich nicht, mit den Wunderhunden konnte unser Rolf nicht konkurrieren, denn er war ja ‚nur ein Führhund'.

Nein, ein Wunderhund war er wirklich nicht, das verbietet mir allein schon der herrliche Pudding, den er aus meiner schönsten Glasschüssel vom Tisch am offenen Fenster geschleckt hat. Zwei Eier waren darin, das Weiße zu Schnee geschlagen, und auch Rosinen und sonstige kostbare Sachen, die man sich wochenlang vom Mund abgespart hatte. Es war ein hoher Familiengedenktag, und die Hauptmahlzeit war so ungewohnt gut gewesen, daß wir beschlossen, diesen Pudding zwecks besseren Genusses für später aufzubewahren. Wie entsetzt und enttäuscht wir waren, als wir aus dem Schlafzimmer in die Küche schlendernd, Rolf noch zweimal mit seiner langen Zunge genießerisch durch die Schüssel schlecken sahen – Vorderpfoten auf dem Stuhl, es hat nur noch die Serviette gefehlt.

Unsere besten Vorsätze erlaubte er sich umzuwerfen, damals, als ich mit unserer Helene eingezogen war und wir moderne und vernünftige Eltern zu sein beabsichtigten und die Töchter nötigenfalls drei Nächte durchschreien lassen wollten. Als sie nämlich anfing, zu schreien, verstopften wir Ohren und Herzen, was tat aber Rolf, nachdem sich nichts rührte? Er lief vom Körbel ins Schlafzimmer zu meinem Bett, zurück ins Körbel, zu meines Mannes Bett, wieder zum Körbel, dann stupfte er bei mir an und schließlich bellte er aus Leibeskräften, so daß das ganze Haus hallte! Was blieb uns anderes übrig, als mit dem Kind auch den Hund zu beruhigen? Glücklicherweise war das Kind am vernünftigsten, es blieb von da ab vollkommen ruhig. Geeifert hat er wirklich nicht auf die Kinder; obwohl er zuerst da war. Er hat sie eigentlich wenig beachtet und merkwürdiger sie ihn auch. Ausgefressen haben sie zuweilen einiges gemeinsam, zum Beispiel haben sie die Butter vom Tisch aufgegessen, die Helene und er. Ich kam erst darauf, als mir auffiel, daß es so merkwürdig still war und ich nach meiner Tochter schaute. Da hatte sie die Butter mittels Tischdecke vom Tisch gezogen und mit ihm christlich – ich nehme es an – geteilt, denn er hatte einen dicken Butterklecks oberhalb der Nase, den er mit der Zunge nicht erlangen konnte, und das rechte Ohr hatte ebenfalls eine Butterverzierung. Die Helene sah nicht minder hübsch aus, nur nicht so keck.

Treu ist er auch nicht, wie die anderen Wunderhunde alle. Er geht bei jeder passenden Gelegenheit gern einmal in die Ferne und läßt Aufregung, Vorwürfe und Verwirrung zurück. Jeder, der mit ihm ist und einen Stein in die Hand nimmt, kann ihn bis ans Ende der Welt locken. Und wenn er ihm gut zu fressen gibt, bleibt er bei ihm, bis . . . bis wir ihn uns auf irgendeine Art wieder holen. Ich glaube auch nicht, daß er einmal auf unseren Gräbern sitzen und vor Kummer nichts fressen wird, bis auch er stirbt. Nein, das glaube ich gewiß nicht. Er ist aber dann treu, wenn man es von ihm nicht erwartet. Das hat er bewiesen, als wir uns, ein Säugling von drei und Kind von 18 Monaten, auf den Weg von Mitteldeutschland nach Tirol machten. Da kam es auf jede Minute an, die wir weniger auf der Landstraße waren. Wir mußten uns von vornherein sagen, wenn er durchgeht, müssen wir ihn halt zurücklassen. Die ganze lange Wanderung, während der Fahrten auf den abenteuerlichsten Fahrzeugen, ist er nicht einmal von uns gewichen, trotzdem wir nichts zu essen hatten, und er hat redlich Wasser und schlechtes Brot mit uns geteilt. Als wir in einer zerstörten Stadt hoffnungslos steckenblieben, da mein Mann unter Ruhrverdacht erkrankte, wir aber kein Dach über dem Kopf hatten und er 100 Meter entfernt von uns das Gepäck bewachen mußte, hat er die ganze Nacht geklagt und geweint, bis am anderen Morgen sich das Gerücht verbreitete, sein ‚Fraule‘ mit einem

Kind sei unter einen amerikanischen Zug gesprungen. Er ertrug die Verachtung mit uns, die uns zuteil wurde, wenn wir mit einem Hund in den Übernachtungsquartieren auftauchten, seine größte Not unterwegs ist wohl gewesen, immer mitzukommen. Wehe, wenn es nur den Anschein hatte, als solle er zurückbleiben! Zum Beispiel als wir auf ein riesenhaftes Lastauto stiegen, das hoch mit Kartoffeln beladen war, erst kam der Kinderwagen hinauf, dann das Gepäck, und er glaubte, er käme nicht hinauf, weil es einfach zu hoch für seine Kräfte war! Da sind sogar die fremden Soldaten gekommen und haben ihn hinaufgehoben (was gar nicht so leicht war), denn er hat lamentiert zum Steinerbarmen.

Und jetzt, wo alles ruhig und normal zugeht? – Er ist immer gleichmäßig, immer wohlgelaunt, freut sich über jeden Spaziergang unendlich, und das Netteste an ihm, geht man einmal weg, sei es nur zum Briefkasten, bei der Rückkehr freut er sich so, als sei man von einer Polarexpedition wohlbehalten zurückgekommen. Neulich habe ich ihn sogar vergessen! Ich merkte es erst, als mir eine Semmel zu Boden fiel und ich mich beeilte, sie aufzuheben, damit sie der Rolf nicht erwische, und feststellte, daß diese Eile nicht notwendig war, er war ja nicht da. Es war ein Mordswirbel gewesen, ein Besuch mußte schnell zum Bahnhof und ich hatte in riesiger Hast beim Kaufmann den Proviant besorgt, Rolf hatte ich am Schaufenster festgemacht – und vergessen. Als ich dann nach einer Dreiviertelstunde hinkam, war er weg! Mein Schreck war groß, geistesgegenwärtig wollte ich es gleich der Polizei melden (dort bin ich aus diesem Grund schon bekannt), da sitzt er dort und bezeugt mir seine übliche Wiedersehensfreude, die Beamten waren sehr gerührt. Buben hatten ihn auf der Wache abgeliefert. Am nächsten Tage sprach mich ein rothaariger, sommersprossiger Bub an: ‚War das Ihr Hund?' – ‚Ja, ich danke dir auch schön!' – ‚Ist das wahr, daß es ein Führhund ist?' – ‚Ja, er führt einen Kriegsblinden!' – ‚Ah, das habe ich gemerkt, er ist immer stehengeblieben!' – Ich glaube wirklich, er ist doch kein Wunderhund, nur ein Führhund!"[11]

3.6 Hörbücherei

Die Obmannlegende des Verbandes, Kommerzialrat Hans HIRSCH, bekam am 19. Jänner 1957 im Stadtsenatsitzungssaal des Wiener Rathauses den Dr. Karl RENNER-Preis 1956 verliehen. Diese Auszeichnung war auch mit einer Dotation von öS 10.000,– verbunden. Hans HIRSCH widmete diesen Betrag der Gründung einer seit langem diskutierten Hörbücherei.

Bis dahin war man auf die Braille-Schrift angewiesen. Viele taten sich mit der Blindenpunktschrift aber sehr schwer, konnten doch die von teilweise harter Arbeit mit einer dicken, schützenden Hautschicht überzogenen Fingerkuppen die einzelnen Punktekombinationen nicht auflösen. Blieb nur das Radio, auf das man als Informationsträger angewiesen war.

Die offiziellen Stellen schienen auf dieses „good-will"-Zeichen des Verbandes geradezu gewartet zu haben. Bald nach der Erklärung von Obmann HIRSCH sicherte das Bundesministerium für Soziale Verwaltung eine Subvention von öS 100.000,– zu. Weitere Unterstützungsgelder flossen, und nachdem einige hunderttausend Schilling beisammen waren, konnte man ans Werk gehen.

Die Nachbarwohnung zu den Verbandsräumlichkeiten im Palais ESTERHAZY konnte dazugemietet und in ein Studio umgebaut werden. Die Adaptierungsarbeiten waren aufwendig, die anzuschaffenden Maschinen nicht prompt lieferbar und sehr kompliziert in der Aufstellung.

Nur, der Bedarf war groß und dringend. Daher wich man aus und fand im Österreichischen Gewerkschaftsbund einen potentiellen Helfer. In dessen Tonstudio wurden die ersten Hörbücher aufgenommen. Die ersten Titel, die übertragen wurden, waren „Der arme Spielmann" von Franz GRILLPARZER und „Das Fräulein von Scuderi" von E. T. A. HOFFMANN.[1]

Bereits vom ersten Buch weg wurde es „hörspielgerecht" in der Regie aufbereitet, mit einführenden Worten (bei lebenden Autoren möglichst von ihnen selbst gesprochen), erklärenden Passagen und untermalender Musik.

Nach vielen Rückschlägen in den Bau- und Installationsarbeiten konnte im Frühjahr 1958 der Betrieb im verbandseigenen Tonstudio anlaufen.

Das erste Buch, das hier entstand, war Oscar WILDES „Das Bildnis des Dorian Gray", gelesen von Guido WIELAND. Am 17. November desselben Jahres konnten die ersten Bestellungen an die Kunden ausgeliefert werden.[2]

Die Schauspielprominenz gab sich die Tür in die Hand. Größen des Theaters wie Helmut JANATSCH, Josef MEINRAD, Hans THIMIG oder Karl Heinz WAGGERL lasen für die Kriegsblinden.

Auch für höchste Politiker war die Adresse Palais ESTERHAZY durchaus ein geläufiger Begriff.

Die Festschrift gab es auch als Bandaufzeichnung und nicht nur gedruckt.

Ab Jänner 1960 gab die Hörbücherei ein eigenes Informationsblatt heraus, das allen Interessierten, auch Nichtmitgliedern, eine Übersicht über die anzuleihenden Tonbänder gab. Auf Anforderung wurde es zugeschickt.[3]

Bis 1969 wurden jährlich durchschnittlich 110–120 Titel gelesen. Im Jubiläumsjahr „10 Jahre Hörbibliothek" konnte man schon stolz auf 1100 Titel in 4500 Exemplaren verweisen. Das Interesse war enorm. Rund 29.000 Entlehnungen pro Jahr waren der Schnitt.[4]

Die Entwicklung ging weiter.

Abb. 52: Vizekanzler DDr. PITTERMANN beim Lesen seines Festschriftbeitrages zum 40-Jahr-Jubiläum des Verbandes, 1959

Nach 20 Jahren verfügt man über 2000 Werke in 8300 Kopien für 1680 Hörer.

Das Jahr 1977 brachte bereits 48.000 Entlehnungen.[5]

Im 25. Bestandsjahr waren bereits 2290 Werke vorhanden, die von 2182 Hörern frequentiert wurden. Insgesamt wurden bis 1982 785.000 Entlehnungen durchgeführt. Aber nur mehr 15% der Kunden waren kriegsblind.[6]

In den darauffolgenden Jahren sank dieser Prozentanteil weiter. Im Herbst 1989 waren von den Interessenten nur mehr 10% kriegsblind. Darauf reagierte die Obmännerkonferenz des Verbandes.

Mit 1. Jänner 1990 übergab der Kriegsblindenverband die gesamte Bibliothek mit ihren 3000 Werken im Wert von 12 Mill. Schilling und einer Kartei von 2800 Hörern kostenlos dem Österreichischen Blindenverband zur Weiterführung.

3.7 Lotterie

Ein zentrales Thema war, wie in jedem Verband, die Beschaffung von Geld. Die Idee, ein Gewinnspiel (durchaus altruistisch gemeint, Anm. d. Verf.) durchzuführen, reifte, wurde nach hohen Anfangsinvestitionen seitens des Verbandes vom Bundesministerium für Finanzen als Effekten-Lotterie genehmigt.

Ab Anfang November 1924 wurden 250.000 Lose zum Einzelpreis von K 500,– aufgelegt. Der Reinerlös war für notleidende Mitglieder und für Eibiswald vorgesehen.

Die Ziehung war für 26. März 1925 geplant.

Der ehemalige Bundesminister Dr. RESCH und der Präsident der Österr. Trafikantengemeinschaft sagten ihre tatkräftige Unterstützung zu, setzten all ihre Beziehungen ein; alle Verbandsmitglieder waren aufgerufen, für den Loseabsatz zu werben.[1]

Bei all diesem Einsatz war der Erfolg vorhersehbar, die Lotterie konnte wiederholt und etabliert werden.

Die allgemeine Not nahm indes in den späteren zwanziger Jahren drastisch zu, so daß auch die Fürsorgeeinrichtungen des Verbandes immer häufiger frequentiert wurden. Für diesen wurde es zunehmend schwerer, die immer größer werdenden Anforderungen erfüllen zu können.

Im Oktober 1930 legte man 120.000 Lose um S 1,– auf. 2000 Treffer im Gesamtwert von S 30.000 standen zur Verfügung. Die Verbandsmitglieder wurden direkt in den Losvertrieb eingespannt, indem ihnen ein Packen Scheine zum Verkauf im Verwandten- und Bekanntenkreis zugesandt wurde.[2]

Ferdinand EHMANN aus Wien verkaufte allein 750 Stück.

Die Werbung war durch die Attraktivität der Preise gut unterstützt.

Hier eine kleine Auswahl: 1. Preis: Auto, Wohnungseinrichtung oder Weltreise im Wert von S 10.000,–, 2. Preis: Beiwagenmaschine, Wohnungseinrichtung oder Amerikareise, und sogar der 3. Preis um S 1000,– war mit einem Wochenendhaus noch sehr interessant.[3]

Die Rekordzahl von 107.800 Losen, das sind 90%, konnten verkauft werden.

Das brachte Einnahmen von S 114.000,–. Nach Abzug aller Kosten blieb ein Reinerlös von S 55.400,–.[4]

Bis zum „Anschluß" konnten jedes Jahr neue Lotterierunden durchgeführt werden. Dann hatte man höhere Ziele und dafür kein Interesse mehr.

Bis 1947 hatte jeder mit dem Überleben zu kämpfen und sicher keinen Gedanken an ein Gewinnspiel. Die tägliche Nahrungsbeschaffung war schon Glücksspiel genug.

Dann war die Lage zwar noch immer trist, aber doch gefestigt genug, daß wieder eine Kriegsblindenlotterie genehmigt und gespielt werden konnte.[5]

Die Ausspielungen wurden gut angenommen, und schon der 4. Durchgang mit Ziehung am 4. April 1951 brachte mit 82% abgesetzter Lose den größten Verkaufserfolg der Nachkriegszeit.[6]

Die Verbandsmitglieder bekamen von der Zentrale ein Kuvert mit Losen zugeschickt, die sie entweder selbst kaufen konnten oder sich bemühen sollten, sie im Freundes- und Bekanntenkreis abzusetzen. Die Anstrengungen der Aufgeforderten konnten sich sehen lassen. 1953 verkaufte der kriegsblinde Wiener Theodor KOZEL 3335 Lose.[7]

Dieser beeindruckende Absatz hielt sechs Jahre. Zur 12. Kriegsblindenlotterie schaffte es Karl STADELMANN, die schier unglaubliche Menge von 4985 Spielscheinen in seiner Umgebung abzusetzen.[8]

Das Werbeplakat des Lotteriebüros, entworfen von Prof. KOSEL, wurde vom Kulturamt der Stadt Wien zu einem der besten Plakate des ersten Vierteljahrs 1961 gewählt.[9]

Am 24. April 1967 fand die 20. Ziehung der Kriegsblindenlotterie statt. War das Spielkapital der 1. Nachkriegslotterie noch öS 200.000,– bei 300.000 Losen, so war die Jubiläumsrunde bereits auf 1,2 Mill. Lose bei 4,8 Mill. Schilling verachtfacht.[10]

Sie brachte einen Reingewinn von über 1,6 Mill. Schilling für den Verband.

Durchschnittlich wurden in den Nachkriegsjahren bis heute 72% der aufgelegten Lose verkauft, womit sich der Spielbetrieb noch ausgeht.

Es ist zu hoffen, daß 1997 die 50. Runde noch ausgespielt werden kann.

Angeschlossen sei ein Überblick über die verschiedenen graphischen Losgestaltungen von der Ersten Republik bis heute.

3.8 Internationale Rundschau

An den Anfang sei ein Vergleich gestellt. England hatte mit 1. Jänner 1951 2250 Kriegsblinde.[1]

Deutschland jedoch hatte zum selben Stichtag aus den beiden Weltkriegen 6592 Betroffene, also fast 3mal so viele.[2]

In der Bundesrepublik fingen diese Personengruppen an, echte Versorgungsprobleme auszulösen.

Man mußte Einsparungen vornehmen. Wo fing man an? Natürlich bei den Ausländern.

„Kriegsblindenlose der 1. Republik"

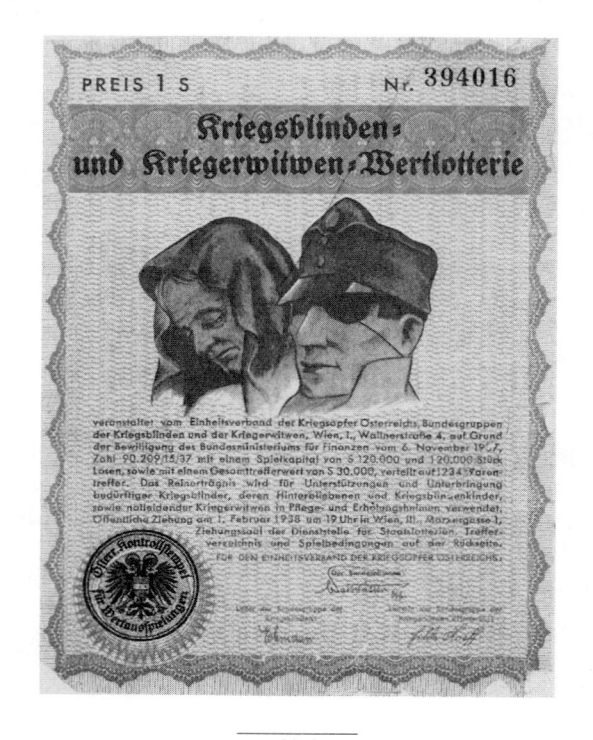

№ 196627

3. KRIEGSBLINDEN WERTLOTTERIE

Spielkapital S 600.000.—   300.000 Lose

3052 Treffer

5 Haupttreffer im Werte von
S 50.000, S 15.000, S 6000,
S 4000, S 2000 in Bargeld ablösbar

Die öffentliche Ziehung findet am Samstag, dem 18. Februar 1950, um 15 Uhr bei der Dienststelle für Staatslotterien, Wien I, Dominikanerbastei 16, statt.
Verband der Kriegsblinden Österreichs, Wien I, Wallnerstraße 4

Obmann-Stellvertreter   Obmann   Schriftführer

Das Reinerträgnis fließt zur Gänze der Fürsorge für Kriegsblinde und deren Hinterbliebene zu

Veranstaltet zufolge Bewilligung des Bundesministeriums für Finanzen, Zl. 36.528 – 17/49, vom 11. Mai 1949

Trefferverzeichnis und Spielbedingungen auf der Rückseite des Loses

LOSPREIS 2 SCHILLING

Hilf den Kriegsblinden!

№ 160749

4. Kriegsblinden-Wertlotterie

Spielkapital S 800.000 — 400.000 Lose
4218 Treffer, Gesamttrefferwert S 200.000
4 Haupttreffer von S 50.000, S 25.000,
S 7500, S 5500 in Bargeld ablösbar

Die öffentliche Ziehung findet Samstag, den 14. April 1951, um 15 Uhr bei der Dienststelle für Staatslotterien, Wien I, Dominikanerbastei 16, statt. Das Reinerträgnis fließt zur Gänze der Fürsorge für Kriegsblinde und deren Hinterbliebene zu.
Veranstaltet zufolge Bewilligung des Bundesministeriums für Finanzen, Zahl 82731/17/50 vom 16. November 1950.
Trefferverzeichnis und Spielbedingungen auf der Rückseite des Loses.

VERBAND DER KRIEGSBLINDEN ÖSTERREICHS
WIEN I, WALLNERSTRASSE 4

Obmann-Stellvertr.   Obmann   Schriftführer

Lospreis 2 s

5. KRIEGSBLINDEN LOTTERIE

Nº 260599

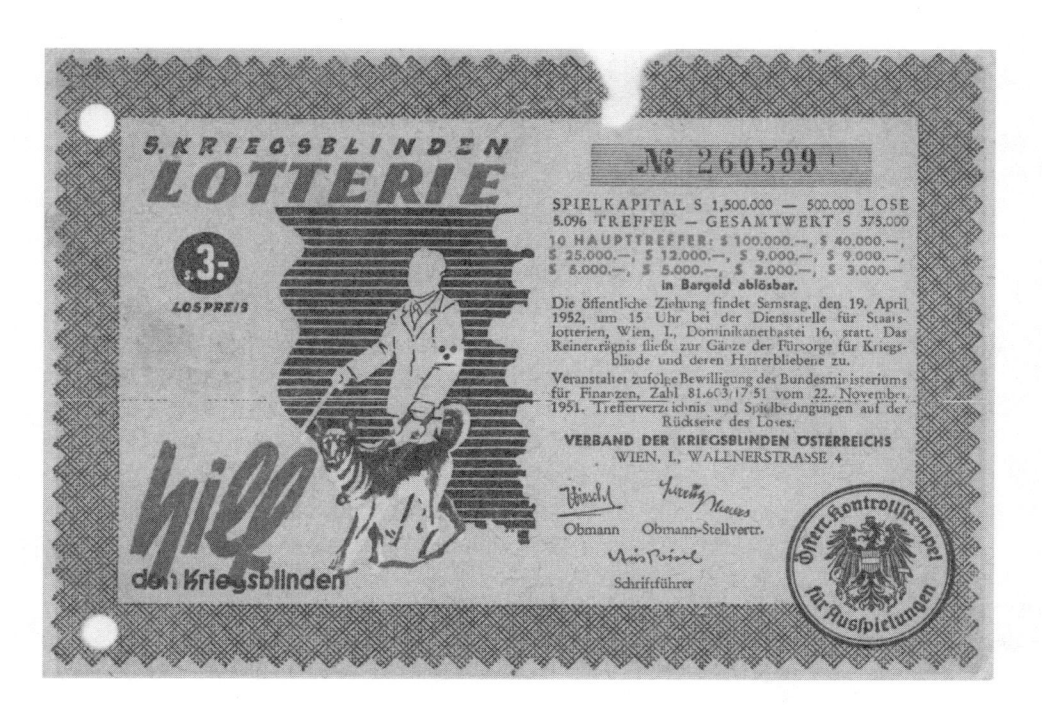

S 3.— LOSPREIS

SPIELKAPITAL S 1,500.000 — 500.000 LOSE
5.096 TREFFER — GESAMTWERT S 375.000
10 HAUPTTREFFER: S 100.000.—, S 40.000.—,
S 25.000.—, S 12.000.—, S 9.000.—, S 9.000.—,
S 5.000.—, S 5.000.—, S 3.000.—, S 3.000.—
in Bargeld ablösbar.

Die öffentliche Ziehung findet Samstag, den 19. April 1952, um 15 Uhr bei der Dienststelle für Staatslotterien, Wien, I., Dominikanerbastei 16, statt. Das Reinerträgnis fließt zur Gänze der Fürsorge für Kriegsblinde und deren Hinterbliebene zu.

Veranstalter zufolge Bewilligung des Bundesministeriums für Finanzen, Zahl 81.663/17-51 vom 22. November 1951. Trefferverzeichnis und Spielbedingungen auf der Rückseite des Loses.

VERBAND DER KRIEGSBLINDEN ÖSTERREICHS
WIEN, I., WALLNERSTRASSE 4

Obmann   Obmann-Stellvertr.
Schriftführer

hilf den Kriegsblinden

---

6. KRIEGSBLINDEN LOTTERIE

Los Nr. **387723**

Ziehung 20. Apr. 1953
Lospreis S 3.—

Spielkapital S 1,500.000 – 500.000 Lose – 5.096 Treffer – Gesamtwert S 375.000
10 Haupttreffer im Werte von: S 100.000, S 40.000, S 25.000,
S 12.000, S 9.000, S 9.000, S 5.000, S 5.000, S 3.000, S 3.000
in Bargeld ablösbar.

Die öffentliche Ziehung findet Montag, den 20. April 1953, um 16 Uhr bei der Dienststelle für Staatslotterien, Wien, I., Dominikanerbastei 16, statt. Das Reinerträgnis fließt zur Gänze der Fürsorge für Kriegsblinde und deren Hinterbliebene zu.

Veranstalter zufolge Bewilligung des Bundesministeriums für Finanzen, Zahl 68.798-17/1952 vom 2. Oktober 1952. Trefferverzeichnis und Spielbedingungen auf der Rückseite des Loses.

VERBAND DER KRIEGSBLINDEN ÖSTERREICHS
Wien, I., Wallnerstraße 4

Obmann   Schriftführer   Obm.-Stellv.

Los Nr. 086129 ✱

7. KRIEGSBLINDEN LOTTERIE

ZIEHUNG 20. APRIL 1954   LOSPREIS 3 SCHILLING

SPIELKAPITAL S 1,500.000, 500.000 LOSE, 5.096 TREFFER, GESAMTWERT S 375.000
10 HAUPTTREFFER IM WERTE VON: **S 100.000**
S 40.000, S 25.000, S 12.000, S 9.000, S 9.000, S 5.000, S 5.000, S 3.000, S 3.000
IN BARGELD ABLÖSBAR   DIE ÖFFENTLICHE ZIEHUNG FINDET DIENSTAG, 20. APRIL 1954, UM 16 UHR, BEI DER DIENSTSTELLE FÜR STAATSLOTTERIEN, WIEN, I., DOMINIKANERBASTEI 16, STATT. DAS REINERTRÄGNIS FLIESST ZUR GÄNZE DER FÜRSORGE FÜR KRIEGSBLINDE UND DEREN HINTERBLIEBENE ZU.
VERANSTALTET ZUFOLGE BEWILLIGUNG DES BUNDESMINISTERIUMS FÜR FINANZEN, ZAHL 77.238-17/1953 VOM 18. SEPT. 1953. TREFFERVERZEICHNIS UND SPIELBEDINGUNGEN AUF DER RÜCKSEITE DES LOSES.

VERBAND DER KRIEGSBLINDEN ÖSTERREICHS
WIEN, I., WALLNERSTRASSE 4.

OBMANN   SCHRIFTFÜHRER   OBM.-STELLV.

DER AUS DEM LOSVERKAUF IN JEDEM BUNDESLANDE ERZIELTE REINGEWINN   IST ZUR GÄNZE DEN KRIEGSBLINDEN DIESES BUNDESLANDES GEWIDMET

Los

8. KRIEGSBLINDEN LOTTERIE

ZIEHUNG: 18. APRIL 1955   LOSPREIS 3 SCHILLING

VERANSTALTET MIT BEWILLIGUNG DES BUNDESMINISTERIUMS FÜR FINANZEN VOM 21. SEPTEMBER 1954, ZAHL 94.181-17/54

SPIELKAPITAL $ 1,800.000 — 600.000 LOSE — 12.096 TREFFER — GESAMTTREFFERWERT $ 450.000 — 10 HAUPTTREFFER (IN BARGELD ABLÖSBAR) IM WERTE VON: $ 100.000, $ 40.000, $ 25.000, $ 12.000, $ 9.000, $ 8.000, $ 6.000, $ 5.000, $ 3.000, $ 3.000.

DIE ÖFFENTLICHE ZIEHUNG WIRD VON DER DIENSTSTELLE FÜR STAATSLOTTERIEN, MONTAG, DEN 18. APRIL 1955, UM 16 UHR, IM GROSSEN KASSENSAAL DES ÖSTERREICHISCHEN POSTSPARKASSENAMTES, IN WIEN, I., GEORG-COCH-PLATZ 2, DURCHGEFÜHRT. DAS REINERTRÄGNIS FLIESST ZUR GÄNZE DER FÜRSORGE FÜR KRIEGSBLINDE UND DEREN HINTERBLIEBENE ZU. TREFFERVERZEICHNIS UND SPIELBEDINGUNGEN AUF DER RÜCKSEITE DES LOSES.

VERBAND DER KRIEGSBLINDEN ÖSTERREICHS
WIEN, I., WALLNERSTRASSE 4

OBMANN   SCHRIFTFÜHRER   OBM.-STELLV

DER AUS DEM LOSVERKAUF IN JEDEM BUNDESLANDE ERZIELTE REINGEWINN   IST ZUR GÄNZE DEN KRIEGSBLINDEN DIESES BUNDESLANDES GEWIDMET

LOS Nr. 126.698 ✶

14. KRIEGSBLINDEN - LOTTERIE
ZIEHUNG: 17. APRIL 1961, LOSPREIS 3 SCHILLING

Veranstaltet mit Bewilligung des Bundesministeriums für Finanzen vom 21. September 1960, Zahl 118.765-17/60.

Spielkapital S 2,550.000 — 850.000 Lose — 17.250 Treffer — Gesamttrefferwert: S 637.500 — 10 Haupttreffer (in Bargeld ablösbar) im Werte von: S 100.000, S 40.000, S 26.000, S 12.000, S 7.500, S 6.000, S 5.000, S 4.000, S 3.000, S 2.000.

Die öffentliche Ziehung findet Montag, den 17. April 1961, um 16 Uhr 30, im Ziehungssaal der Österreichischen Glücksspielmonopolverwaltung, Wien I, Dominikanerbastei 16, statt. Das Reinerträgnis fließt zur Gänze der Fürsorge für Kriegsblinde und deren Hinterbliebenen zu. Trefferverzeichnis und Spielbedingungen auf der Rückseite des Loses.

VERBAND DER KRIEGSBLINDEN ÖSTERREICHS

Wien I, Wallnerstraße 4   Tel. 63 97 97

Obmann:

Obmannstellvertr.:   Obmannstellvertr.:

   Komm.-Rat

Der aus dem Losverkauf in jedem Bundesland erzielte Reingewinn ist zur Gänze den Kriegsblinden dieses Bundeslandes gewidmet.

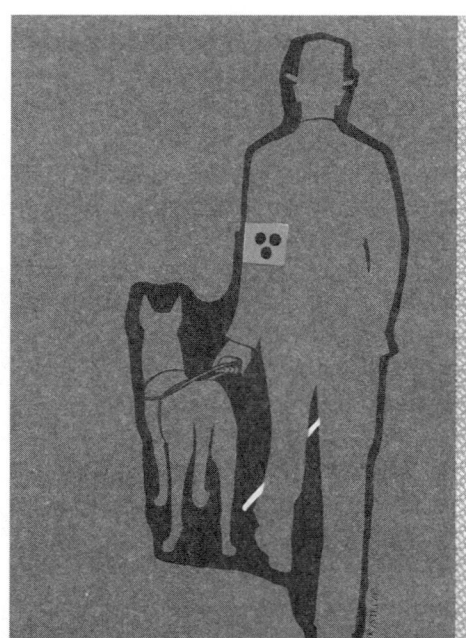

LOS Nr.

22. KRIEGSBLINDEN - LOTTERIE
Ziehung: 21. April 1969, Lospreis 4 Schilling

Veranstaltet mit Bewilligung des Bundesministeriums für Finanzen vom 16. September 1968, Zahl 326.873-17/68.

Spielkapital: S 4,800.000 — 1,200.000 Lose — 30.481 Treffer — Gesamttrefferwert: S 1,200.000 — 8 Haupttreffer (in Bargeld ablösbar) im Werte von: S 100.000, S 60.000, S 45.000, S 35.000, S 20.000, S 10.000, S 8.000, S 6.000.

Die öffentliche Ziehung findet Montag, den 21. April 1969, um 17 Uhr, im Ziehungssaal der Österreichischen Glücksspielmonopolverwaltung, Wien I, Dominikanerbastei 16, statt. Das Reinerträgnis fließt zur Gänze der Fürsorge für Kriegsblinde, deren Angehörige und Hinterbliebene zu. Trefferverzeichnis und Spielbedingungen auf der Rückseite des Loses.

VERBAND DER KRIEGSBLINDEN ÖSTERREICHS

1014/48 Wien I, Wallnerstraße 4   Tel. 63 59 59

Obmann:

Obmannstellvertr.:   Obmannstellvertr.:

   Komm.-Rat

Der aus dem Losverkauf in jedem Bundesland erzielte Reingewinn ist zur Gänze den Kriegsblinden dieses Bundeslandes gewidmet.

Am 16. Mai 1952 wurden durch Erlaß des Deutschen Bundesministeriums für Arbeit die Arbeitsämter angewiesen, österreichischen Kriegsversehrten auf Grund des § 7 des Bundesverordnungsgesetzes keine Renten mehr auszuzahlen. Dieser Personenkreis wurde an das Landesinvalidenamt für Wien, Niederösterreich und Burgendland verwiesen.[3]

Diese paar Österreicher in unserem westlichen Nachbarland waren natürlich nicht wirklich das Problem. Es war ein allgemeines. Eine klare, gesetzliche Regelung fehlte, war dringend erforderlich, dauerte aber ein Jahr bis zur Realisierung. So wurde nach langem Tauziehen in Deutschland am 23. Mai 1953 das Schwerbeschädigtengesetz (entspricht nicht dem österr. Invalideneinstellungsgesetz, Anm. d. Verf.) beschlossen. Da die Beteilung mit Trafiken in Deutschland nicht so glücklich wie in Österreich gelöst werden konnte, war dieses Gesetz ein wichtiger Schritt zur Sicherung der Versorgung.

Mit der 2. Novelle zum Bundesversorgungsgesetz vom 1. Juli 1953 wurde von der deutschen Bundesregierung deutlich zwischen Kriegs- und Zivilblinden unterschieden. „. . . Die Pflegezulage des Kriegsblinden hat ihre rechtliche Grundlage allein in der Kriegsbeschädigung und nicht in der Blindheit . . . Die Blindheit ist nur zufällig der Zustand des Versorgungsleidens . . ."[4]

Am 1. November 1953 trat in der Bundesrepublik das Blindenwarenschutzgesetz in Kraft. Ab nun durften an öffentlichen Orten und von Haus zu Haus Blindenwaren angeboten werden.[5]

So versuchte die Regierung durch legistische Maßnahmen, schon vorhandene Strukturen zu legalisieren und damit Hand in Hand eines der aktuellen brennenden Probleme in den Griff zu bekommen.

Über dem Kanal war man weiter fortgeschritten. Man gehörte zu den Siegern. Die Schäden im Land waren groß, aber nicht verheerend, man konnte leichter agieren. Es war daher möglich, daß in England 1953 eine Sammlung für Blinde umgerechnet 2,8 Mill. Schilling brachte, so daß jeder Betroffene ein Radiogerät erhielt. Die britischen Kriegsblinden, die schon ein eigenes Altersheim unterhielten, bekamen 1953 von der Royal Air Force ein Kinderheim in Rottingdeam zur Verfügung gestellt.[6]

Auch die Finnen hatten in kleinem Rahmen mit dem Problem der Sehschädigung durch Kriegseinwirkung zu kämpfen.

Der finnische Kriegsblindenverband gründete sich am 11. März 1941. 1954 gehörten ihm 180 Mitglieder an.[7]

Die Deutschen, in führender Rolle in beide Weltkriege verwickelt, hatten mit massiveren Problemen zu kämpfen, versuchten sie aber großteils glücklich zu lösen. Besser und einfühlsamer jedenfalls als ihre südlichen EG-Partner.

1954 lebten von den 3000 Kriegsblinden des Ersten Weltkrieges in der

Bundesrepublik noch 1742. Nach einer Mitteilung des Deutschen Beamtenbundes aus dem selben Jahr waren rund 1500 Blinde im öffentlichen Dienst tätig. 200 davon sogar in gehobenen Positionen.

In Spanien gab es 1954 noch rund 500 Kriegsblinde aus dem Spanischen Bürgerkrieg und der „Blauen Division" des Zweiten Weltkrieges. Sie erhielten eine Rente von der Armee, und deren einziger Beruf war Losverkäufer. Ein in Spanien recht einträgliches Geschäft.[8]

Durch die relativ kurze Kriegsdauer in Frankreich, die durch eine jahrelange Okkupation ersetzt wurde, hatten die Franzosen eine wesentlich geringere Dringlichkeitsstufe in der Versorgung ihrer Kriegsinvaliden. 1957 gab es in Frankreich noch 2100 Kriegsblinde, vornehmlich aus dem Ersten Weltkrieg. Deren berufliche Unterbringung stieß jedoch auf heftigen Widerstand, so daß sie mit der Berentung auskommen mußten.[9]

So gut sich bei unserem deutschsprachigen Wirtschaftspartner die Versorgungsansprüche auch durchsetzten und jeder Bürger die Berechtigung dieser anerkannte, schlug die Justiz wieder einmal Kapriolen:

Ein bundesdeutsches Landessozialgericht strich in seinem Spruch 1958 einem kriegsblinden Mathematiker die Sozialrente. Begründung: Da seine Frau für ihn sehe, sei sie faktisch seine Brille, stelle so seine Sehkraft wieder her. Unter den deutschen Blinden gewöhnte man sich daraufhin an, nur mehr den anderen nach dem Befinden „seiner Brille" zu fragen.[10]

Eine Spruchpraxis, die bei uns unmöglich gewesen wäre. Auf der Suche nach weiteren Parallelitäten kam hervor, daß das deutsche Pendant zu unserem Herrn Viskocil und Stossfellner (s. a. a. O.), der erste Kriegsblinde des Ersten Weltkrieges im Kaiserreich Deutschland Ewald Krefting war, der bis zum 29. März 1961 lebte.[11]

Das Kriegsblindenheim Berlenburg, BRD, veranstaltete eine selektierte Anzahl von Kursen, die auf spezielle Probleme eingingen. So fand im Winter 1966/67 der erste Rehabilitationslehrgang für kriegsblinde Ohnhänder statt. Auch Kurse für kriegstaubblinde Ohnhänder wurden mit großem Erfolg abgehalten (s. a. a. O.), und jedes Mal waren Österreicher mit dabei.[12]

In Italien gaben die Kriegsblinden, die zwar über keinen Verband, aber in Rom über ein Institut verfügten, 1966 einen Dokumentarfilm über ihr Leben unter dem Titel „La luce ritorna" (Das Licht kehrt zurück) heraus, der im gesamten Staatsgebiet für Verständnis werben sollte.[13]

Die Italiener haben die beste Rentenversorgung, haben aber keine solche Krankenversicherung und Kurmöglichkeiten oder Erholungsaufenthalte wie bei uns. Die zur Verfügung stehende Rente ist doppelt so hoch wie in Österreich. Eine aktuelle internationale Rangliste zeigt deutlich die Arbeit des Kriegsblindenverbands und dessen Erfolge, die Österreich unter die Besten der wohlhabenden Staaten reiht Italien – Frankreich – Belgien – Österreich – Deutschland – Luxemburg – Finnland – England (die Rente liegt bei ca. 50% des österreichischen Niveaus) – Spanien – Portugal.

In Portugal besteht die Möglichkeit, bis zum 65. Lebensjahr im Heeresverband zu bleiben, rangmäßig und mit den Bezügen normal aufzusteigen, um dann mit einer stattlichen Pension in den Ruhestand zu treten. Allerdings gestaltet sich die Einkommenssituation bis zu diesem Ereignis als eher trist. Dieser Blick über die Grenzen demonstriert die glückliche Lage der österreichsichen Kriegsopfer gegenüber vielen in den anderen europäischen Staaten und EG-Mitgliedern. Die Betroffenen sind mit dem Erreichten durchaus zufrieden und hoffen nun, daß ihnen diese Versorgungslage erhalten bleibt.

3.9 Neue Erkenntnisse und Versuche in der Augenheilkunde

An der Universität von Utah in Salt Lake City arbeitete ein Spezialteam mit dem Ziel, eine Sehprothese zu konstruieren, die blinden Personen künstliches Sehen ermöglicht. Computerspezialisten, Chirurgen und Biophysiker arbeiteten zusammen. Zwei freiwillige Testpersonen fanden sich auch. Einer, der natürlich erblindete, und ein zweiter, ein ehemaliger Vietnamkämpfer, der nach einer Minenexplosion sein Augenlicht verlor.

Die Methode basierte auf der direkten elektrischen Reizung des Sehzentrums im Gehirn. Die englischen Wissenschaftler BRINDLEY und LEWIN fanden schon Jahre vorher heraus, daß Blinde optische Reize als Punkte und Flecken empfinden, wenn ihr Sehzentrum elektrisch stimuliert wird.

Die zwei Probanden bekamen eine Elektrodenplatte auf die Gehirnrinde des Hinterhauptlappens aufgepflanzt. Ein dünner Kabelstrang unterhielt die Verbindung nach außen. Kam nun ein Reiz über die Leitung auf die Platte, wurden Phosphene ausgelöst, die einem bestimmten optischen Phänomen zuordenbar waren. Viele gleichzeitige Reize lösten ein Punktmuster aus, das sich schließlich zu einem „Bild" wie auf dem Fernsehgerät zusammensetzte. Nach einigen Tagen der Gewöhnung konnten die zwei Blinden einfache Muster wie Dreiecke oder Vierecke erkennen.

Man hoffte, vielleicht in etlichen Jahren Stimulationen von 4000 bis 10.000 Bildpunkten zusammenzubringen, träumte von Mini-Fernsehkameras in Glasaugen eingebaut und Mini-Computern in Brillenbügeln zur Umsetzung der optischen in elektrische Reize.

Ein Verfahren, das bis 1993 leider nicht verwirklicht werden konnte.[1]

Auch im Süden Europas war man nicht untätig. Professor Benedetto

STRAMPELLI, Chef der Augenklinik im Hospitale SAN GIOVANNI in Rom, fand mit seinen Mitarbeitern eine Methode, Augengeschädigten die Sehkraft zurückzugeben, wenn Netzhaut und Sehnerv funktionsfähig waren.

Er entnahm dem Patienten ein Scheibchen Zahnknochengewebe. Dieses Scheibchen wurde in der Mitte durchbohrt und mit einer durchsichtigen Linse überzogen. Diese Art Hornhautersatz kann vom Körper nicht abgestoßen werden, handelt es sich doch um eigenes Gewebe.

Diese „Osteokerato-Prothese" wurde nun dem Auge aufgesetzt. Bei kürzlich Erblindeten trat die Sehkraft sofort wieder auf, bei jahrzehntelang Blinden stellte sich überhaupt kein Erfolg ein. Man rätselte unter den Ärzten, da es medizinisch dafür keine Erklärungen gab. Durch einen glücklichen Zufall entdeckten die Doktoren, daß sie durch die Operation dem Patienten das Augenlicht nicht „schenkten", sondern der Augenoperierte erst wieder sehen „lernen" mußte. Er erlebte kurz nach der Operation nur einen Wust von Seheindrücken, Flecken und konfusen Formen, zusammenhanglos, sinnlos. Diese Fülle von noch nie erlebten Eindrücken wühlten ihn stark auf, und weil er sie nicht zuordnen konnte, bekam er Depressionen, zog sich zurück, lief Gefahr zu vereinsamen. Solche Patienten brauchten unbedingt begleitende psychologische Betreuung. Die wieder sehend Gewordenen erlebten zuerst eine Art Schamgefühl und wollten ihr Gebrechen verbergen. Erst mit der Zeit fanden sie sich hinein, mußten eine komplett neue Persönlichkeit aufbauen. Allerdings sind in der Geschichte der Augenmedizin bis 1970 nur ungefähr 20 Fälle von Blindgeborenen, die als Erwachsene glücklich operiert wurden, bekannt.[2] Kriegsblinde Österreicher kamen nicht in diesen Genuß.

3.10 Die Ehefrauen

Der große Unterschied zwischen Zivil- und Kriegsblinden ist der erfreulich hohe, sehende Damenanteil. Eine beeindruckende Überraschung, paßt es doch so gar nicht ins Bild über einen „durchschnittlichen" Blinden (siehe auch: Die soziale Stellung Blinder in der Donaumonarchie 1804–1918; Die Ehen Blinder). Kriegsblinde sind durch die Bank verheiratet und führen ein erfülltes Eheleben.

Aufgrund der Altersstruktur noch lebender Versehrter sind die meisten Eheschließungen n a c h der Erblindung erfolgt, der Verlust der Sehkraft war also kein Schicksalsschlag, der die Partner bzw. die Familie unerwartet traf.

Diese Frauen haben daher ganz bewußt das Problem in seinen großen Dimensionen erfassend, diese unübliche, außergewöhnliche Belastung auf sich genommen und einen blinden Mann fürs Leben gewählt.

Wer sind nun diese Frauen? Was bewog sie zu dieser Entscheidung? Was hält sie seit Jahrzehnten in dieser Verbindung?

In vielen Gesprächen mit dem Autor reflektierten sie über die Anfänge ihrer Beziehungen. Die meisten konnten sich zwar vorstellen, mit dieser Behinderung zu leben, die ganze Tragweite der Entscheidung war aber für sie in der jungen, erfüllten Liebe doch nicht abschätzbar. Viele gaben ihren Beruf, ihre Eigenständigkeit, ein freies Jungmädchenleben auf und übernahmen diese Aufgabe, in die sie erst hineinwachsen mußten. Bereitschaft zu großem sozialen Engagement und persönlicher Zurückhaltung war gefordert.

Die eiserne Beachtung eines immer aufrecht zu erhaltenden Ordnungsprinzips, das dem Blinden eine größtmögliche Selbständigkeit im innerfamiliären Bereich ermöglicht, wurden genauso zur Selbstverständlichkeit wie Führungs- und Erklärungsaufgaben und natürlich der geschmacksbildende Einfluß auf Mode, Wohnungseinrichtung etc., wie sie jede liebende, fürsorgende Gattin gerne übernimmt. In der Geschichte der Hausgemeinschaften, der Familie sind diese Verbindungen herausragende Einzelvorkommnisse.

Die heute wesentlich höhere Lebenserwartung, das durchschnittlich gesunkene Heiratsalter durch die Erziehung zu einer frühen Selbständigkeit ergeben eine unvergleichlich längere Spanne an Jahren des Zusammenlebens als früher.

Der harte Arbeitseinsatz, der jeden der beiden Partner einst voll in seinem Aufgabengebiet in Anspruch nahm, die beengten Wohnverhältnisse, das Fehlen jeglicher Freizeitinstitution, dieses „nie abschalten können", gab den Eheleuten sehr wenig Zeit für ein gelöstes Miteinander, ein gemeinsames Leben.

Hier nun haben wir vor uns eine Lebensgemeinschaft, die tatsächlich im tiefsten Sinn des Wortes ein inniges Zusammensein zweier Menschen über viele Jahrzehnte bedingt. Jeder der beiden hat nahezu unbegrenzt für den anderen Zeit. Der eine, weil er für den anderen da sein will – und muß, der andere, weil er in vielen Dingen des Alltags, trotz größtmöglicher Selbständigkeit, die Unterstützung des einen dringend braucht. Überspitzt ausgedrückt: „Die beiden sind aneinandergekettet."

Das oberste Gebot ist also eine immer wieder geübte höchste Toleranz im Umgang mit dem anderen, ein unermüdliches Eingehen auf Wünsche und Vorlieben des Partners, wobei naturgemäß der sehende Partner wesentlich mehr einzubringen hat und diese Anstrengungen mit immer neuem Anlauf wieder und wieder setzt.

Natürlich zogen auch Gewitter über den Ehehimmel und trübten die Stimmung. Manchmal gab es schon das Verlangen, alles hinzuschmeißen, davonzulaufen, aus der gewaltigen Verantwortung auszubrechen. Die

Scheu, eine Ehe aufzugeben, war aber doch größer, die moralische Entscheidung für den anderen „bis daß der Tod euch scheidet", durch die Gewißheit, den behinderten Partner in ein grausames Schicksal zu entlassen, doch immer überwiegend.

Der Blinde ist ein treuer Mann. Seitensprünge, daraus resultierende Eheprobleme, Eifersucht auf andere Frauen, sind faktisch keine Themen. Ein geordnetes Familienleben ist gesichert, sind doch die Interessen am gemeinsamen Weg in Frieden deutlich stärker. Auch diese Faktoren waren Entscheidungskriterien für den Schritt in diese Verbindungen. Sie sind Garanten für Kontinuität, inneren Frieden und Ruhe, für optimale Einwirkungsmöglichkeit und Entfaltung weiblicher Kreativität.

Die weitverbreitete Forderung der Kriegsblinden: „Die Frau hat für den Partner da zu sein", ist in ihrem bedingungslosen Imperativ vielen Gattinnen sehr zu Herzen gegangen. Eine Befehlsform, mit der sie hadern. Damit ist ein Auslöser gegeben, über das eigene Leben zu reflektieren. Der Gedanke „war es das?" beschäftigt sie immer wieder. Viele einsame Überlegungen zur Richtigkeit des eigenen Verhaltens, zur Kindererziehung, zum Partner, zur täglichen Lebensbewältigung kommen hoch. Der Hader mit Dank und Undank kreist zusätzlich um die zentrale Problemstellung.

Nach 30, teilweise 35 Ehejahren kommen Verschleißerscheinungen zutage, die sich in Form von Lebenszweifeln manifestieren. Sicher spielen auch klimakterische Bedingungen eine Rolle, aber im großen und ganzen werden Fragen wie „ist das wirklich meine Lebenserfüllung; ist diese Aufopferung auch bedankt?" gestellt. Laut oben angeführtem Zitat „die Frau hat da zu sein" werden die Anforderungen nicht mehr mit einem Lächeln generös übergangen oder abgetan. Das Gefühl des Ausgebranntseins macht dem Empfinden des Ausgenütztseins Platz. Ausgenützt vom Partner, dem man ein bißchen mehr Rücksichtnahme zumuten hätte können, Probleme mit den Kindern, bestaunt sein von der Mitwelt, die sich fragt: „Ja, was macht denn die, was fällt denn der ein, einen blinden Mann geheiratet zu haben?!"

Die Existenz ist gesichert. Der Lebensinhalt täglich an der Seite. Aber die Lebensperspektiven wackeln. Wer meint: „Selber schuld, sie haben sich es ja freiwillig ausgesucht", der urteilt nicht nur vorschnell und überhart, sondern in Unkenntnis der Situation.

Für Menschen in psychisch belastenden Situationen, Krankenschwestern, vor allem Personal der Intensivstationen, für Lehrer und Erzieher besonders im Behindertenwesen, wird vehement die Einführung des ständigen Supervisings verlangt. Die Forderung nach psychischer Unterstützung und begleitenden Maßnahmen für die betreuenden Personen wird schon sehr laut.

Bei all den Einrichtungen für die Kriegsblinden ist bis jetzt aber noch niemand auf die Idee gekommen, hier für die Partnerinnen helfend und beratend einzugreifen.

Am 1. April 1957 wurden die beiden Damen Ada Hirsch und Antonie Grumbeck mit der Goldenen Medaille für Verdienste um die Republik Österreich ausgezeichnet. Ihre beiden Gatten waren seit dem Ersten Weltkrieg blind und ohne Hände. In ihren Dankesworten führte sie unter anderem aus: „Wenn wir jungen Frauen auch nicht gewußt haben, was es heißt, die Frau eines Kriegsblinden zu sein, so haben wir in dem Sprichwort: ‚Wem Gott ein Amt gibt, dem gibt er auch den Verstand', zweifellos eine Stärkung." Ada Hirsch teilte in die Aufgaben des Staates nach Sicherung der materiellen Grundlage und der Frau, die sie mit dem Leitspruch des Verbandes: „Durch Liebe zu Licht und Leben" charakterisierte.[1]

Abb. 53

Die Goldene Medaille für Verdienste um die Republik Österreich wurde am 19. Jänner 1984 ins Innsbruck Frauen von Kriegsblinden der Stufe V und V+ verliehen.[2]

Gleiches geschah für 4 Damen am 3. Mai 1984 in Linz.[3]

Weitere Auszeichnungen folgten in den nächsten Jahren.

Der Mensch ist gut!?

Ich bin die Frau eines Kriegsblinden – schon eine beträchtliche Anzahl von Jahren, die sich zu Jahrzehnten gerundet haben. Ich erinnere mich an die Zeiten während des ersten Weltkrieges, in denen man den jungen Mädchen erzählte, daß es höchste Tugend wäre, einem Helden dieser „großen" Zeit – einem Kriegsblinden – die Hand zum Lebensbund zu reichen. So wie den Helden, die für „Gott, Kaiser und Vaterland" gekämpft hatten, könnte auch deren Frauen der Dank des Vaterlandes gewiß sein.

Aber schon ein wenig später – nach dem Zusammenbruch der großen Monarchie, als von all der Größe, „wo einst die Sonne nicht unterging", nur ein kleines Land geblieben war –, sahen die Dinge anders aus.

Die Helden waren plötzlich keine Helden mehr. Wenn die Kriegsblinden, geleitet von einem von Schmerz und Mutlosigkeit, von Narben durchzogenen Gesicht, da und dort ein leerer Rockärmel baumelnd, mit einer Beinprothese auf dem holprigen Pflaster klappernd, durch die Straßen gingen, blickten die einen indigniert zur Seite, die anderen hatten für die „Helden" nicht immer ein liebes Wort!

Aber – „der Mensch ist gut" – sagt Leonhard Frank, und es konnte geschehen, daß manchmal einer, dem man ansah, daß auch er mit der Not zu kämpfen hatte, ein Geldstück, eine zerknitterte Papiernote in die Tasche des Blinden steckte. So gut gemeint diese Geste auch gewesen sein mochte, für den Kriegsblinden und seine Frau war sie ein Schlag ins Gesicht!

Wieder ein wenig später hatten die Kriegsblinden eine eigene Organisation, an ihrer Spitze einen jungen, amputierten Kriegsblinden. Seiner unermüdlichen Tatkraft und eisernen Energie war es gelungen, für die Schicksalsgefährten nach harten Kämpfen eine Rente, für viele als zusätzliche Versorgung Tabaktrafiken zu sichern.

So lernten auch die Kriegsblinden wieder lachen und sich des Daseins freuen. Von der Frau geführt, ein Kind an der Seite oder zwei, waren sie singend und guter Laune auf Ausflügen in Sommerfrischen, im Erholungsheim in Eibiswald anzutreffen.

Von den „lieben" Mitmenschen bewunderten die einen den Blinden, daß er sich mit seinem Schicksal so bald abgefunden, und die Frau, daß sie auf ihr Eigenleben verzichtet hatte. Die anderen – „der Mensch ist gut" – sahen mit scheelen Blicken auf die heitere Gruppe und knurrten: „Das lebt auf unsere Kosten, von unseren Steuern! Und Kinder muß so was haben! Und die Frau? Die soll arbeiten gehen!"

Zwanzig Jahre nach dem Zusammenbruch kam neuerdings eine „große" Zeit. Hunderttausende zogen in den Krieg, diesmal für „Führer, Volk und Reich", und Hunderte kamen zurück – blicklosen Gesichts, verstümmelt an Leib und Seele. Helden gab es ohne Zahl. In Lazaretten wurden sie körperlich und seelisch betreut, als die „größten Opferträger der Nation" verhätschelt und geliebt. Am Familienglück der „Alt"kameraden sollten sie sich aufrichten, Familien gründen, mit vielen Kindern; nicht so armselig versorgt würden sie sein wie die „Alt"kameraden, der Dank des Vaterlandes war ihnen ewig gewiß!

Freilich waren unter den „Alten" auch solche, die bei der Wahl ihrer Eltern nicht vorsichtig genug gewesen waren, die nun keine „Kameraden" mehr waren, die sich plötzlich ohne Vaterland fanden, denen trotz Blutopfer und Blindheit über Nacht alles Heldentum, die Wehrwürdigkeit abgesprochen wurde. Bei denen Teile der Rente „Kann"bestimmungen wurden, deren Geschäfte enteignet und deren Menschenrechte mit Füßen getreten wurden. In Elendsquartiere gepfercht, scheu an den Häuserwänden entlang tastend, angespuckt, deportiert, im Konzentrationslager elend gestorben. Der Mensch ist gut? Dann kam der Totentanz des Dritten Reiches, und dann war der Krieg zu Ende.

Großdeutschland war über Nacht dahin, was für uns blieb, war unser kleines, zerschundenes, aus tausend Wunden blutendes, geliebtes Österreich.

Wieder standen Kriegsblinde mit ihren Frauen und Kindern hilflos und unversorgt an der Schwelle einer neuen Zeit.

Das Jagen nach einem Bissen Brot, das Graben in Schutthaufen um einige Stücke angebrannten Holzes, das mehr als dürftige Mahl an improvisierten Feuerstellen, in Ofenlöchern zu bereiten, die Kinder vor dem Verhungern zu bewahren, dem blinden Mann das Gefühl der Ohnmacht nicht allzusehr bewußt werden zu lassen, war die zusätzliche Aufgabe der Frau.

Stimmen wurden laut, daß den Opfern des „Hitlerkrieges" keine Renten zu bezahlen seien – die Zeit war grausam. Oder die Menschen? Und wieder war es jener, nun nicht mehr so junge amputierte Kriegsblinde aus dem ersten Weltkrieg, der mit dem damals eben bestellten Staatssekretär für soziale Verwaltung auf einem Schutthaufen im Hof des Neuen Wiener Rathauses sitzend – Büroräume standen damals noch nicht zur Verfügung – erklärte: „Auch den ‚Hitlerkriegern' gebührt die Rente für ihr verlorenes Licht, wir dürfen ihre Frauen und Kinder nicht verkommen lassen. Es wäre unser unwürdig, und unwürdig der so schwer erkauften Freiheit."

So kam es, daß nach mancherlei Kämpfen die Renten, trotz der Not des Vaterlandes, gesichert, für so manche eine Trafik, ein Geschäft, ein Eigenheim, eine kleine Landwirtschaft und anderes mehr erreicht werden konnte. Die Kriegsblinden haben wieder lachen gelernt, sie freuen sich am Spiel ihrer Kinder und fühlen sich wohl durch die Fürsorge ihrer Frauen.

Die Stimmen: „Das lebt für unser Geld" wagen sich auch heute wieder ans Tageslicht. Sicher muß das ganze Volk mitzahlen für die Renten der

Kriegsopfer, mitzahlen für etwas, das es nicht stark oder mutig genug gewesen war, zu verhindern. Vielleicht aber wird uns alle dieses Geldopfer lehren, daß wir auf Gedeih und Verderb miteinander verbunden sind und daß wir mit allen unseren Kräften mitarbeiten müssen, Kriege zu verhindern. Dann werden unsere Steuern für andere Zwecke freibleiben.

Seit kurzem fällt öfter das Schlagwort vom Wohlstand der Kriegsblinden. Da und dort rümpft einer die Nase und denkt zuweilen ganz laut: „Was nicht noch alles! Rente hat er – der Kriegsblinde – so groß, wie mein Einkommen, das ich mir in Jahren erarbeitet habe, wofür ich heute noch von früh bis spät arbeiten muß, wozu ich jahrelanges Studium absolviert habe. Sozialrenten haben sie und Trafiken und Eigenheime und neuerdings sogar Autos. Wie komnmt der Steuerzahler dazu?"

An Hand eines nicht vereinzelten Falles möchte ich diesen meinen lieben Mitmenschen und jenen Stellen, die der Ansicht sind, daß für die Kriegsblinden reichlich und genug gesorgt sei, einen kleinen Situationsbericht geben.

Kriegsblind, also hilflos, ist, wer ständiger Wartung und Pflege bedarf. Diese ständige Wartung und Pflege besorgt fast ausschließlich die Ehegattin, in „pausenlosem Einsatz", um in gewohnten Ausdrücken zu bleiben. Tagaus, tagein, Sommer und Winter, seit vielen Jahren, oft seit Jahrzehnten! Pflege und Wartung des blinden Mannes, der Kinder und des Haushalts. Die Frau des Kriegsblinden kennt weder Freizeit noch Urlaub. Auch während des jährlichen Urlaubes in Waxenberg oder anderswo, in den Ferien, in denen jeder tut und läßt, was ihn gerade freut, auch dann ist die Frau des Kriegsblinden im Dienst.

Denn auch während des Urlaubes ist der Kriegsblinde seines Augenlichtes, seiner Hände, seines Gehörs beraubt, er ist immer im Joch – im Joch des Schicksals – und seine Frau mit ihm!

Für diesen „pausenlosen Einsatz", für diese immense Arbeitsleistung zahlt der Staat dem Krigsblinden eine Pflegegeldzulage von 600, 750, ja bei doppelter Hilflosigkeit „sogar" 900 Schilling im Monat.

Eines Tages aber, nach jahrelanger, jahrzehntelanger Dienstleistung, ist die Frau plötzlich dienstunfähig. Um wieder arbeitsfähig zu werden, benötigt sie eine Behandlung, eine Kur. Wohl oder übel muß der Kriegsblinde sich nach einer Vertretung umsehen.

Ohne familiären Anhang, beidseitig armamputiert, ist es nicht ganz einfach, einen Menschen zu finden, der die Mentalität des Kriegsblinden erfaßt. Der Kriegsblinde muß sein ganzes Hab und Gut einem fremden Menschen anvertrauen, er hat nicht die Möglichkeit, die Augen offen zu halten, um eventuelle Unzukömmlichkeiten zu verhindern. Es dauert lange, ehe sich überhaupt jemand für diese Arbeitsleistung findet, aber es muß sein. Endlich erklärt sich einer bereit, diese „Krankheitsvertretung" zu übernehmen. Befreit atmet der Kriegsblinde auf, dann fragt er nach den Bedingungen und muß feststellen, daß nicht nur die Pflegezulage, die der Staat für seine Betreuung ausgeworfen hat, in diesem Falle (blind, doppelarmamputiert) die höchste Zulage 900 Schilling, sondern auch die Rente und das Einkommen aus der Trafik nicht ausreichen, diese Ansprüche zu befriedigen.

Pro Tag .... 100 Schilling
plus freie Station
plus Krankenkasse
plus Vertretung für Freizeit,
denn der Angestellte hat Anspruch auf Freizeit. Dazu kommen noch die Kosten für die Kur der Ehefrau, denn die Frau des Kriegsblinden hat keinen Anspruch auf eine Kur aus den Mitteln der Krankenkassa.

Eine Kur dauert höchstens vier Wochen, wird man ihr entgegnen – richtig! Was aber dann, wenn die Frau des Kriegsblinden nicht mehr imstande ist, den Kriegsblinden weiterhin zu betreuen?

Wie, meine Herren Steuerzahler, steht es dann um den so wohlversorgten Kriegsblinden, der ständiger Wartung und Pflege bedarf, der nicht einmal in der Lage ist, sich auch nur ein Glas Wasser zu holen? Von allen anderen Dingen ganz zu schweigen.

Und was sagen unsere Volksvertreter dazu?

Ich kann mir nicht vorstellen, meine Herren, daß in einem Staat, der seinen Ehrgeiz daran setzt, ein Staat der besten Sozialgesetzgebung zu sein, daß gerade dieser Staat für die Kriegsblinden so wenig Verständnis aufbringt, daß dieser Staat den Kriegsblinden, die die größten Opferträger der Nation sind und bleiben, zu all dem, was ihnen ein unerbittliches Schicksal aufgebürdet hat, noch eine Bürde hinzufügt.

Hätten nicht gerade die Kriegsblinden ein Anrecht auf Wohlstand? Hören Sie, meine Herren, nicht auch die leise geflüsterte, die laut ausgesprochene, die bange Frage der Kriegsblinden unseres Landes: „Was wird im Alter aus meiner selbstlosen Betreuerin und damit aus mir?"

Ich weigere mich, zu glauben, daß es Absicht der Gesetzgebung ist, das harte Los der so schwer getroffenen Söhne unserer Heimat noch härter zu gestalten, denn – wie sagt Leonhard Frank? – Der Mensch ist gut![4]

Kismet

Margarete UNGER stellte Gedanken am Webstuhl an:

Es kam alles ganz anders, als wir es uns im Geiste ausgemalt hatten, damals, als wir unseren Lebensbund schlossen und die Stellung meines Mannes als Bauingenieur uns unseren weiteren Lebensweg gesichert erscheinen ließ. Ein richtiges oder wenigstens dauerndes Daheim kannten wir zwar niemals, denn unser Leben bestand in einem ewigen Herumzigeunern von Baustelle zu Baustelle, aber wir kamen in der Welt herum. So fand uns das vorletzte Kriegsjahr, zum letzten Male glücklich vereint, in Marburg an der Drau, von wo mein Mann zum zweiten Male zum Wehrdienst einberufen wurde.

Ich blieb mit zwei Kindern allein in der Fremde zurück. Denn wenn das Land formell auch dem Deutschen Reiche eingegliedert wurde, so war es doch besetztes Gebiet und damals bereits stark gefährdet. Ich entschloß mich daher, unsere Dienstwohnung zu verlassen und wieder nach Österreich zurückzukehren. Unter Preisgabe eines Teiles unserer Wohnungseinrichtung übersiedelte ich nach Lofer in Salzburg, wo ich in der Umgebung in einem Bauernhaus ein Notquartier fand, während mein Mann im Herbst 1944 zum Fronteinsatz nach Schlesien kam. Im April 1945 erhielt ich die erste Nachricht von der Verwundung meines Mannes. Eine zweite Nachricht teilte mir mit, daß mein Mann in der Nähe von München in ein Heimatlazarett gebracht worden war. Kurz entschlossen radelte ich von Lofer über Tirol nach Beuerberg und konnte noch vor dem Einmarsch der Amerikaner meinen Mann heimholen. Nach kurzem Aufenthalt bei den Kindern und mir mußte er jedoch wegen einer Kieferklemme nochmals ins Lazarett nach Salzburg, und dort wurde mir leider die Gewißheit gegeben, daß die Rettung des einen noch verbliebenen Auges nicht mehr möglich sei, und so mußte ich mich mit dem Schicksal meines Mannes und damit unserer Familie abfinden.

Am meisten hatte mein Mann unter der ihm nun aufgezwungenen Untätigkeit zu leiden, und so suchten wir nach einer Beschäftigung, die seine volle geistige Konzentration erforderte und ihn nicht weiter über sein hartes Schicksal nachgrübeln ließ. Da mein Mann sich schon als Sehender für schöne Teppiche interessierte, kam ihm der Gedanke, selber einen Teppich zu knüpfen. Im Frühjahr 1946 weilte er zur Behebung der Kieferklemme in Wien, und da konnte er im Gespräch mit Fachleuten näher mit dem Wesen des Teppichknüpfens vertraut werden. Der Gelegenheitskauf eines kleinen Webstuhls und etwas Knüpfwolle ermöglichten es, daß wir in Lofer mit den ersten Knüpfversuchen beginnen konnten. Es waren natürlich ganz einfache Sachen, die wir herstellten. Polsterplatten, die mehr der Liebhaberei dienten als dem Erwerb, aber meinem Mann doch Beschäftigung und Abwechslung boten und als Schulung in diesem Handwerk ihren Zweck erfüllten. Eine besondere Angelegenheit war damals die Beschaffung des Rohstoffes, an dem es gänzlich mangelte und der aus den verschiedensten Ersatzmaterialien zusammengestellt werden mußte. Ja selbst Verbandwatte ließen wir uns von einer Bäuerin auf ihrem alten Spinnrad zu Wolle spinnen. Später entdeckten wir eine während des Krieges in den Pinzgau verlegte Teppichknüpferei, die uns sowohl Material als auch Aufträge für Heimarbeit gab. Schwer waren diese ersten Lehrjahre und an Enttäuschungen und materiellen Opfern reich.

Erst nach unserer Übersiedlung nach Wien, wo wir vier Personen anfangs nur ein Zimmer bewohnten, begannen wir nach Ankauf eines größeren Webstuhles und Erwerb der Gewerbeberechtigung, die meinem Manne unter Nachsicht des großen Befähigungsnachweises erteilt wurde, da seine Arbeiten bei den Prüfungsorganen Bewunderung und Anerkennung fanden, mit der Herstellung von Teppichen in größerem Ausmaße. Es war ein harter Kampf, dieses erste Fußfassen im Geschäftsleben. Beide waren wir ungelernte Arbeiter und hatten auch keine kaufmännischen Kenntnisse und Vorbildung und mußten uns unseren Platz erst mühsam erkämpfen. Denn mit der Erzeugung der Waren ist es noch nicht abgetan. Müssen wir uns doch auch um den Absatz kümmern. An Privatkunden heranzukommen, ist sehr schwer möglich, da wir kein eigenes Geschäft haben. Daher müssen wir mit unseren Erzeugnissen die zuständigen Geschäfte aufsuchen, und dabei lernt man die ganze Härte des Konkurrenzkampfes und die gefühllose Nüchternheit des Geschäftsgeistes kennen. Überhaupt ist der Absatz an gewisse Konjunkturzeiten des Jahres gebunden, und die sind die vorweihnachtlichen Monate. Von Jänner bis Ende September ist tote Saison, während der man auf Lager arbeiten kann, die aber dessenungeachtet Geld erfordert. Geld für Investitionen, für Materialbeschaffung und dessen Färben, das sich durchschnittlich auf fünfzehnerlei Farben erstreckt. Erst im Herbst beginnt das Interesse der Warenhäuser für diese Artikel, und in der Angst, das Lager nicht loszuwerden, schließt man oft verfrüht ab, ohne Möglichkeit eine spätere bessere Konjunktur und erhöhte Nachfrage abwarten zu können. Denn das eigentliche Geschäft ist ja nur das Weihnachtsgeschäft. Nur selten gelingt es, auch in der übrigen Zeit Ware an den Mann zu bringen. Dabei legen die Geschäftsleute weniger Wert auf besonders feine Knüpfung, sondern nur auf den Effekt, auf die Wirkung von Farben und Mustern, und auch da ist der Geschmack der Käufer sehr verschieden. Was der eine auf den ersten Blick ablehnt, gefällt dem anderen.

Wenn wir nicht so einträchtig zusammenarbeiten und uns gegenseitig ergänzen würden, wäre es überhaupt nicht möglich, den Betrieb aufrechtzuerhalten. Mit Bangen müssen wir der Zukunft und der weiteren Preisentwicklung auf dem Rohstoffmarkt entgegensehen. An eine Erhöhung der Preise unserer Erzeugnisse, die ja eigentlich doch nur Luxusartikel sind, kann nicht gedacht werden. Trotzdem wäre es sehr schade, wenn wir unser Handwerk, das meinem Manne Beschäftigung bietet und Freude bereitet, aufgeben müßten.

Ein großer Teil der Arbeit lastet allerdings auf mir. Die Entwürfe der Muster und die Farbengebung sind meine Aufgabe, die ich nur in der Nacht, wenn im Hause bereits Ruhe herrscht, erledigen kann. Auch diese Arbeit muß doppelt gemacht werden, weil sich mein Mann die Entwürfe in Blindenschrift übertragen muß. So wird es oft sehr spät, bis wir nach einem Tagewerk, das mit dem Warten der Kinder, der Betreuung meines Mannes, den Verrichtungen im Haushalt, der Unterstützung meines Mannes beim Knüpfen und den mir besonders zugedachten Aufgaben zur Ruhe kommen. Gewisse Arbeiten wie das Aufbäumen der Ketten, das Einstellen des Reihkammes, das Anbringen der Fransen und die Endarbeiten, müssen von einem Sehenden gemacht werden. Viel Zeit erfordern auch die kaufmännischen Arbeiten wie Buchhaltung, Materialführung, Farbenkartei usw. Für das Familienleben bleibt daher wenig Zeit, geschweige denn, privaten Neigungen und Zerstreuungen nachzugehen.

In den späten Nachtstunden bedrücken mich die Sorgren oft schwer, und die Erkenntnis, daß man, auf sich allein gestellt, sich im Konkurrenzkampf nicht behaupten kann. Aus einer Liebhaberei wurde ein bitterer Broterwerb, der an unser beider Nerven zerrt und der sich weit von dem entfernt hat, wofür mein Mann studiert und in glücklicheren Tagen gearbeitet hat.[5]

Grete BARTAK freute sich: Mein Mann ist vollbeschäftigt

Am 14. August 1947 wurde meinem Mann eine Trafik verliehen. Groß war die Freude darüber. Es hatte zwar viel Mühe und Plage gekostet, bis es so weit war, zahllose Vorsprachen bei den zuständigen Ämtern und Behörden waren notwendig, doch endlich sind wir vor der vollendeten Tatsache gestanden, fürs Leben eine Existenz erhalten zu haben.

Nach der Übernahme faßte mein Mann sofort den Entschluß, sein Geschäft renovieren zu lassen. Mit großem Eifer und viel Interesse suchte er sich seine Handwerker zusammen. Es machte ihm Sorge, all die Geldmittel aufzubringen, aber er ruhte nicht früher, ehe nicht alles nach seinem Geschmack und Wunsch gemacht war. Schon damals begannen die Handwerker zu zweifeln, ob mein Mann wirklich blind sei. Mein Mann mußte die Handwerker auf ihre Fehler aufmerksam machen, und dann gab es heftige Auseinandersetzungen, bis sie zur Einsicht kamen, daß der Kriegsblinde ein wunderbares Feingefühl hat, und ihm schließlich recht gaben.

Es verging ein Jahr, unsere Kinder wurden größer, und wir konnten sie einer fremden Person anvertrauen.

Am 30. Dezember 1948 hatten wir Inventur, und von da ab stellten wir uns beide selbst ins Geschäft. Ich kann es kaum schildern, wie groß die Freude meines Mannes darüber war und wie er sich dadurch verändert hat. Die Genugtuung für ihn war groß, daß er nun irgendwo eine Betätigung gefunden hatte, durch die er der Mitwelt beweisen konnte, daß der hundertprozentige Blinde seinen Mann voll und ganz stellen kann.

So begann mit der Jahreswende für uns auch ein neues Leben. Um 5 Uhr heißt es aufstehen, denn zwanzig Minuten lang ist unser Weg zu Fuß. Um 6 Uhr wird das Geschäft aufgesperrt, wobei mein Mann ebenfalls hilft. Als erstes werden die Zeitungen zurechtgelegt, während mein Mann mit seiner Arbeit beginnt. Er zündet die Gasflamme an, staubt ab, richtet den Zeitungsständer zurecht, ordnet die Tageszeitungen darauf und hängt ihn auf seinen Platz. Ist vor dem Pult alles in Ordnung, dann kommt er nach rückwärts und ordnet die Zigaretten, denn dort muß besondere Ordnung herrschen, alles auf seinem Platz sein, damit er ungehindert bedienen kann. Alles hat in den Fächern seinen Platz, und er duldet keine Unordnung. Jedesmal, wenn alles neu geordnet wird, muß mein Mann alles abtasten, um sich wieder zurechtzufinden. Abends macht mein Mann dann Kasse. Täglich muß der Boden aufgewaschen werden, und mein Mann kontrolliert genau nach. Denn Sauberkeit ist sein oberstes Gebot. Beim Fortgehen prüft er, ob Gas und Licht abgedreht sind, dann geht er beruhigt nach Hause.

In den ersten Wochen seiner Tätigkeit hatten ihn die Kunden sehr bedauert und bemuttert, doch darauf legte er wenig Wert, sondern machte sich vollkommen selbständig. Er bekam schnell einen Überblick über den Warenstand. Bevor ich die Fassung aufgestellt habe, hat er es sich schon im Kopf ausgerechnet, und es stimmt auf den Groschen. Das gleiche gilt bei den Bestellungen der Vertreter, und man muß staunen, wie alles klappt. In ganz kurzer Zeit hatte sich mein Mann eingearbeitet, und er erkannte die Stammkunden an der Stimme, so daß er die meisten beim Namen nennen konnte. Ebenso ist er mit dem Geld sehr vertraut, worüber sich die Stammkunden nicht genug wundern können. Seine Höflichkeit und Geduld sowie seine guten Umgangsformen haben ihm schon viel Sympathie eingebracht und damit die Freude an seiner Beschäftigung erhöht.

Oft fühlte ich mich durch sein ständiges Kontrollieren gekränkt und hielt es für Mißtrauen, doch kam ich zur Einsicht, daß Ordnung und Gewissenhaftigkeit die Grundbedingungen für die Führung eines Geschäftes sind. Nicht weit von unserem Geschäft befindet sich die Trafik eines anderen Kriegsblinden, mit dem wir gut zusammenarbeiten. Es kommt ja oft vor, daß einer den anderen braucht, und gerade Schicksalsgenossen müssen sich verstehen und ineinander nicht den Konkurrenten sehen. Es läßt sich kein Kunde erzwingen, daher ist es das schönste, wenn Kameraden zusammenhalten.

Ich könnte mir meinen Mann anders als in einem Geschäft tätig gar nicht mehr vorstellen, obwohl es für seine Nerven sehr anstrengend ist und er abends immer müde heimkommt. Trotzdem hat er noch immer Zeit für seine Kinder übrig.

Daher ist das Trafikreferat eine der anerkennenswertesten Einrichtungen unserer Organisation und für den Kriegsblinden ein großes Glück.

Denn durch sie wird ihm nicht nur eine Existenz gesichert, sondern vielen Kameraden neuer Mut gegeben, das Schicksal tapfer zu ertragen und voll Stolz auf sein Geschäft hinzuweisen und daß man wieder Anschluß an die Lebensgemeinschaft gefunden hat.[6]

3.11 Die Kinder

Eine außergewöhnliche Situation, in der sie aufwuchsen. Zu Gegebenheiten aktueller Familiensituationen im Vergleich erlebten sie eine heute generell nicht mehr vorhandene Welt.

Das Elternpaar, das wirklich Zeit hatte, sich um Werden und Erfolg ihrer Sprößlinge intensiv annehmen zu können. Eine Mutter, die nicht den Beruf der Kinder wegen aufgeben mußte. Ein Vater, der immer daheim ist, immer als Ansprechpartner zur Verfügung steht, nicht in den aufreibenden Mühlen des Berufsalltags ums psychische Überleben kämpfen muß. Der Vater, der im Streß des täglichen Erfolgszwanges seine Nerven außer Haus läßt, keine Spannkraft für die Familie mehr aufbringen kann, den gibt es nicht.

Es ist hier eine Idealform von Familienleben möglich, wie sie die Romantiker des 19. Jahrhunderts erträumten, herbeisehnten, die es aber in der realen Geschichte sonst nie gab.

Realität – sie ist auch in diesem Punkt gefordert.

Wie im Beitrag über Ehefrauen von Kriegsblinden bereits ausgeführt, ist die Beachtung eines stringenten Ordnungsprinzips in den „eigenen vier Wänden" ganz oben anzuführen. Natürlich geht dieser Umstand nicht spurlos an den Kindern vorbei. Auch sie sind ein Teil dieser Lebensregel, wachsen hinein, werden damit groß. An den Beispielen, daß ein Sessel selbstverständlich sofort nach dem Aufstehen unter den Tisch zurückgeschoben wird oder daß eine Tür immer ganz offen oder geschlossen gehalten wird (nie halboffen, da die Verletzungsgefahr exorbitant zunimmt) sei diese Ordnung demonstriert.

Das Bewußtsein, füreinander da sein zu müssen, wächst zu einem gegenseitigen Helfen-Wollen, zum Engagement für den Mitmenschen. Diesen Kindern ist ein signifikant höherer sozialer Einsatz zuzuschreiben als Jugendlichen in vergleichbarem Alter. Betreuungsaufgaben, anderen Teenagern völlig fremd, sind für sie Selbstverständlichkeiten, die ihnen gar nicht mehr auffallen. Hilfestellungen bei Mahlzeiten, Kleiderauswahl, zur Erhöhung der Mobilität und vieles mehr, gehören in diesen Bereich.

Es soll hier nicht das Bild von reinen „Sozialengeln" entworfen sein, leben sie doch in unserer Welt, spielen ihre Streiche, müssen sich gegen Spiel- und Schulkameraden behaupten, hadern manchmal mit der Strenge des immer und überall waltenden Ordnungsrahmens, wollen zwischendurch ausbrechen, um dann doch, das Gute und den Sinn erkennend, zurückzukehren.

In jungen, ersten Partnerschaften sind sie konsequent treu und verlangen das auch vom anderen. Doch diese(r), aus einem anderen Umfeld kommend, kann dieses hohe Anspruchsniveau nicht erfüllen, die Verbindung scheitert.

Allgemein stellt sich jedoch heraus, daß sie in Lebensaufbau und Berufsfindung sehr erfolgreich sind, haben sie doch eine Konsequenz von daheim mitbekommen und sich mit der Selbstverständlichkeit der Kinder zu eigen gemacht, die einen positiven Weg vorzeichnen.

Kinder Kriegsblinder durchleben die Phase der Identitätsfindung wesentlich intensiver als andere Jugendliche, die in sogenannten „normalen" Familien aufwachsen und haben daher mit wesentlich größeren Problemen zu kämpfen. Diese sind vor allem im Bereich der fast unerbittlich einzuhaltenden Disziplin, die sich dem Jugendlichen entgegenstellt. Der eher großzügige Umgang mit dem Begriff Ordnung, wie er jedem Heranwachsenden zu eigen ist, wird hier aufs härteste gefordert. Ordnung als hochgehaltenes Familienzeugnis hat über allem zu stehen. Drüber zu stehen über jeden anderen Interessenformen. So kämpfen auch die Kinder sehr stark mit dem Zwiespalt zwischen Pflicht und Neigung. Meist leben die Kinder, oder zumindest eins davon, in unmittelbarer Nähe des kriegsblinden Vaters. Sollte die für alles sorgende und immer präsente Gattin versterben, wandelt sich dieser Umstand insofern zu einem kleinem Trost, da der blinde Vater zumindest in seiner vertrauten Umgebung wohnen bleiben kann. Pflege und Betreuung gehen von der Mutter nahtlos auf das Kind über, das dieses Amt (s. o.) auch mit der größten Selbstverständlichkeit dieser Welt übernimmt.

Es sind hier also ausgeprägte Versorgungs- und Betreuungsmechanismen am Werk, die man sicher in der Durchschnittsfamilie des „Herrn Österreichers" nicht findet. Aber genau diese Mechanismen beinhalten Streßfaktoren, die à la longue zu Ausbruchsüberlegungen führen, die überspitzt intensive Lebensreflexionen aufkommen lassen.

Freilich haben Kinder bei der Suche nach ihrer eigenen Persönlichkeit und ihrem Aufbau viele Kämpfe mit sich auszufechten. Es war und ist Aufgabe der Entwicklungspsychologie, sich mit diesen Themen auseinanderzusetzen. Hier geht es gar nicht so sehr um die Betonung des Faktums, sondern um die Beschreibung der außergewöhnlichen Intensität, die im Zusammenhang mit dieser Beziehung auftritt.

Vater-Tochter-Beziehungen sind durch die Entwicklungspsychologie intensiv erforscht und durchwegs sehr stark. In besonders hohem Maß trifft das auf das Verhältnis blinder Vater – sehende Tochter zu. Die Hinwendung ist in vielen Fällen so dominant, daß die junge Frau im Notfall sich vom Partner trennen würde, um den der Pflege bedürftigen Papa zu betreuen.

Das bedeutet: Sollte die pflegende, organisierende Mama sterben, würde die erwachsene Tochter im Entscheidungsfall, ohne zu zögern die eigene Partnerschaft opfern, um deren Nachfolge anzutreten.

4. Das Kriegsopferversorgungsgesetz

Der Schritt zur Absicherung der Ansprüche Kriegsgeschädigter wurde durch die Verabschiedung des Kriegsopferversorgungsgesetzes 1950 definitiv gesetzt. Nach 39 Ergänzungen sei hier die 40. Fassung des KOVG, BGBl. Nr. 474/1992, die derzeit gilt, in der Relevanz für die Kriegsblinden ausgearbeitet, dargestellt.

KRIEGSOPFERVERSORGUNGSGESETZ 1957 – KOVG 1957

I. HAUPTSTÜCK
Versorgung

ABSCHNITT I
Versorgungsberechtigte Personen

§ 1. (1) Wer für die Republik Österreich, die vormalige österreichisch-ungarische Monarchie oder deren Verbündete oder nach dem 13. März 1938 als Soldat der ehemaligen deutschen Wehrmacht militärische Dienste geleistet und hiedurch oder durch die vormilitärische Ausbildung eine Gesundheitsschädigung (Dienstbeschädigung) erlitten hat, ist versorgungsberechtigt. Hat das schädigende Ereignis den Tod verursacht, so sind die Hinterbliebenen versorgungsberechtigt. (BGBl. Nr. 319/1961, Art. I Z 1, ab 1. 1. 1962)

§ 2. (1) Eine Gesundheitsschädigung, die ohne Zusammenhang mit einem schädigenden Ereignis im Sinne des § 1 durch unverschuldete Verwicklung in militärische Handlungen oder durch unverschuldete Einwirkung von Waffen und sonstigen Kampfmitteln als Folge militärischer Maßnahmen eingetreten ist, wird wie eine Dienstbeschädigung entschädigt. Das gleiche gilt für eine Gesundheitsschädigung, die nach den bis zum Inkrafttreten dieses Bundesgesetzes geltenden Vorschriften als Personenschaden oder wie ein Personenschaden zu entschädigen war.

(2) Eine Gesundheitsschädigung, die im unmittelbaren ursächlichen Zusammenhange mit den durch die militärische Besetzung Österreichs

geschaffenen Verhältnissen ohne Verschulden des Beschädigten eingetreten ist, wird wie eine Dienstbeschädigung entschädigt.

§ 4. (1) Eine Gesundheitsschädigung ist als Dienstbeschädigung im Sinne des § 1 Abs. 1 anzuerkennen, wenn und insoweit die festgestellte Gesundheitsschädigung zumindest mit Wahrscheinlichkeit auf das schädigende Ereignis oder die der Dienstleistung eigentümlichen Verhältnisse ursächlich zurückzuführen ist. Wenn dem schädigenden Ereignis oder den der Dienstleistung eigentümlichen Verhältnissen nur ein ursächlicher Anteil an einer Gesundheitsschädigung zugemessen werden kann, die mit Hilflosigkeit oder Blindheit (§§ 18, 19) verbunden ist, ist der die Hilflosigkeit oder Blindheit verursachende Leidenszustand zur Gänze als Dienstbeschädigung im Sinne des § 1 Abs. 1 anzuerkennen.

ABSCHNITT II
Gegenstand der Versorgung

§ 6. (1) Im Falle einer Dienstbeschädigung gebühren dem Beschädigten:
  1. Beschädigtenrente, Schwerstbeschädigtenzulage, Familienzulage, Pflegezulage, Blindenzulage, Hilflosenzulage, Blindenführzulage, Zuschuß zu den Kosten für Diätverpflegung, Kleider- und Wäschepauschale; (BGBl. Nr. 687/1991, Art. I Z 1, ab 1. 1. 1992)

ABSCHNITT III
Beschädigtenrente

§ 7. (1) Der Beschädigte hat Anspruch auf Beschädigtenrente, wenn und insolange seine Erwerbsfähigkeit infolge der Dienstbeschädigung um mindestens 25 vH vermindert ist. Unter Minderung der Erwerbsfähigkeit im Sinne dieses Bundesgesetzes ist die durch Dienstbeschädigung bewirkte körperliche Beeinträchtigung in Hinsicht auf das allgemeine Erwerbsleben zu verstehen.

(2) Beschädigte mit einer Minderung der Erwerbsfähigkeit von 50 vH oder darüber heißen Schwerbeschädigte. Als erwerbsunfähig gelten Schwerbeschädigte mit einer Minderung der Erwerbsfähigkeit von 90 vH und 100 vH.

§ 10. Die Beschädigtenrente wird als Grundrente und als Zusatzrente geleistet.

§ 11. (1) Die Grundrente für erwerbsunfähige Schwerbeschädigte (§ 9 Abs. 2) beträgt monatlich 4674 S. Für die Beschädigten mit einer Minderung der bei einem Anspruch auf Pflege(Blinden)zulage der Stufe III im Ausmaß des nach Abs. 4 lit. c vorgesehenen Betrages;

bei einem Anspruch auf Pflege(Blinden)zulage der Stufe IV im Ausmaß des nach Abs. 4 lit. d vorgesehenen Betrages;

bei einem Anspruch auf Pflege(Blinden)zulage der Stufe V im Ausmaß des nach Abs. 4 lit. e vorgesehenen Betrages;

bei einem Anspruch auf die erhöhte Pflege(Blinden)zulage der Stufe V (§ 18 Abs. 5, § 19 Abs. 5) im Ausmaß des nach Abs. 4 lit. f vorgesehenen Betrages. (BGBl. Nr. 94/1975, Art. I Z 3, ab 1.1.1976)

§ 12. (1) Schwerbeschädigte, die das 18. Lebensjahr vollendet haben, erhalten zur Sicherung ihrer Lebenshaltung zur Grundrente eine Zusatzrente, wenn sie kein Einkommen haben, das nach Abs. 2 die Gewährung einer Zusatzrente ausschließt. (BGBl. Nr. 94/1975, Art. I Z 5, ab 1. 1. 1976)

(2) Die Zusatzrente beträgt monatlich 2 440 S. Sie ist – abgesehen von den in den Abs. 4 und 5 enthaltenen Regelungen – auf Antrag und nur insoweit zu zahlen, als das monatliche Einkommen (§ 13) des Schwerbeschädigten ohne Berücksichtigung der Grundrente und einer allfälligen Schwerstbeschädigtenzulage die Höhe der ihm bei Erwerbsunfähigkeit zustehenden Beschädigtenrente (Grundrente und Zusatzrente, jedoch ohne Berücksichtigung der Erhöhung nach Abs. 3 und § 11 Abs. 2 und 3) nicht erreicht.

(4) Schwerbeschädigte, die Empfänger einer Pflegezulage oder Blindenzulage (§§ 18, 19) sind, erhalten von Amts wegen ohne Rücksicht auf die Höhe ihres Einkommens die volle Zusatzrente nach Abs. 2, jedoch ohne die Erhöhung nach Abs. 3, zuzüglich allfälliger Familienzulagen gemäß §§ 16 und 17. (BGBl. Nr. 614/1977, Art. I Z 3, ab 1. 1. 1978)

§ 18. (1) Zur Beschädigtenrente wird eine Pflegezulage gewährt, wenn der Beschädigte infolge der Dienstbeschädigung so hilflos ist, daß er für lebenswichtige Verrichtungen der Hilfe einer anderen Person bedarf. (BGBl. Nr. 258/1967, Art. I Z 10, ab 1. 7. 1967)

(2) Die Höhe der Pflegezulage ist nach der Schwere des Leidenszustandes und nach dem für die Pflege und Wartung erforderlichen Aufwand abgestuft. Die Gewährung der Pflegezulagen der Stufen II bis V setzt voraus, daß die Dienstbeschädigung außergewöhnliche Pflege und Wartung erfordert; verursacht die Dienstbeschädigung dauerndes Krankenlager, ist die Pflegezulage zumindest in der Höhe der Stufe III zu leisten. Die Pflegezulage der Stufe V gebührt, wenn der Beschädigte infolge der Dienstbeschädigung an zwei Gebrechen leidet, von denen jedes für sich Hilflosigkeit verursacht, oder wenn das die Hilflosigkeit verursachende Gebrechen für sich allein oder zusammen mit einem anderen auf eine Dienstbeschädigung zurückzuführenden Gebrechen einen derart schweren Gesamtleidenszustand darstellt, daß Pflege und Wartung in besonders erhöhtem Ausmaß erforderlich ist. (BGBl. Nr. 258/1967, Art. I Z 10, ab 1. 7. 1967)

(2) Als blind gilt, wer infolge einer Dienstbeschädigung nichts oder nur so wenig sieht, daß er sich in einer ihm nicht ganz vertrauten Umwelt allein nicht zurechtfinden kann.

(3) Als praktisch blind gilt, wer infolge einer Dienstbeschädigung das Sehvermögen so weit eingebüßt hat, daß er sich zwar in nicht vertrauter Umgebung allein nicht zurechtfinden kann, jedoch trotz der gewöhnlichen Hilfsmittel zu wenig sieht, um den Rest an Sehvermögen wirtschaftlich verwerten zu können.

(5) Verursacht der Verlust des Sehvermögens im Zusammenwirken mit anderen Gebrechen einen derart schweren Gesamtleidenszustand, daß Pflege und Wartung in besonders erhöhtem Ausmaß erforderlich sind, so gebührt dem Blinden die Blindenzulage in der Höhe der Stufe V der Pflegezulage. Für Blinde (Abs. 2), die infolge einer Dienstbeschädigung beide Hände verloren haben, ist die Blindenzulage um ein Drittel des Betrages der Pflegezulage der Stufe V zu erhöhen. (BGBl. Nr. 289/1959, Art. I Z 6, ab 1. 7. 19bO; BGBl. Nr. 225/1980, Art. I Z 5, ab 1. 7. 1980)

§ 20. Blinde (§ 19 Abs. 2) erhalten zur Beschädigtenrente auf Antrag eine Blindenführzulage. Die Blindenführzulage beträgt monatlich 1371 S. (BGBl. Nr. 687/1991, Art. I Z 11, ab 1. 1. 1992)

§ 22a. Als Maßnahmen zur Ermöglichung der Fortsetzung der Erwerbstätigkeit, zur Erlangung einer Arbeitsstelle oder einer anderen Erwerbsmöglichkeit kann das Landesinvalidenamt 3. einem Beschädigten, der infolge der Dienstbeschädigung die bisher ausgeübte selbständige oder unselbständige Erwerbstätigkeit nicht mehr auszuüben vermag, zur Gründung einer gesicherten, den Lebensunterhalt gewährleistenden selbständigen Erwerbstätigkeit einen Zuschuß bis zur Höhe von 100.000 S gewähren. (BGBl. Nr. 614/19, Art. I Z 7, ab 1. 1. 1978)

§ 35a. (1) Witwen (Witwer) nach Beschädigten, die in den letzten zwei Jahren vor dem Tod insgesamt zwölf Monate lang eine Pflegezulage der Stufe III, IV oder V oder eine Blindenzulage in der Höhe einer dieser Pflegezulagen bezogen haben oder die vor ihrem Tod ununterbrochen fünf Jahre lang einen rechtskräftigen Anspruch auf eine dieser Zulagen hatten, erhalten auf Antrag zur Witwen (Witwer)rente eine monatliche Zulage, wenn die Ehe mindestens fünf Jahre gedauert und die eheliche Gemeinschaft bis zum Tode des Beschädigten bestanden hat. (BGBl. Nr. 594/1981, Art. I Z 8, ab 1. 1. 1982)

(2) Die Zulage nach Abs. 1 beträgt zwei Drittel des jeweiligen Betrages jener Stufe der Pflege(Blinden)zulage, die dem verstorbenen Ehegatten im Zeitpunkte seines Todes zuerkannt war; sie gebührt insoweit, als das Einkommen (§ 13) der Witwe (des Witwers) die Summe aus Grundrente,

Zusatzrente und zwei Drittel der Pflege(Blinden)zulage nicht erreicht. (BGBl. Nr. 594/1981, Art. I Z 8, ab 1. 1. 1982)

(3) Die Zulage nach Abs. 1 und 2 gebührt nur in halber Höhe, wenn die Ehe mit dem hilflosen (blinden) Ehegatten weniger als fünf Jahre gedauert oder der Altersunterschied zwischen den Ehegatten mehr als 30 Jahre betragen hat; dies gilt jedoch nicht, wenn der Ehe ein versorgungsberechtigtes Kind entstammt. (BGBl. Nr. 289/1959, Art. I Z 9, ab 1. 7. 1960)

(4) Auf die Zulage nach Abs. 1 bis 3 haben unter den dort genannten Voraussetzungen auch Witwen Anspruch, deren Ehegatte vor dem 1. Jänner 1950 gestorben ist und im Zeitpunkte seines Todes wegen Hilflosigkeit oder Blindheit im Bezug eines Rentenzuschusses, einer erhöhten Pflegezulage oder einer Blindenzulage nach früheren Versorgungsvorschriften gestanden ist, wenn die Hilflosigkeit oder Blindheit einen Anspruch auf eine Pflegezulage der Stufen III, IV oder V oder eine diesen entsprechende Blindenzulage nach diesem Bundesgesetze begründet hätte. Das gleiche gilt für Witwen, deren Ehegatte vor dem 1. Juli 1960 gestorben und im Zeitpunkte seines Todes im Bezug einer Pflegezulage der Stufe II nach diesem Bundesgesetze gestanden ist, wenn die Hilflosigkeit für die Zeit nach dem 30. Juni 1960 einen Anspruch auf die Pflegezulage der Stufe III begründet hätte. (BGBl. Nr. 289/1959, Art. I Z 9, ab 1. 7. 1960)

(3) Im Falle der Wiederverehelichung mit einem (einer) Schwerbeschädigten erlischt der Anspruch auf Witwen(Witwer)versorgung nicht, eine zur Witwen(Witwer)rente geleistete Zulage (§ 35a) ist jedoch auf die Dauer dieser Ehe einzustellen. Frauen, deren Anspruch auf Witwenversorgung unter der Wirksamkeit des Invalidenentschädigungsgesetzes oder der bis 31. Dezember 1949 in Geltung gestandenen versorgungsrechtlichen Vorschriften wegen Wiederverehelichung mit einem Beschädigten erloschen ist, erhalten, wenn die Minderung der Erwerbsfähigkeit (§§ 7, 8) des zweiten Ehemannes mit mindestens 50 vH festgestellt wird oder festgestellt ist, Witwenversorgung nach diesem Bundesgesetz. Die Versorgungsleistung wird frühestens mit dem Antragsmonat fällig. (BGBl. Nr. 163/1972, Art. I Z 13, ab 1. 7. 1972; BGBl. Nr. 594/1981, Art. I Z 12, ab 1. 1. 1982)

(2) Blinden, welche die im Abs. 1 angeführten Voraussetzungen erfüllen, ist die Hilflosenzulage in doppelter Höhe des gemäß § 105a Abs. 2 des Allgemeinen Sozialversicherungsgesetzes jeweils festgesetzten Mindestbetrages für den Hilflosenzuschuß zu leisten. Als blind gilt, wer nichts oder nur so wenig sieht, daß er sich in einer ihm nicht ganz vertrauten Umwelt allein nicht zurechtfinden kann. (BGBl. Nr. 94/1975, Art. I Z 20, ab 1. 1. 1976)

(2) Schwerbeschädigten kann auf Antrag die Umwandlung der Rente durch Unterbringung in einem Alters- oder Pflegeheim oder in einer anderen geeigneten Einrichtung bewilligt werden, wenn sie nach Abschluß der

Heilbehandlung voraussichtlich dauernd arbeitsunfähig sind, ständig besonderer Betreuung oder Pflege und Wartung bedürfen und keine Familienangehörigen haben, die hiefür sorgen können. (BGBl. Nr. 225/1980, Art. I Z 25, ab 1. 7. 1980)

(4) Schwerbeschädigte, deren Rente gemäß Abs.1 oder 2 umgewandelt worden ist, haben Anspruch auf ein monatliches Taschengeld. Es ist insoweit zu leisten, als die monatlichen Einkünfte des Schwerbeschädigten ohne Berücksichtigung der Versorgungsleistungen nach diesem Bundesgesetz und der Einkünfte, die gemäß Abs. 3 zur Deckung der Kosten der Unterbringung verwendet werden, den Betrag von 2581 S nicht erreichen. (BGBl. Nr. 687/1991, Art. I Z 29, ab 1. 1. 1992)

ABSCHNITT XVII a
Anpassung von Versorgungsleistungen und Einkommensbeträgen
(BGBl. Nr. 163/1972, Art. I Z 32, ab 1. 7. 1972)

§ 63. (1) Der Bundesminister für Arbeit und Soziales hat den für Leistungen nach dem Allgemeinen Sozialversicherungsgesetz vorgesehenen Anpassungsfaktor auch für die im Kriegsopferversorgungsgesetz 1957 vorgesehenen Leistungen für verbindlich zu erklären.

(2) Mit Wirkung vom 1. Jänner eines jeden Jahres sind mit dem Anpassungsfaktor gemäß Abs. 1 zu vervielfachen
1. die in den §§ 11, 12 Abs. 2, 14, 16, 18, 20, 20a, 42 Abs. 1, 46 Abs. 1 bis 3, 46b, 47, 56 und 74 angeführten Beträge, und zwar erstmals mit Wirkung vom 1. Jänner 1992;
2. die gemäß § 13 Abs. 4 bi4 7 errechneten monatlichen Einkommensbeträge, rückwirkend ab dem 1. Juli 1967.

(3) Der Vervielfachung sind jeweils die für das vorangegangene Jahr ermittelten Beträge zugrunde zu legen. Die vervielfachten Beträge sind auf volle Schillingbeträge zu runden; hiebei sind Beträge unter 50 Groschen zu vernachlässigen und Beträge von 50 Groschen an auf einen Schilling zu ergänzen.

(4) Die sich aus Abs. 2 und 3 ergebenden Beträge sind alljährlich durch Verordnung des Bundesministers für Arbeit und Soziales festzustellen. Das gleiche gilt für die nach § 11 Abs. 1, § 11a Abs. 4 und § 35 Abs. 2 errechneten und entsprechend Abs. 3 gerundeten Beträge.

(5) Die Anpassung von Versorgungsleistungen ist von Amts wegen vorzunehmen. (BGBl. Nr. 687/1991, Art. I Z 32, ab 1. 1. 1992)

(2) Alle Amtshandlungen, Eingaben, Vollmachten und sonstige Urkunden über Rechtsgeschäfte sowie Zeugnisse in Angelegenheiten der Durchführung der Kriegsopferversorgung einschließlich der Fürsorgemaßnahmen, soweit diese den mit der Kriegsopferversorgung betrauten Behörden

obliegen, sind von bundesgesetzlich geregelten Gebühren, Verwaltungsabgaben sowie von Gerichts- und Justizverwaltungsgebühren befreit.

(3) Die Gebühren für die Zustellung der nach diesem Bundesgesetze gewährten in Geld bestehenden Versorgungsleistungen im Inlande trägt der Bund. (BGBl. Nr. 212/1984, Art. I Z 16, ab 1. 6. 1984)

ABSCHNITT XXII
Härteausgleich

§ 76. (1) Sofern sich aus den Vorschriften dieses Bundesgesetzes besondere Härten ergeben, kann der Bundesminister für Arbeit und Soziales im Einvernehmen mit dem Bundesminister für Finanzen auf Antrag oder von Amts wegen einen Ausgleich gewähren.

(2) Die Bemessung und die erforderlichen Änderungen hat das zuständige Landesinvalidenamt nach den Vorschriften dieses Bundesgesetzes im Rahmen der vom Bundesminister für Arbeit und Soziales erteilten Bewilligung durchzuführen.

ABSCHNITT XXIII
Schwerkriegsbeschädigtenausweis

§ 77. Das Bundesministerium für Arbeit und Soziales ist ermächtigt, für Schwerbeschädigte (§ 9 Abs. 2) besondere Ausweise einzuführen, um den Schwerbeschädigten die Inanspruchnahme von ihnen eingeräumten Begünstigungen zu erleichtern. Die näheren Bestimmungen über die Schwerbeschädigtenausweise trifft das Bundesministerium für Arbeit und Soziales.

§ 78a. (1) Der Bundesminister für Arbeit und Soziales ist ermächtigt, nach Anhörung des Kriegsopferfürsorgebeirates (§§ 101 bis 107) durch Verordnung für die Sprengel mehrerer oder aller Landesinvalidenämter am Sitz eines Landesinvalidenamtes eine gemeinsame Schiedskommission zu errichten, wenn dies im Interesse der Zweckmäßigkeit, Raschheit, Einfachheit und Kostenersparnis gelegen ist. In der Verordnung ist ferner die Bezeichnung der gemeinsamen Schiedskommission und die Anzahl der Senate festzulegen.

(2) Mit der Errichtung der gemeinsamen Schiedskommission geht die Zuständigkeit der bisherigen Schiedskommissionen auf die neue Behörde über. Im Zeitpunkt der Zusammenlegung noch nicht rechtskräftig abgeschlossene Verfahren sind von der neu errichteten gemeinsamen Schiedskommission fortzuführen. Die Bestellung der Mitglieder für die gemeinsame Schiedskommission kann bereits vor dem Inkrafttreten der Verordnung nach Abs. 1 vorgenommen werden. (BGBl. Nr. 687/1991, Art. I Z 34, ab 1. 1. 1992)

(4) Der Schiedskommission dürfen nur österreichische Staatsbürger angehören, die eigenberechtigt und in den Nationalrat wählbar sind. Der Vorsitzende (Stellvertreter) und die Senatsvorsitzenden (Ersatzmitglieder) müssen rechtskundig sein und dürfen nicht dem Aktivstand der Richter angehören. Bedienstete der Landesinvalidenämter sind von der Funktion eines Vorsitzenden, eines Senatsvorsitzenden oder eines Beisitzers ausgeschlossen. (BGBl. Nr. 212/1984, Art. I Z 21, ab 1. 1. 1985)

(3) Die Versorgungsberechtigten haben auf Verlangen des Landesinvalidenamtes Lebensbestätigungen beizubringen. Wird einem solchen Verlangen nicht entsprochen, so ist mit der Auszahlung der Geldleistung innezuhalten. (BGBl. Nr. 202/1964, Art. I Z 9, ab 1. 7. 1964)

IV. HAUPTSTÜCK
Kriegsopferfürsorgebeirat
(BGBl. Nr. 283/1990, Art. II, ab 1. 7. 1990)

§ 101. Im Interesse einer einheitlichen und allen Bedürfnissen entsprechenden Führung der Fürsorgemaßnahmen für die Kriegsopfer sowie zur raschen Herstellung des Einvernehmens mit den sachlich beteiligten Bundesministerien ist im Bundesministerium für Arbeit und Soziales ein Kriegsopferfürsorgebeirat zu errichten. (BGBl. Nr. 283/1990, Art. II, ab 1. 7. 1990)

VI. HAUPTSTÜCK
Schlußbestimmungen
(BGBl. Nr. 319/1961, Art. I Z 40, ab 1. 1. 1962)

§ 112. Wo in anderen Rechtsvorschriften von Versehrtenstufen die Rede ist, ist dieser Begriff weiterhin im Sinne der Durchführungsbestimmungen zu den §§ 83 und 84 des Wehrmachtfürsorge- und -versorgungsgesetzes vom 26. August 1938, Deutsches RGBl. I S. 1077, auszulegen.

§ 113. Die Verordnung über Vergünstigungen für Kriegsbeschädigte im öffentlichen Personenverkehr vom 23. Dezember 1943, Deutsches RGBl. 1944 I S. 5, bleibt mit der Maßgabe in Kraft, daß keine Erstattung der Fahrgeldausfälle an die Unternehmungen stattfindet.

(4) Andere Hilfsmittel
1. Brillen und Schutzbrillen für Blinde und Lichtempfindliche, Sehhilfen für Sehbehinderte;
2. Hilfsmittel zur Umwandlung von optischen in akustische oder taktile

Informationen einschließlich Zubehör und erforderlicher Betriebsmittel, wenn der Sehbehinderte darauf angewiesen ist;
3. Führhunde mit der erforderlichen Ausrüstung;
8. je vier Abzeichen für Verkehrsbehinderte (Hörbehinderte, Blinde, Sehbehinderte, Hirnverletzte und Gebrechliche);

Wiederherstellung und Erneuerung,
Gebrauchsdauer

§ 3. (1) Die Körperersatzstücke, die orthopädischen und anderen Hilfsmittel sind wiederherzustellen oder zu erneuern, wenn sie schadhaft oder unbrauchbar geworden sind; die Erneuerung erfolgt nur, wenn die Wiederherstellung unwirtschaftlich ist.

Handschuhe
c) aus Leder für Beschädigte mit verstümmelten oder gelähmten Händen, Blinde, Stockträger . . . 2 Jahre

Beihilfen zur Anschaffung von mehrspurigen Kraftfahrzeugen
(2) Nach Bewilligung einer Beihilfe entsteht ein Apruch auf eine neuerliche Beihilfe frühestens nach Ablauf von fünf Jahren. Voraussetzung hiefür ist die Neubeschaffung eines Personenkraftfahrwagens oder eines Invalidenkraftfahrzeuges und das Weiterbestehen des Anspruches auf einen Rollstuhl für den Straßengebrauch.

Führhunde
§ 6. (1) Der Blinde (§ 19 Abs. 2 des Kriegsopferversorgungsgesetzes 1957, BGBl. Nr. 152) muß nach fachmännischem Urteil in der Lage sein, sich eines Führhundes mit Erfolg zu bedienen; er ist zur entsprechenden Pflege des Führhundes verpflichtet. Bei Mißbrauch, grober Vernachlässigung oder Mißhandlung kann der Führhund entzogen werden.
(2) Die Kosten für eine tierärztliche Behandlung einschließlich der Heilmittel sind zu ersetzen. Desgleichen sind die Kosten für die Unterbringung und Pflege des Führhundes während der Pflege des Blinden in einer Krankenanstalt und während einer erweiterten Heilbehandlung (§ 24 Abs. 2 des Kriegsopferversorgungsgesetzes 1957) des Blinden zu ersetzen.

ARTIKEL II
Diese Verordnung tritt mit 1. März 1992 in Kraft.

VII. Der große Vergleich – Zahlen, Daten, Fakten der Jahre 1914–1938 und 1939–1993 in der Gegenüberstellung

Eine psychisch, sozial, finanziell und mengenmäßige Gegenüberstellung der Kriegsgeschädigten der Zeit 1914–1938 und derer 1939–1983 kann natürlich nie eine subtile Analyse der einzelnen Faktoren sein. Es soll dem Leser eine Replik der Daten und Lebensumstände der in dieser Arbeit behandelten Personen in einer Übersicht darstellen, damit alles bisher Erfahrene noch einmal vor dem geistigen Auge Revue passieren kann.

Dieser Sommer 1914, der mit seinen Revolverschüssen ein Pulverfaß, längst fällig, explodieren ließ, brachte Österreich für 1563 Tage Krieg. Unvorbereitet in taktisch-operativer, legislativer und psychischer Hinsicht, zog man auf eine „Strafexpedition", die 4 Jahre dauern sollte. Aus 13 verschiedenen Völkern wurden insgesamt rund 8,5 Millionen Soldaten rekrutiert. Das waren etwa 75% der männlichen Bevölkerung zwischen 18 und 50 Jahren. Laut k. u. k. Kriegsministerium vom 6. November 1918 beliefen sich die Gesamtverluste auf 5 060 000 Mann. Davon waren 1,2 Millionen Kriegstote und 3 860 000 Verwundete, Gefangene und Vermißte.[1]

Auf sie kommen 387 recherchierte Kriegsblinde. Das erste Mal in der Kriegsgeschichte, daß daraus ein nationales Problem resultierte. Gesetze aus dem vorigen Jahrhundert mußten adaptiert, durch neue ersetzt werden. Ein Sozialsystem, das auf Bettelei aufgebaut war, wurde, gesellschaftlich elegant gelöst, durch ein weitreichendes Mäzenatentum ausgerichtet. Aus den Kämpfen dieser Jahre gab es faktisch keine Bombenopfer von Angriffen auf zivile Ziele oder Giftgasopfer, die dauernd erblindet wären. Giftgas löste andere Verletzungen aus oder tötete. Es konnten zwar passagere Sehkraftverluste auftreten, die gaben sich aber mit der Zeit, oder endeten binnen kürzestem letal. Prominentester dieser Opfer war Adolf SCHICKELGRUBER aus Braunau, dem für 2 Tage das Augenlicht geraubt war.

Nach der Umschulung wurden die Kriegsblinden bald superarbitriert und in ein möglichst abgesichertes Privatleben entlassen.

Mit der Ersten Republik mußte, auch neu in der Geschichte, ein Verband der Kriegsblinden aufgebaut werden. In seinem Bemühen um eine adäquate Versorgung und Stellung in der Gesellschaft gab es eine Unzahl von Rückschlägen und neuerlichen Anläufen gegenüber offiziellen Stellen. Jeder war beschäftigt mit dem Kampf gegen den wirtschaftlichen Niedergang, mit dem politischen Überleben in einer Zeit höchster Instabilität des Staates.

Invaliden-Einstellungs- und Entschädigungsgesetz waren auch rechtliche Werke auf labiler Basis. Der Kampf gegen dauernd drohende Verschlechterungen zog sich durch die ganze Zeitspanne der Ersten Republik.

Mit März 1938 bzw. September 1939 änderten sich die Sorgen und Bedürfnisse grundlegend.

Die Österreicher kämpften nicht mehr als eigenständige Armee, sondern im Verband der Deutschen Wehrmacht. Verwundete und Behinderte verblieben im Heeresverband, wurden in ihm umgschult und so gut es ging wiederverwendet. Der Einsatz erblindeter Soldaten in der Nachrichtenübermittlung war selbstverständlich.

In den 2075 Tagen des Zweiten Weltkrieges, der als „Eroberungskrieg" begonnen wurde, hatte der Tod neuerlich reiche Ernte gehalten.

Laut Schätzungen des Militärwissenschaftlichen Instituts Wien vom 12. August 1974 ergaben sich:

247.000 Mann kehrten nicht mehr zurück
 24.300 Zivilisten kamen bei Luftangriffen oder Kampfhandlungen ums Leben
 65.459 Juden wurden ermordet
 16.500 Österreicher starben in Konzentrationslagern
 16.100 Österreicher starben in Gestapo-Haft
  2.700 Österreicher wurden hingerichtet

Insgesamt verlor Österreich 5,58% seiner Bevölkerung, hatte folglich 372.000 Tote zu beklagen.[2]

Diese 512 Tage längere Krieg, viel schlimmer und vernichtender geführt als sein Vorgänger, kostete rund 3mal so vielen Landsleuten das Augenlicht.

Ungefähr 1000 Personen waren ab 1945 vom wiedererstandenen Kriegsblindenverband nun zusätzlich zu betreuen. Dazu rund 200 Überlebende aus dem Ersten Weltkrieg, brachten eine Vervierfachung der Aufgaben und Probleme.

Der schnelle Aufbau und die bald wieder erreichte Durchsetzkraft des Verbandes war auf die Erfahrungen aus den vergangenen 20 Jahren seines Bestandes gegründet. Viel dazu trug auch die fortschreitende Konsolidierung Österreichs trotz Besatzung und Zonenaufteilung bei.

Die Umschulungsmaßnahmen waren neben den traditionellen Blindenhandwerken auf Büroberufe ausgerichtet. Die Versorgung wurde voll von den öffentlichen Stellen wahrgenommen, private Sponsoren traten in den Hintergrund.

Das Kriegsopferversorgungsgesetz von 1950 sicherte viel weitreichender die Bedürfnisse und Anspruchsberechtigungen der blinden Kriegsopfer ab, als die beiden Gesetzeswerke der Ersten Republik.

In weiterer Folge mußte bis heute nicht um Bestand oder Restriktion gekämpft werden, sondern es konnte eine immer dem Aufbau Österreichs angepaßte positive Entwicklung erreicht werden.

VIII. Schlußwort

Tragische Schicksale hatten sie ohne Ausnahme. (Viele haben ihre Probleme so weit in den Griff bekommen, daß sie nach anfänglichen Selbstmordgedanken – und die hatten sie fast alle – die in dieser Arbeit beschriebenen Lebensbewältigungsstrategien entwickeln konnten.) Eine erschütternd hohe Zahl von dieser Art Verwundeten schaffte es nicht, die positiven Gedanken überwiegen zu lassen. Was der Krieg nicht vollbrachte, das beendeten sie selbst. Z. B. hatte sich BstFR Glöckl zur Gratulation anläßlich des 60. Geburtstages eines Kameraden (Name d. Verf. bekannt) angemeldet. Am Morgen des Festtages bekam er nur den Anruf der Gattin, daß ein Strick seinen Besuch erübrigt hätte. Anläßlich eines Besuchs von Obmann GLÖCKL bei einem sehr schwerhörigen Kameraden (Name d. Verf. bekannt) stellte dieser fest, daß er keine Lebensfreude mehr hätte und seine Frau sich auch erschießen sollte. Obwohl nicht ernst genommen, schafften Tabletten bei ihm und ein Schuß bei ihr das, was der äußere Feind nicht geschafft hatte.

Zwei Beispiele, die zeigen sollen, daß nicht alle Verzweiflungstaten im frischen Eindruck der Katastrophe begangen wurden, sondern erst Jahrzehnte später. Mit einem Zitat von Kriegsblindenverbandsobmann BstFR Michael GLÖCKL sei diese Arbeit abgeschlossen: „Wenn einer sagt, er kann es ganz überwinden oder hat es überwunden, na, der lügt..."

IX. Anmerkungen

Ausfälle in Zahlen und deren Begründungen:

1 Holler, Gerd: Für Kaiser und Vaterland, Wien 1990, S. 174 f.
2 Ebenda, S. 188
3 Ebenda, S. 191 f.
4 Uhthoff, Wilhelm: Weitere persönliche Erfahrungen und Betrachtungen zur Kriegsblindenfürsorge, Stuttgart 1917, S. 35
5 Holler, Gerd: Für Kaiser und Vaterland, Wien 1990, S. 236
6 Kraus, R.: Eine Organisation zur Bekämpfung der Kriegsseuchen in der österreichischen Armee, Wien 1913, S. 4 f.
7, 8, 9 Statistiken
10 Sachße, Christoph: Bettler, Gauner und Proleten, Hamburg 1983, S. 22
11 Elschnig, Anton: Die ägypt. Augenentzündung, in: Mell, Alexander: Enzyklopädie des Blindenwesens, Wien 1900, S. 40
12 Mell, Alexander: Enzyklopädie des Blindenwesens, Wien 1900, S. 12

DER ERSTE WELTKRIEG
Militärische Aspekte – Allgemeine Entwicklung

1 Wagner, Anton: Der Erste Weltkrieg, Wien 1981*2, S. 244 f.
2 Ebenda, S. 252 f.
3 Dultinger, Josef: Vergessene Vergangenheit, Rum 1990*4
4 Wagner, Anton: Der Erste Weltkrieg, Wien 1982*2, S. 252
5 Ebenda, S. 305 f.
6 Kleindl, Walter: Österreich, Wien 1978, S. 303
7 Kiszling, Rudolf: Österreich-Ungarns Anteil am Ersten Weltkrieg, Graz 1958, S. 95
8 Wagner, Anton: Der Erste Weltkrieg, Wien 1982*2, S. 364 f.

Wer waren sie?

1 Quantschnig, Josef: Statistik, in: Von unseren Blinden, k. k. Blinden-Erziehungs-Institut Wien (Hg.), IX. Jg., Nr. 3/4, 15. Dezember 1916, S. 47 ff.
2 Von unsern Blinden, k. k.B-E-I (Hg.), XI. Jg., Nr. 1/2/3, November 1918, S. 7
3 Quantschnig, Josef: Statistik, in: Von unsern Blinden, k. k.B-E-I (Hg.), IX. Jg; 1916, S. 47 ff.
4 Nachrichten des Verbandes der Kriegsblinden Österreichs (NdVKBÖs), Verband der Kriegsblinden Österreichs in Wien (Hg.), IX. Jg; Jänner 1929, S. 8 f.

Kriegsblindenheime der k. u. k. Monarchie

1 Von unsern Blinden, k. k.B-E-I (Hg.), IX. Jg., Nr. 1/2, 1. März 1916, S 19.
2 Von unsern Blinden, k. k.B-E-I (Hg.), XI. Jg. Nr. 1, 30. Juni 1918, S. 7 f.
3 Von unsern Blinden, k. k.B-E-I (Hg.), XI. Jg. Nr. 4, 15. Nov. 1918, S. 74
4 Von unsern Blinden, k. k.B-E-I (Hg.), X. Jg. Nr. 3/4, 15. Okt. 1917, S. 49
5 Ebenda, S. 43 ff.

Das Leben in den Versorgungsanstalten

1 Von unsern Blinden, VIII. Jg., Nr. 3/4/5, Dez. 1915, S. 39
2 Ebenda, S. 39
3 Von unsern Blinden, VIII. Jg., Nr. 1/2, 15. Februar 1915, S. 21
4 Von unsern Blinden, VIII. Jg., Nr. 3/4/5, Dez. 1915, S. 41
5 Ebenda, S. 43 f.
6 Ebenda, S. 44 f.
7 Halarevici-Czernowitz, Georg: Wie es im k. k. Blinden-Erziehungs-Institute während des Weltkriegs aussieht, in: Von unsern Blinden, VIII. Jg., Nr. 1/2, 15. Februar 1915, S. 52 ff.
8 Von unsern Blinden, IX. Jg., Nr. 1/2, 1, März 1916, S. 5
9 Ebenda, S. 7 ff.
10 Ebenda, S. 24 f.
11 Von unsern Blinden, XI. Jg., Nr. 1/2/3, 30. Juni 1918, S. 56
12 Von unsern Blinden, X. Jg., Nr. 3/4, 15. Oktober 1917, S. 51 f.
13 Wondrak, Eduard: Z Dejin pece o valecne invalidy o nasich zemich, in: Zeitschrift der tschechischen Ärzte, Ärztevereinigung Prag (Hg.), 115. Jg., Nr. 5, 1976, S. 151
14 Von unsern Blinden, VIII. Jg., Nr. 1/2, 15. Nov. 1915, S. 10 ff.
15 Ebenda, S. 23

Betreuungsmöglichkeiten

1 Von unsern Blinden, VIII. Jg., Nr. 1/2, 15. Februar 1915, S. 1
2 Ebenda, S. 10
3 Von unsern Blinden, VIII. Jg., Nr. 3/4/5, Dez. 1915, S. 55
4 Melhuba, Adolf: Die Zukunft eines unserer Kriegsblinden, in: Von unsern Blinden, VIII. Jg., Nr. 3/4/5, Dezember 1915, S. 67 f.
5 Uhthoff, Wilhelm: Weitere persönliche Erfahrungen und Betrachtungen zur Kriegsblindenfürsorge, Stuttgart 1917, S. 1
6 Ebenda, S. 17 ff.
7 Melhuba, Adolf: Mit Kriegsblinden in unserem Ferienheim, in: Von unsern Blinden, VIII. Jg., Nr. 3/4/5, Dezember 1915, S. 57 ff.
8 Pavlik, Richard: Die blinden Pfadfinder und die Kriegsblinden, in: Von unsern Blinden, VIII. Jg., Nr. 3/4/5, Dezember 1915, S. 59 f.

Umschulungsmaßnahmen

1 Mell, Alexander: Über Kriegsblinde, in: Von unsern Blinden, k. k. Blinden-Erziehungs-Institut (Hg.), VIII. Jg., Nr. 3/4/5, Dezember 1915, S. 46
2 Ebenda, S. 47
3 Halarevici-Czernowitz, Georg: Wie es im k. k. Blinden-Erziehungs-Institut während des Weltkrieges aussieht, in: Von unsern Blinden, VIII. Jg., Nr. 3/4/5, Dezember 1915, S. 52 ff.
4 Die Kriegsfürsorgeaktionen des k. k. Blinden-Erziehungs-Instituts, in: Von unsern Blinden, VIII. Jg., Nr. 1/2, Februar 1915, S. 1
5 Mell, Alexander: Über Kriegsblinde, in: Von unsern Blinden, VIII. Jg., Nr. 3/4/5, Dezember 1915, S. 48
6 Ebenda, S. 49
7 Halarevici-Czernowitz, Georg: Wie es im k. k. Blinden-Erziehungs-Institut während des Weltkrieges aussieht, in: Von unsern Blinden, VIII. Jg., Nr. 3/4/5, Dezember 1915, S. 54

8 Mell, A.: Über Kriegsblinde, S. 50
9 Ebenda, S. 51
10 Ebenda, S. 48 ff.
11 Bidlo, Otto: Die Kriegsblinden und ihre Beschäftigung, in: Von unsern Blinden, VIII. Jg., Nr. 3/4/5, Dezember 1915, S. 62
12 Uhthoff, Wilhelm: Weitere persönliche Erfahrungen und Betrachtungen zur Kriegsblindenfürsorge, Stuttgart 1917, S. 17
13 Von unsern Blinden, IX. Jg., Nr. 3/4, 15. Dez. 1916, S. 37
14 Halarevici, Georg: Der erste landwirtschaftliche Kurs für kriegsblinde Landwirte in Straß, in: Von unsern Blinden, XI. Jg., Nr. 4, 15. November 1918, S. 63 ff.
15 Wieninger, Georg: Die Kriegsblinden im Dienst der Landwirtschaft, in: Von unsern Blinden, XI. Jg., Nr. 4, 15. November 1918, S. 62
16 Halarevici, Georg: Der erste landwirtschaftliche Kurs für blinde Landwirte in Straß, in: Von unsern Blinden, XI. Jg., Nr. 4, 15. November 1918, S. 68

Protektoren und Mäzene

1 Erzherzog Karl Stephan als Freund der Kriegsblinden, in: Von unsern Blinden, IX. Jg., Nr. 12, 1. März 1916, S. 1
2 Melhuba, Adolf: Drei Jahre Kriegsblindenfürsorge, in: Von unsern Blinden, Nr. 1/2/3, 30. Juni 1918, S. 3 f.
3 Ebenda, S. 12 ff.
4 Die Kriegsfürsorgeaktionen des k. k. Blinden-Erziehungs-Instituts, in: Von unsern Blinden, VIII. Jg., Nr. 1/2, 15. Februar 1915, S. 4
5 Melhuba: Kriegsblindenfürsorge, S. 22 f.
6 Roza, Heinrich: Bericht über die Wirksamkeit (über die Kriegsblindenfürsorge des Vereins zur Ausbildung von später Erblindeten in Wien im Jahre 1915, Verein (Hg.), Wien 1916, S. 8 ff.
7 Melhuba, Adolf: Bericht, in: Von unsern Blinden, XI. Jg., Nr. 1/2/3, 30. Juni 1918, S. 24 ff.

Der Kriegsblindenverband beginnt seine Arbeit

1 Fünfzig Jahre Schicksalsgemeinschaft der österreichischen Kriegsblinden, in: 50 Jahre Verband der Kriegsblinden Österreichs 1919–1969, Verband (Hg.), Wien 1969, S. 7
2 Poisel, Alois: Festrede zum 60jährigen Verbandsjubiläum der Kriegsblinden Österreichs, in: NdVKBÖs, Sondernummer, Mai 1979, S. 20
3 Die Entwicklung der staatlichen Versorgung der Kriegsblinden Österreichs, in: 50 Jahre Verband der Kriegsblinden Österreichs 1919–1969, Verband (Hg.), Wien 1969, S. 21 f.
4 NdVKBÖs, III. Jg., Nr. 11/12, Okt./Nov. 1923, S. 79
5 Die Entwicklung der staatlichen Versorgung der Kriegsblinden Österreichs, in: 50 Jahre Verband der Kriegsblinden Österreichs 1919–1969, Verband (Hg.), S. 22
6 Weghofer, Leopold: Bericht über die Tätigkeit bei den Invaliden-Entschädigungs-Kommissionen, in: NdVKBÖs, III. Jg., Nr. 2, Februar 1923, S. 7
7 NdVKBÖs, IV. Jg., Nr. 8/9, Aug./Sept. 1924, S. 78
8 Protokollauszüge des III. Reichsdelegiertentages des Zentralverbandes der Landesverbände der österreichischen Kriegsinvaliden und Kriegshinterbliebenen, in: NdVKBÖs, III. Jg., Nr. 8/9, Aug./Sept. 1923, S. 74
9 NdVKBÖs, V. Jg., Nr. 5/6, Mai/Juni 1925, S. 37
10 NdVKBÖs, VI. Jg., Nr. 7–10, Juli/Okt. 1926, S. 38
11 NdVKBÖs, V. Jg., Nr. 12, Dez. 1925, S. 79

12 NdVKBÖs, VII. Jg., März 1927, S. 23
13 NdVKBÖs, VII. Jg., Nr. 11, Nov. 1927, S. 112
14 NdVKBÖs, VIII. Jg., Nr. 3, März 1928, S. 38 f. und Nov. 1928, S. 129
15 NdVKBÖs, IX. Jg., Nr. 3, März 1929, S. 27
16 NdVKBÖs, X. Jg., Nr. 1, Jänner 1930, S. 20 f.
17 NdVKBÖs, IX. Jg., Nr. 9, Sept. 1929, S. 108 f.
18 NdVKBÖs, IX. Jg., Nr. 6, Juni, 1929, S. 71
19 NdVKBÖs, X. Jg., Nr. 5, Mai 1930, S. 35 f.
20 NdVKBÖs, X. Jg., Nr. 8, Aug. 1930, S. 64 f.
21 NdVKBÖs, X. Jg., Nr. 10, Okt. 1930, S. 91
22 NdVKBÖs, X. Jg., Nr. 11, Nov. 1930, S. 95
23 Ebenda, S. 102 f.
24 NdVKBÖS, XI. Jg., Nr, 4, April 1931, S. 40
25 NdVKBÖS, XI. Jg., Nr. 4, April 1931, S. 45 f., und Mai 1931, S. 63
26 NdVKBÖs, XI. Jg., Nr. 8, Aug. 1931, S. 92
27 NdVKBÖs, XI. Jg., Nr. 10, Okt. 1931, S. 106
28 NdVKBÖs, XII. Jg., Nr. 4/5, April/Mai 1932, S. 37 ff.
29 NdVKBÖs, XII. Jg., Nr. 6, Juni 1932, S. 49 f.
30 NdVKBÖs, XII. Jg., Nr. 11, Nov. 1932, S. 91 f.
31 NdVKBÖs, XII. Jg., Nr. 7, Juli 1932, S. 57 f.

Trafiken für die Kriegsopfer

1 Anfang, aus: Nachrichten des Verbandes der Kriegsblinden Österreichs, III. Jg., Nr. 1, Jänner 1923, S. 2
2 NdVKBÖs, V. Jg., Nr. 10/11, Okt./Nov. 1925, S. 64
3 NdVKBÖs, III. Jg., Nr. 2, Februar 1923, S. 5
4 NdVKBÖs, III. Jg., Nr. 4, April 1923, S. 29
5 NdVKBÖs, III. Jg., Nr. 3, April 1923, S. 24
6 NdVKBÖs, IV. Jg., 1924, Nr. 10/11, Nov./Dez. 1924, S. 105 u. S. 114
7 NdVKBÖs, V. Jg., Nr. 5, Mai 1925, S. 59
8 NdVKBÖs, VII. Jg., Nr. 3, März 1927, S. 23
9 Goldberger, Emil: Existenzgründungen durch Tabaktrafiken, aus: NdVKBÖs, VII. Jg., Nr. 2, Februar 1927, S. 12
10 NdVKBÖs, VII. Jg., Nr. 3, März, 1923, S. 38 u. S. 54
11 NdVKBÖs, XI. Jg., Nr. 5, Mai 1931, S. 64

Medaillen – Auszeichnungen ohne Wert ?

1 NdVKBÖs, IV. Jg., Nr. 4/5, April/Mai 1924, S. 61
2 NdVKBÖs, VIII. Jg., Nr. 3, März 1928, S. 40
3 NdVKBÖs, X. Jg., Nr. 9, Sept. 1930, S. 81
4 NdVKBÖs, XII. Jg., Nr. 1, Jänner 1932, S. 9
5 NdVKBÖs, XII. Jg., Nr. 11, Nov. 1932, S. 94
6 NdVKBÖs, XI. Jg., Nr. 4, April 1931, S. 41 f.

Möglichkeiten der Wohnraumbeschaffung

1 Das Wohnungs- und Siedlungswesen bei den Kriegsblinden Österreichs, Information des Verbandes der Kriegs-Blinden Österreichs, Verband (Hg.), Wien 1969, S. 58
2 NdVKBÖs, IV. Jg., Nr. 3/4, April/Mai 1924, S. 61
3 NdVKBÖs, V. Jg., Nr. 10/11, Okt./Nov. 1925, S. 66
4 Eisenhut, Franz: Wohnungsangelegenheiten, in: NdVKBÖs, VII. Jg., Nr. 2, Februar 1927, S. 13
5 NdVKBÖs, IX. Jg., Nr. 8, Aug. 1929, S. 94 f.
6 NdVKBÖs, X. Jg., Nr. 1, Jänner 1930, S. 11 ff.

Des Blinden Fenster zur Welt – Das Radio

1 NdVKBÖs, IV. Jg., Nr. 11, Nov. 1924, S. 102
2 NdVKBÖs, V. Jg., Nr. 6, Juni 1925, S. 60
3 NdVKBÖs, V. Jg., Nr. 12, Dez. 1925, S. 79
4 NdVKBÖs, VII. Jg., Nr. 2, Februar 1927, S. 15
5 NdVKBÖs, VII. Jg., Nr. 12, Dez. 1927, S. 121
6 NdVKBÖs, IX. Jg., Nr. 1, Jänner 1929, S. 2
7 NdVKBÖs, XII. Jg., Nr. 3/4, März/April 1932, S. 45

Chancen, wieder zu sehen

1 Gradenwitz, Alfred: Kann man mit der Haut sehen? in: NdVKBÖs, VI. Jg., Nr. 11/12, Nov./Dez. 1926, S. 54 f.
2 NdVKBÖs, VII. Jg., Nr. 1, Jänner 1927, S. 6 f.
3 NdVKBÖs, VII. Jg., Nr. 2, Februar 1927, S. 16
4 Ebenda, S. 18
5 NdVKBÖs, VII. Jg., Nr. 3, März 1927, S. 27
6 NdVKBÖs, VIII. Jg., Nr. 5, Mai 1928, S. 71
7 NdVKBÖs, IV. Jg., Nr. 8/9, Aug./Sept. 1924, S. 81 ff.
8 NdVKBÖs, XI. Jg., Nr. 4, April 1931, S. 40 f.
9 NdVKBÖs, XII. Jg., Nr. 11, November 1932, S. 96
10 NdVKBÖs, VII. Jg., Nr. 1, Jänner 1927, S. 9
11 NdVKBÖs, XII. Jg., Nr. 11, November 1932, S. 95 f.

Verschiedenes

1 NdVKBÖs, IV. Jg., April/Mai 1924, S. 50
2 Fibich, Franz: Der Existenzkampf der Kriegsopfer, in: NdVKBÖs, IV. Jg., Nr. 6/7, Juni/Juli 1924, S. 69 ff.
3 NdVKBÖs, IV. Jg., Nr. 6/7, Juni/Juli 1924, S. 74 ff.
4 NdVKBÖs, V. Jg., Nr. 2/3/4, Feb./März/April 1925, S. 25 f.

Die Lage der Kriegsblinden in den ehemals kriegführenden Staaten

1 Munz, Franz: Die wirtschaftliche Lage der Kriegsblinden Deutschlands, in: NdVKBÖs, III. Jg., Nr. 6/7, Juni/Juli 1923, S. 49–56

2 Bischoff: Die Versorgung der deutschen Kriegsblinden, in: NdVKBÖs, IX. Jg., Nr. 6, Juni 1929, S. 68 f.
3 Melichar: Die Versorgung der tschechoslowakischen Kriegsblinden, in: NdVKBÖs, IX. Jg., Nr. 6, Juni 1929, S. 69
4 NdVKBÖs, XII. Jg., Nr. 3, März 1932, S. 30
5 Silhan: Die Versorgung der polnischen Kriegsblinden, in: NdVKBÖs, IX. Jg., Nr. 6, Juni 1929, S. 70
6 NdVKBÖs, IX. Jg., Nr. 9, September 1929, S. 109

Das Kriegsblindenheim in der Ersten Republik

1 Fuchs, Rudolf: Unser Heim, in: NdVKBÖs, III. Jg., Nr. 8/9, Aug./Sept. 1923, S. 61, S. 62 ff.
2 NdVKBÖs, IV. Jg., Nr. 6/7, Juni/Juli 1924, S. 75
3 NdVKBÖs, VI. Jg., Nr. 3/4, März/April 1926, S. 17
4 NdVKBÖs, VI. Jg., Nr. 5/6, Mai/Juni 1926, S. 30
5 NdVKBÖs, V. Jg., Nr. 6, Juni 1925, S. 49
6 NdVKBÖs, VI. Jg., Nr. 1, Jänner 1926, S. 3
7 NdVKBÖs, VII. Jg., Nr. 1, Jänner 1927, S. 2
8 NdVKBÖs, VII. Jg., Nr. 8, August 1927, S. 63 f.
9 NdVKBÖs, X. Jg., Nr. 1, Jänner 1930, S. 2
10 NdVKBÖs, XII. Jg., Nr. 1, Jänner 1932, S. 2

Ein Intermezzo

1 Hirsch, Hans: Die Kriegsblinden in der Zentralorganisation, in: Mitteilungen der Kriegsblinden-Vereinigung, I. Jg., Nr. 1, Dez. 1945, S. 1, in: Österreichs Kriegsopfer, Zentralorganisation der Kriegsopfer Österreichs (Hg.), I. Jg., Nr. 1, Dez. 1945

Der Zweite Weltkrieg – Militärische Aspekte

1 Schramayer, Georg: Kann ein Berufsheer Österreich verteidigen?, in: Der Offizier, Österreichische Offiziersgesellschaft (Hg.), Nr. 1/93, S. 19
2 Deckenbrock, Walter: Die Versorgung der Wehrmacht mit Arzneimitteln im Zweiten Weltkrieg, Düsseldorf 1984, S. 1 ff.
3 Ebenda, S. 25 ff.
4 Wyklicky, Helmut: Seuchenbekämpfung im Ersten Weltkrieg, Wien 1975
5 Valentin, Rudolf: Die Krankenbataillone, Düsseldorf 1981, in: Erfahrungen des deutschen Sanitätsdienstes im Zweiten Weltkrieg, Band 2, Deutsche Gesellschaft für Wehrmedizin und Wehrpharmazie (Hg.), Düsseldorf 1981, S. 13 f.

Umschulungen

1 Eröffnung eines Lehrganges für Kriegsblinde in Wien, in: Mitteilungen der Kriegsblindenvereinigung, II. Jg., Nr. 5/6, Mai/Juni 1946, S. 1, in: Österreichs Kriegsopfer, Zentralorganisation der Kriegsopfer Österreichs (Hg.), II. Jg., Nr. 5/6, Mai/Juni 1946
2 Eröffnung eines Kriegsblindenschulungsheimes in St.Florian, in: Mitteilungen der Kriegsblindenvereinigung, II. Jg., Nr. 5/6, Mai/Juni 1946, S. 1, in: Österreichs Kriegsopfer, Zentralorganisation der Kriegsopfer Österreichs (Hg.), II. Jg., Nr. 5/6, Mai/Juni 1946
3 NdVKBÖs, XVIII. Jg. Nr. 5/6/7, Mai/Juni/Juli 1948, S. 16

Verbandsgeschehen und die Entwicklung der staatlichen Fürsorge

1 Erster ordentlicher Delegiertentag des Verbandes der Kriegsblinden Österreichs, in: Mitteilungen der Kriegsblindenvereinigung, II. Jg., Nr. 5/6, Mai/Juni 1946, S. 1, in: Österreichs Kriegsopfer, Zentralorganisation der Kriegsopfer Österreichs (Hg.), II. Jg., Nr. 5/6, Mai/Juni 1946
2 Ebenda, S. 4
3 Rückblick und Ausblick, in: Mitteilungen des Verbandes der Kriegsblinden Österreichs, III. Jg., Nr. 1, Jän.1947, S. 1, in: Österreichs Kriegsopfer, Zentralorganisation der Kriegsopfer Österreichs (Hg.), III.JG., Nr. 1, Jän. 1947
4 Ebenda, Nr. 3/4, Okt.1947, S. 2
5 Ebenda, S. 5
6 Fotter, Richard: Krankenversicherung des Blinden und dessen Familie, in: NdVKBÖs, Verband (Hg.), XVIII. Jg., Nr,.1/2, Jän./Feb. 1948, S. 10
7 NdVKBÖs, XVIII. Jg., Nr. 8/9, Aug./Sept. 1948, S. 19
8 NdVKBÖs, XVIII. Jg., Nr. 10/11, Okt./Nov. 1948, S. 26 f.
9 NdVKBÖs, XVIII. Jg., Nr. 5/6/7, Mai/Juni/Juli 1948, S. 15
10 NdVKBÖs, XVIII. Jg., Nr. 10/11, Okt./Nov. 1948, S. 28
11 NdVKBÖs, XVIII. Jg., Nr. 12, Dez. 1948, S. 31
12 NdVKBÖs, XVIII., Jg., Nr. 7/8, Juli/Aug. 1949, S. 43
13 NdVKBÖs, XX. Jg., Nr. 10, Okt. 1951, S. 91
14 Unger, Fritz: Die Bautätigkeit des Verbandes in den Jahren 1951 und 1952, in: NdVKBÖs, XXI. Jg., Nr. 8, Aug. 1952, S. 50
15 NdVKBÖs, XXI. Jg., Nr. 6, Juni 1952, S. 35
16 NdVKBÖs, XXII. Jg., Nr. 7, Juli 1953, S. 50
17 NdVKBÖs, XXII. Jg., Nr. 6, Juni 1953, S. 40
18 NdVKBÖs, XXII. Jg., Nr. 9, Sept. 1953, S. 62
19 Ebenda
20 NdVKBÖs, XXIII. Jg., Nr. 2, Feb. 1954, S. 16
21 NdVKBÖs, XXII. Jg., Nr. 10, Okt. 1953, S. 71
22 NdVKBÖs, XXII. Jg., Nr. 11, Nov. 1953, S. 75
23 Ebenda, S. 77
24 NdVKBÖs, XXII. Jg., Nr. 12, Dez. 1953, S. 88
25 Unger, Fritz: Das Problem der Wohnungsbeschaffung durch den Verband, in: NdVKBÖs, XXIII. Jg., Nr. 2, Feb.1954, S. 12
26 NdVKBÖs, XXIII. Jg., Nr. 7, Juli 1954, S. 54
27 NdVKBÖs, XXIV. Jg., Nr. 1, Jänner 1955, S. 7
28 NdVKBÖs, XXIV. Jg., Nr. 6, Juni 1955, S. 49
29 NdVKBÖs, XXV. Jg., Nr. 1, Jänner 1956, S. 5 f.
30 NdVKBÖs, XXV. Jg., Nr. 3, März 1956, S. 23 f.
31 NdVKBÖs, XXV. Jg., Nr. 4, April 1956, S. 37
32 NdVKBÖs, XXV. Jg., Nr. 11, Nov. 1956, S. 98
33 NdVKBÖs, XXVI. Jg., Nr. 2, Feb. 1957, S. 24
34 NdVKBÖs, XXVI. Jg., Nr. 10, Okt. 1957, S. 107
35 NdVKBÖs, XXVI. Jg., Nr. 11, Nov. 1957, S. 120
36 NdVKBÖs, XXVI. Jg., Nr. 12, Dez. 1957, S. 128
37 NdVKBÖs, XXVII. Jg., Nr. 1, Jänner 1958, S. 5
38 NdVKBÖs, XXVII. Jg., Nr. 1, Jänner 1958, S. 8
39 NdVKBÖs, XXVII. Jg., Nr. 4, April 1958, S. 37
40 NdVKBÖs, XXVIII. Jg., Sonderausgabe, Juni 1959
41 NdVKBÖs, XXXI. Jg., Nr. 7, Juli 1962, S. 80
42 NdVKBÖs, XXXII. Jg., Nr. 9, Sept. 1962, S. 106

43 NdVKBÖs, XXIX. Jg., Nr. 5, Mai 1960, S. 64
44 NdVKBÖs, XXX. Jg., Nr. 1, Jänner 1961, S. 4
45 NdVKBÖs, XXXII. Jg., Nr. 12, Dez. 1963, S. 85 ff.
46 Ebenda S. 91
47 NdVKBÖs, XXXIII. Jg., Nr. 4, April 1964, S. 19
48 NdVKBÖs, XXXIII. Jg., Nr. 5/6, Mai/Juni 1964, S. 27
49 NdVKBÖs, XXXIII. Jg., Nr. 9/10, Sept./Okt. 1964, S. 49 f.
50 NdVKBÖs, XXXIII. Jg., Nr. 11/12, Nov./Dez. 1964, S. 55
51 NdVKBÖs, XXXIV. Jg., Nr. 3/4, März/April 1965, S. 13
52 NdVKBÖs, XXXIV. Jg., Nr. 8/9, Aug./Sept. 1965, S. 34
53 NdVKBÖs, XXXV. Jg., Nr. 11/12, Nov./Dez. 1966, S. 57
54 NdVKBÖs, XXXVIII. Jg., Nr. 4/5/6, April/Mai/Juni 1969, S. 11 ff.
55 NdVKBÖs, XXXV. Jg., Nr. 11/12, Nov./Dez. 1966, S. 57
56 NdVKBÖs, XXXVIII. Jg., Nr. 11/12, Nov./Dez. 1969, S. 64
57 NdVKBÖs, XXXVIII. Jg., Nr. 7/8, Juli/Aug. 1969, S. 44
58 NdVKBÖs, XXXIX. Jg., Nr. 6/7/8, Juni/Juli/Aug. 1970, S. 17 ff.
59 NdVKBÖs, XXXIX. Jg., Nr. 9/10, Sept./Okt. 1970, S. 6
60 NdVKBÖs, XL. Jg., Nr. 5/6, Mai/Juni 1971, S. 2
61 NdVKBÖs, XIIL. Jg., Nr. 6/7, Juni/Juli/August 1973, S. 10
62 NdVKBÖs, IL. Jg., Nr. 5/80, S. 3 f.
63 NdVKBÖs, LI. Jg., Nr. 2, 1982, S. 7

Erholungsaufenthalte

1 Kriegsblinde wieder auf Sommerfrische, in: Mitteilungen der Kriegsblindenvereinigung, Verband (Hg.), II. Jg., Nr. 7, Juli 1946, S. 4, in: Österreichs Kriegsopfer, Zentralorganisation der Kriegsopfer Österreichs (Hg.), II. Jg., Nr. 7, Juli 1946
2 NdVKBÖs, XVII. Jg., Nr. 12, Dezember 1948, S. 31
3 NdVKBÖs, XXIII. Jg., Nr. 11, November 1954, S. 85
4 NdVKBÖs, XXX. Jg., Nr. 7, Juli 1961, S. 73 f.
5 NdVKBÖs, XXXIV. Jg., Nr. 10/11/12, Okt./Nov./Dez. 1965, S. 43
6 NdVKBÖs, XXXVI. Jg., Nr. 9/10, Sept./Okt. 1967, S. 40 ff.
7 Die Erholungsfürsorge, in: 50 Jahre Verband der Kriegsblinden Österreichs 1919–1969, Verband (Hg.), Wien 1969, S. 39

Sport und Spiel

1 Gensbauer, W. H.: Ich habe schrecklich viel zu tun, in: NdVKBÖs, XIX. Jg., Nr. 3, März 1950, S. 26
2 NdVKBÖs, XX. Jg., Nr. 8, Aug. 1951, S. 97
3 NdVKBÖs, XXII. Jg., Nr. 7, Juli 1953, S. 49
4 NdVKBÖs, XXV. Jg., Nr. 12, Dez. 1956, S. 105
5 NdVKBÖs, XXXIV. Jg., Nr. 5/6/7, Mai/Juni/Juli 1965, S. 26
6 NdVKBÖs, XXXIV. Jg., Nr. 10/11/12, Okt./Nov./Dez. 1965, S. 47 f.
7 NdVKBÖs, XXXIX./XL. Jg., Nr. 11/12/1, Nov./Dez./Jänner 1970/71, S. 12
8 NdVKBÖs, LIII. Jg., Nr. 1, 1984, S. 10
9 NdVKBÖs, L. Jg., Nr. 4, 1981, S. 4
10 NdVKBÖs, XXII. Jg., Nr. 3, März 1953, S. 21
11 NdVKBÖs, XXII. Jg., Nr. 10, Okt. 1953, S. 69

12 NdVKBÖs, XXIII. Jg., Nr. 6, Juni 1954, S. 48
13 NdVKBÖs, XXIV. Jg., Nr. 7, Juli 1955, S. 57
14 NdVKBÖs, XXX. Jg., Nr. 5, Mai 1961, S. 59 f.
15 NdVKBÖs, XXXII. Jg., Nr. 5, Mai 1963, S. 45
16 NdVKBÖs, XXXII. Jg., Nr. 6, Juni 1963, S. 52
17 NdVKBÖs, XXXII. Jg., Nr. 10, Okt. 1963, S. 75
18 NdVKBÖs, XIIL. Jg., Nr. 9/10, Sept./Okt. 1973, S. 10
19 NdVKBÖs, XIIIL. Jg., Nr. 6/7/8, Juni/Juli/Aug. 1974, S. 12
20 NdVKBÖs, L. Jg., Nr. 1, 1981, S. 7
21 NdVKBÖs, LIV. Jg., Nr. 1, 1985, S. 10
22 NdVKBÖs, LVI. Jg., Nr. 4, 1987, S. 4
23 NdVKBÖs, LXI. Jg., Nr. 4, 1992, S. 11

Die Führhunde

1 NdVKBÖs, XXIII. Jg., Nr. 7, Juli 1954, S. 54
2 Der Führhund als Helfer der Kriegsblinden, in: 50 Jahre Verband der Kriegsblinden Österreichs 1919–1969, Verband (Hg.), Wien 1969, S. 29 ff.
3 NdVKBÖs, XVIII. Jg., Nr. 2, Feb. 1949, S. 10
4 Poisel, Alois: Errichtung einer verbandseigenen Ausbildungsstelle für Führhunde, in: NdVKBÖs, XXII. Jg., Nr. 3, März 1953, S. 17 f.
5 Poisel, Alois: Die Abrichtung von Führhunden beginnt, in: Mitteilungen des Verbandes Kriegsblinder Österreichs, III. Jg., Nr. 1, Jän. 1947, S. 1, in: Österreichs Kriegsopfer, Zentralorganisation der Kriegsopfer Österreichs (Hg.), III. Jg., Nr. 1, Jän. 1947
6 Poisel, Alois: Errichtung einer verbandseigenen Ausbildungsstelle für Führhunde, in: NdVKBÖs, XXII. Jg., Nr. 3, März 1953, S. 17 f.
7 NdVKBÖs, XXXV. Jg., Nr. 11/12, Nov./Dez. 1966, S. 55
8 NdVKBÖs, VIL. Jg., Nr. 10/11/12, Okt./Nov./Dez. 1977, S. 7
9 Poisel, Alois: Der Blindenhund, unser treuester Freund, in: Mitteilungen des Verbandes der Kriegsblinden Österreichs, als: Beilage zum Organ der Zentralorganisation der Kriegsopfer Österreichs, I. Jg., Nr. 1, 1. Dezember 1945, S. 2
10 Wimmer, Franz: Der treue Weggefährte, in: Mitteilungen des Verbandes, als: Beilage zum Organ der Zentralorganisation, III. Jg., Nr. 1, Jänner 1947, S. 3
11 Schleret, Irmgard: Der Wunderhund, in: NdVKBÖs, XIX. Jg., Nr. 4, April 1950, S. 36

Hörbücherei

1 NdVKBÖs, XXVI. Jg., Nr. 4, April 1957, S. 50
2 NdVKBÖs, XXVII. Jg., Nr. 5, Mai 1958, S. 52
3 NdVKBÖs, XXIX. Jg., Nr. 1, Jän. 1960, S. 14
4 NdVKBÖs, XXXVIII. Jg., Nr. 4/5/6, April/Mai/Juni 1969, S. 20
5 NdVKBÖs, XVIL. Jg., Nr. 3/4/5, März/April/Mai 1977, S. 6
6 NdVKBÖs, LI. Jg., Nr. 4, 1982, S. 4

Lotterie

1 NdVKBÖs, IV. Jg., Nov./Dez. 1924, S. 100
2 NdVKBÖs, X. Jg., Okt. 1930, S. 90

3 NdVKBÖs, X. Jg., Nov. 1930, S. 100
  4 NdVKBÖs, XI. Jg., Sept. 1931, S. 96
  5 NdVKBÖs, XVIII. Jg., Nr. 10, Okt. 1949, S. 57
  6 NdVKBÖs, XX. Jg., Nr. 5, Mai 1951, S. 55
  7 NdVKBÖs, XXII. Jg., Nr. 7, Juli 1953, S. 50
  8 NdVKBÖs, XXVIII. Jg., Nr. 7, Juli 1959, S. 85
  9 NdVKBÖs, XXX. Jg., Nr. 5, Mai 1961, S. 56
 10 NdVKBÖs, XXXV. Jg., Nr. 11/12, Nov./Dez. 1966, S. 62

Internationale Rundschau

  1 NdVKBÖs, XXI. Jg., Nr. 4, April 1951, S. 46
  2 NdVKBÖs, XX. Jg., Nr. 5, Mai 1951, S. 58
  3 NdVKBÖs, XXI. Jg., Nr. 9, Sep. 1952, S. 56
  4 NdVKBÖs, XXII. Jg., Nr. 7, Juli 1953, S. 51
  5 NdVKBÖs, XXII. Jg., Nr. 11, Nov. 1953, S. 79
  6 NdVKBÖs, XXII. Jg., Nr. 8, Aug. 1953, S. 57
  7 NdVKBÖs, XXIII. Jg., Nr. 12, Dez. 1954, S. 94
  8 NdVKBÖs, XXIII. Jg., Nr. 7, Juli 1954, S. 55
  9 NdVKBÖs, XXVI. Jg., Nr. 6, Juni 1957, S. 76
 10 NdVKBÖs, XXVII. Jg., Nr. 5, Mai 1958, S. 57
 11 NdVKBÖs, XXX. Jg., Nr. 5, Mai 1961, S. 62
 12 NdVKBÖs, XXXVI. Jg., Nr. 8, August 1967, S. 32
 13 NdVKBÖs, XXIX. Jg., Nr. 5, Mai 1960, S. 65

Neue medizinische Erkenntnisse und Versuche in der Augenheilkunde

 1 Clausen, Bruno: Am Horizont schimmert Hoffnung für Blinde, in: NdVKBÖs, IIIL. Jg., Nr. 8/9/10, Aug./Sept./Okt. 1978, S. 6
 2 Valvo, Alfredo: Wieder sehen lernen ist schwer, in: NdVKBÖs, XXXVIII. Jg., Nr. 11/12, Nov./Dez. 1969, S. 70 f.

Die Ehefrauen

 1 NdVKBÖs, XXVI. Jg., Nr. 4, April 1957, S. 43
 2 NdVKBÖs, LIII. Jg., Nr. 2, 1984, S. 6
 3 NdVKBÖs, LIII. Jg., Nr. 4, 1974, S. 7
 4 Kismet: Der Mensch ist gut!?, in: NdVKBÖs, XXV. Jg., Nr. 1, Jänner 1956, S. 5 f.
 5 Unger, Margarete: Gedanken am Webstuhl . . ., in: NdVKBÖs, XX. Jg., Nr. 1, Jänner 1951, S. 7 f.
 6 Bartak, Grete: Mein Mann ist vollbeschäftigt, in: NdVKBÖs, XIX. Jg., Nr. 12, Dezember 1950, S. 106

Der große Vergleich

 1 Kleindl, Walter: Österreich, Wien 1978, S. 303
 2 Ebenda, S. 371 ff.

X. Literatur- und Quellenverzeichnis

Baar, Viktor: Ein Jahr an der Isonzofront, Wien 1917
Bericht über die Wirksamkeit der Kriegsblindenfürsorge im Jahre 1915, Anstalt des Vereines zur Kriegsblindenfürsorge (Hg.), Wien 1915
Bock, Emil: Augenärztliches aus dem Krieg, Wien 1915, in: Wiener Medizinische Wochenschrift, Verband der Wiener Ärzteschaft (Hg.), Jg., 1915, Nr. 50
Burgdörfer, Friedrich: Bevölkerungsbilanz des Zweiten Weltkrieges, München 1950
Cohn, Ludwig: Die Zukunft unserer Kriegsblinden, Breslau 1916
Deckenbrock, Walter: Die Versorgung der Wehrmacht mit Arzneimitteln im Zweiten Weltkrieg, Düsseldorf 1984
Deutsch, Adolf: Anleitung zur Feststellung der Erwerbseinbußen bei Kriegsbeschädigten, Wien 1920*3
Dultinger, Josef: Vergessene Vergangenheit, Rum 1990*4
Droßbach, Max: Besiegter Tod, Gmelin 1942*2
Forrer, Friedrich: Sieger ohne Waffen – Das Deutsche Rote Kreuz im Zweiten Weltkrieg, Hannover 1962
Friedrich, Ernst: Krieg dem Kriege, Nördlingen 1983*15
Haberling, Wilhelm: Die Entwicklung der Kriegsbeschädigtenfürsorge bis heute, Berlin 1918
Heller, Simon: Über die zweckmäßigste Fürsorge für die Kriegsblinden, Budapest 1915
Heuss, R.v.: Organisation und Improvisation der Bergung etc. von Verwundeten, München 1934
Holler, Gerd: Für Kaiser und Vaterland, Wien 1990
Kaup, Ignaz: Kriegsseuchen, München 1938
Kirchenberger, S.: Sanitäts-statistischer Bericht, Wien 1919
Kiszling, Rudolf: Österreich-Ungarns Anteil am Ersten Weltkrieg, Graz 1958
Kleindl, Walter: Österreich, Wien 1978
Krais, Felix: Die Verwendungsmöglichkeiten der Kriegsbeschädigten in der Industrie, im Gewerbe, Handel, Handwerk, Landwirtschaft und Staatsbetrieben, Stuttgart 1916
Kraus, R.: Eine Organisation zur Bekämpfung der Kriegsseuchen in der österreichischen Armee, Wien 1913
Kriegsblindenjahrbuch, Bund der deutschen Kriegsblinden Bonn (Hg.) Jgg. 1991–1993
Kriegsopferversorgungsgesetz, Bundesministerium für Arbeit und Soziales (Hg.) Wien 1992
Marschner, Robert: Die Fürsorge für Kriegsblinde in Böhmen, Prag 1917
Marschner, Robert: Die Fürsorge für Kriegsblinde in Böhmen, Prag 1918
Mell, Alexander: Enzyklopädie des Blindenwesens, Wien 1900
Nachrichten des Verbandes der Kriegsblinden Österreichs 1923–1933 und 1945–1993, Verband der österreichischen Kriegsblinden Wien (Hg.)
Niepel, E.: Arbeitsmöglichkeiten für Blinde, insbesonderes Kriegsblinde, in gewerblichen Betrieben, als: Sonderschrift Nr. 5 des Reichsausschusses der Kriegsgeschädigtenfürsorge, Ausschuß (Hg.), Berlin 1918
Pollak, Walter: Tausend Jahre Österreich, Band 3, Wien 1974
Pokorny, Josef: Berufsberatung von Kriegsblinden, Wien 1916
Rauchensteiner, Manfried: Der Krieg in Österreich 1945, Wien 1985*3
Roza, Heinrich: Bericht über die Wirksamkeit (über die Kriegsblindenfürsorge) des Vereines zur Ausbildung von später Erblindeten in Wien im Jahre 1915, Wien 1915

Schlossberger, H.: Kriegsseuchen, Jänner 1945
Silex, Paul: Neue Wege in der Kriegsblindenfürsorge, Berlin 1916
Steiner, Johann: Der militärärztliche Dienst, o. O. 1926
Tätigkeits- und Rechenschaftsbericht der Frau Anita Müller für Flüchtlinge aus Galizien und der Bukowina, Nr. 3, Wien 1918
Uhthoff, Wilhelm: Weitere persönliche Erfahrungen und Betrachtungen zur Kriegsblindenfürsorge, Stuttgart 1917
Valentin, Rudolf: Die Krankenbataillone, in: Erfahrungen des deutschen Sanitätsdienstes im Zweiten Weltkrieg, Band 2, Deutsche Gesellschaft für Wehrmedizin und Wehrpharmazie (Hg.), Düsseldorf 1981
Verband der Kriegsblinden Österreichs 50 Jahre 1919–1969, Verband der Kriegsblinden Österreichs (Hg.), Wien 1969
Von unsern Blinden, Jgg. 7–11, 1914–1918, k. k. Blinden-Erziehungs-Institut (Hg.)
Wagner, Anton: Der Erste Weltkrieg, Wien 1982*2
Wilbrand, Hermann: Die Verletzungen der Sehbahnen, Wiesbaden 1918
Wondrak, Eduard: Z Dêjin pece o valecne invalidy v nasich zemich, Prag 1976
Wyklicky, Helmut: Seuchenbekämpfung im Ersten Weltkrieg, Wien 1975

XI. Bildnachweis

1 Sachße, Christoph: Bettler, Gauner und Proleten, Hamburg 1983, Abb. 59
2 Ebenda, Abb. 74
3 Mell, Alexander: Über Kriegsblinde, in: Von unsern Blinden, VIII. Jg., Nr. 3/4/5, Dez. 1915, S. 38
4 Von unsern Blinden, X. Jg., Nr. 3/4, Okt. 1917, S. 48a
5 Mell, Alexander: Über Kriegsblinde, in: Von unsern Blinden, VIII. Jg., Nr. 3/4/5, Dez. 1915, S. 39
6 Ebenda, S. 40
7 Ebenda
8 Ebenda, S. 41
9 Ebenda, S. 46
10 Ebenda, S. 44
11 Ebenda
12 Ebenda, S. 45
13 Kinateder, Johann: Die kriegsblinden Soldaten beim Kegelspiel, in: Von unsern Blinden, IX. Jg., Nr. 1/2, März 1916, S. 14a
14 Mell, Alexander: Über Kriegsblinde, in: Von unsern Blinden, VIII. Jg., Nr. 3/4/5, Dez. 1915, S. 47
15 Ebenda, S. 50
16 Ebenda, S. 48
17 Ebenda, S. 49
18 Die Weihnachtsfeier der blinden Soldaten, in: Von unsern Blinden, VIII. Jg., Nr. 1/2, Feb. 1915, S. 10a
19 Mell, Alexander: Über Kriegsblinde, in: Von unsern Blinden, VIII. Jg., Nr. 3/4/5, Dez. 1915, S. 51
20 Das Marienheim in Strass im Strassertal in Niederösterreich, in: Von unsern Blinden, IX. Jg., Nr. 3/4, Dez. 1916, S. 36a
21 Ebenda
22 Halarevici, Georg: Kriegsblindenfürsorge mit besonderer Berücksichtigung der landwirtschaftlichen Kriegsblindenschule in Strass, in: Von unsern Blinden, X. Jg., Nr. 3/4, Okt. 1917, S. 38a
23 Mell, Alexander: Erfahrungen im landwirtschaftlichen Unterricht der Kriegsblinden, in: Von unsern Blinden, X. Jg., Nr. 1/2, Juli 1917, S. 10a
24 Melhuba, Adolf: Aus der Praxis des landwirtschaftlichen Unterrichtes für Kriegsblinde, in: Von unsern Blinden, IX. Jg., Nr. 3/4, Dez. 1916, S. 42a
25 Ebenda
26 Mell, Alexander: Erfahrungen..., in: Von unsern Blinden, X. Jg., Nr. 1/2, Juli 1917, S. 10a
27 Halarevici, Georg: Kriegsblindenfürsorge..., in: Von unsern Blinden, X. Jg., Nr. 3/4, Okt. 1917, S. 40a
28 Ebenda
29 Ebenda, S. 34a
30 Ebenda
31 Ebenda, S. 30a
32 Melhuba, Adolf: Aus der Praxis..., in: Von unsern Blinden, IX. Jg., Nr. 3/4, Dez. 1916, S. 46a
33 Von unsern Blinden, X. Jg., 1917, Anhang

34 Halarevici, Georg: Kriegsblindenfürsorge . . . , in: Von unsern Blinden, X. Jg., Nr. 3/4, Okt. 1917, S. 30a
35 Nachrichten des Verbandes der Kriegsblinden Österreichs (= NdVKBÖs), 3. Jg., Nr. 8 u. 9, Aug./Sept. 1923, Titelblatt
36 50 Jahre VdKBÖs 1919–1969, Wien 1969, S. 16
37 Ebenda, S. 52
38 Ebenda, S. 69
39 Ebenda, S. 59
40–43 NdVKBÖs, 28. Jg., Sonderausgabe, Juni 1959, S. 3
44 NdVKBÖs, Sondernummer (1979), S. 20
45–48 NdVKBÖs, 28. Jg., Sonderausgabe, Juni 1959, S. 3
49 50 Jahre VdKBÖs 1919–1969, Wien 1969, S. 9
50 Ebenda, S. 36
51 Ansichtskarte vom Erholungsheim Ossiach
52 NdVKBÖs, 28. Jg., Nr. 11, Nov. 1959, S. 129
53 NdVKBÖs, 26. Jg., Nr. 4, Apr. 1957, S. 43

XII. Benützte Bibliotheken

Bibliothek des Bundes-Blinden-Erziehungsinstitutes
Bibliothek des Museums für das Blindenwesen
Bibliothek des Bundesministeriums für Arbeit und Soziales
Bibliothek des Instituts für Sozial- und Wirtschaftsgeschichte
Bibliothek der Universität Wien
Bibliothek des Statistischen Zentralamtes
Bibliothek des Instituts für die Geschichte der Medizin
Staats-und Kriegsarchiv
Bibliothek des Instituts für Militärgeschichte
Sozialwissenschaftliche Studienbibliothek der Kammer für Arbeiter und Angestellte für Wien
Nationalbibliothek
Archiv des Österr. Kriegsblindenverbandes

XIII. Anhang

1. Lebensläufe Kriegsblinder nach deren Erzählungen

Lebenslauf Johann Joham

Eine schwere, entbehrungsreiche Jugend traf den heranwachsenden Hans. Als uneheliches Kind einer Magd erlebte er ein klassisches Schicksal. Bei der Großmutter aufgewachsen, zog er von einem Bauerndienst zum nächsten. Bei seinem letzten Dienstgeber vor dem Einrücken war Joham als landwirtschaftlicher Hilfsarbeiter mit dem Schwergewicht der Holzbringung angestellt. Dort fühlte er sich wohl, hatte einen guten Bauern bekommen, seine Aufgaben entsprachen seinen Interessen.

Im Oktober 1941 holte auch ihn die Wehrmacht.

Am 6. Oktober 1944 lag er mit seiner Einheit 50 km vom Eisernen Tor im ehemaligen Jugoslawien. Bulgaren, Russen und Truppen Titos begannen die Deutschen einzukesseln. Ein russisch besetzter Höhenrücken sollte zurückgewonnen, das Manöver der Feinde durchbrochen werden. Obergefreiter Joham lag am Hang, um sich zum Sturm vorzubereiten, munitionierte die letzten leeren MG-Gurte auf, steckte sie zusammen. Eine russische Granate explodierte ganz nah neben ihm. Zuerst zu Boden geschleudert, konnte er sich, ungeachtet seiner Verletzungen, seinen Kameraden bemerkbar machen, die sehr überrascht, daß er diesen Treffer überlebt hatte, den blutverschmierten Hans zurück zur Kompanie brachten. Als er realisierte, nichts mehr zu sehen, war sein erster Gedanke: „Alles egal – ich erschieß mich!" Nur durch die Wirren des Transports, die seine ganze Aufmerksamkeit in Anspruch nahmen, gelang ihm die Ausführung seiner ersten Überlegungen nicht.

In einem abenteuerlichen, letzten Kfz-Transport schaffte man ihn zum Hauptverbandsplatz zurück. Der Zug transportierte den Schwerverletzten von Belgrad nach Eszeg. Dort wartete das Flugzeug nach Wiener Neustadt. In jeder Sanitätseinrichtung kümmerte man sich nur um die Rettung seiner Sehkraft und vergaß weitgehend auf die Behandlung seiner anderen Wunden. Dabei hatte er eine Unmenge Splitter in den Oberschenkeln, den Armen und Händen, dem Kopf und im Gesicht. Drei zusammenhängende, verschiedentlich geformte Splitter drangen ihm durch die rechte Wange in den Unterkiefer, so daß sie in der Mundhöhle und aus dem Knochen herausschauten. Mit der Zunge spielte er so lange, bis die frisch eingedrungenen Stahlteilchen sich tatsächlich herauslösten und er sie ausspucken konnte. Durch diese Eigeninitiative blieb faktisch keine Beißbeeinträchtigung oder Narbe im Gesicht zurück. Jedoch ist Herrn JOHAMS Körper bis heute mit Metallstückchen übersät, die sich abgekapselt haben, nicht mehr wandern – nicht mehr weh tun.

Seine Sehkraft auf dem einen Auge kehrte auf 3/60 zurück, jedoch 1946 löste sich die Netzhaut – aus war es.

Auch der Krieg war aus. Rückkehr ins Elternhaus gab es keine. Da nahm ihn der Bauer, bei dem er vor dem Krieg gearbeitet hatte, wieder zu sich. Im Frühjahr konnte Herr JOHAM gerade noch den letzten Umschulungsturnus in der Kriegsblindenumschulungsstätte St. Florian mitmachen und lernte Blindenschrift und Maschinschreiben. Er kehrte nach Kursende gleich wieder zu „seinem" Bauern zurück und arbeitete, so gut er konnte, weiter in der Landwirtschaft bis Ende 1957 mit. 11 Jahre nach seiner Erblindung wurde alles anders, besser. Am 11. Februar 1957 heiratete er Elisabeth OSWALD, und bald darauf waren sie die Eltern der Aloisia. In diesem Jahr bekamen sie ein Eigenheim in FALLEGG bei Stainz, Steiermark. Trotzdem er sich jetzt eigentlich voll ins Privat- und Familienleben zurückziehen hätte können, half er bis 1971 fallweise weiter bei allen nur erdenklichen bäuerlichen Beschäftigungen mit.

Trauer um seinen Führhund schwingt in seiner Erzählung, als er schwärmt von den weiten, unabhängigen Wanderungen, die er mit ihm unternehmen konnte. „Die . . . war ein braves Vieh. Nur mit den Ästen hat sie sich schwer 'tan. Die hab i immer ins Gsicht kriegt. Klar, i bin relativ groß – und was sie da ober abg'spielt hat, das war mit ihre Höhe, das is sie nix angangen. Bin i oft einigrennt in das Astlwerk. Mit der Zeit hab' i richtig Angst kriagt, mit ihr durch'n Wald zu gehen, weil teilweise hat das schon sehr weh getan.

Einmal geh ich z'rück von der Hüttn, wo i immer mein Most trunkn hab. Is a Wetter aufzogn, finster is wordn, und i bin schleunig zua. Da triff i a Gruppn Urlauber mittn im Wald. Die haum sie überhaupt nimmer mehr auskennt. Hab'ns mi nach n' Weg gfragt. Na, bin i ihnen voraus und hab sie noch vorn Regen ins Gasthaus bracht. I hab d'Astln gar nimmer gspürt vor Freud, daß i als Blinder a Gruppen Sehende leiten hab können."

Heute ist er glücklich verheiratet, Vater einer Tochter und zweifacher Opa. Durch die Erträgnisse der eigenen Arbeitsleistung und durch seine Rente ist das Leben des Ehepaares JOHAM abgesichert. In Ruhe kann er sich seiner Familie und dem Lesen von Blindendruckbüchern sowie der Frequenz der Hörbücherei widmen. Ein Auto sichert die Mobilität der Gattin. Nur so kann sie für den Einkauf aus dem nächsten, 10 km entfernten, Geschäft sorgen.

Lebenslauf Diethelm BLECHA

Diethelm BLECHA entstammt einer Beamtenfamilie. Seine Mutter versorgte den Haushalt, seine Schwester und ihn.

Mit vierzehn kam er, der Zeit entsprechend, zur Hitlerjugend. Er genoß die Ausbildung sehr, war sie doch bubengerecht aufgebaut.

Beim Scheibenschießen traf den Sechzehnjährigen ein Geller genau ins Auge. Obwohl sofort erste Hilfe durch einen anwesenden praktischen Arzt geleistet wurde, im nächsten Spital verzweifelte Nähversuche an dem Auge ihm die Sehkraft erhalten sollten, erblindete der Jugendliche dort völlig. Einige Jahre darauf ging er eines Abends von einer Veranstaltung nach Hause. Er wollte nicht den weiten Weg über die Straße gehen, sondern wählte die Abkürzung durch die Felder und den eigenen Garten. In der Dunkelheit erkannte der junge Mann nicht, daß von der nachmittäglichen Gartenarbeit eine Sense an genau dem Baum hängen blieb, an dem er vorbei mußte. Er lief genau in diese hinein. Die Spitze drang ihm just ins gesunde Auge, das sofort auslief. Nun war es tatsächlich vorbei mit jeglicher Sehkraft. Sein erster Gedanke war: „Jetzt hänge ich mich auf!" Sehr schnell aber schlug der altersspezifische Lebensdrang durch: „Nicht aufgeben – es wird schon!" Kaum genesen – und das war er bald – kam er zurück ins Elternhaus, das weiter für ihn sorgte. Für ihn gab es faktisch keine Rekonvaleszenz, keine Umschulungsmaßnahmen, keine fachliche Betreuung im Aufbau der täglichen Lebensbewältigung.

Nach Kriegsende war ausschließlich das Elternhaus für seine Versorgung vorhanden. Er, der keinen Beruf erlernt hatte, konnte nichts selbst dazu beitragen. Ab 1948 bekam er einen Härteausgleich, zehn Jahre später wurde ihm die Kriegsopferrente zugesprochen. Ab dann war seine Zukunft gesichert. Sein Alltag, unterstützt durch Eltern und einem treu zu ihm haltenden Freundeskreis, war schon längst in geordneten Bahnen.

1955 lernte er seine Frau Dorle kennen. Sie wohnten ein Jahr lang im selben Haus. Natürlich begegnete man einander oft, wurde sie auf ihn aufmerksam, hatte Mitleid mit ihm. Dann entwickelte sich daraus die große Liebe – 1961 wurde geheiratet.

Im angeregten Gespräch über sein Leben wird er ernst und sinniert in vorarlbergerisch: „Dadurch, daß ich so jung war und nach dem Krieg alles so durcheinandergegangen is, hab ich nix gelernt, keine Berufsausbildung bekommen. Das hängt mir jetzt oft nach. Als Junger war mir oft unausstehlich fad. Ich hab mit meiner Zeit überhaupt nicht gewußt, was anfangen. Erst durch d' Frau und die Tochter hat's Leben neuen Sinn bekommen. Dann bin ich reifer geworden und hab mich im Sport engagiert. War froh, was zu finden, was auch ich tun konnte. 'S war lang nicht schön. Jetzt leb' ich gerne. Aber jetzt sind wir halt auch nicht mehr taufrisch."

Die nächsten Jahre waren der Familie und der Betreuung seines Hauses gewidmet. Zu diesem seinem wichtigsten Hobby ist er eifriger Frequentant der Hörbibliothek mit Schwerpunkt Sport und Reisen. Intensiv engagierte er sich im Behindertensport, obwohl selbst starker Raucher.

Wenn es Zeit und Mittel erlauben, werden Reisen mit historischem Hintergrund unternommen, von denen er dann wieder lange zehren kann.

Vorarlberg bietet mit seiner herrlichen Landschaft viele attraktive Wanderungen an. Oft ist das Ehepaar BLECHA in den Bergen. Gesellig wie sie sind, lernen sie viele Leute dabei kennen. Aus diesen vielen Bekanntschaften sind etliche ganz enge Freundschaften geworden, die sein Leben nicht unausgefüllt lassen.

Lebenslauf Franz HERBST

Eine typische Salzkammergutfamilie ist seine Herkunft. Der Vater war Salinenarbeiter, die Mutter Hausfrau, eine Schwester belebte neben ihm den Haushalt. Nach der Grundschule wurde er Postfacharbeiter, genauer gesagt Briefträger.

Im Jänner 1945 war er mit seinen 19 Jahren Gefreiter. Bei Verlegungsarbeiten explodierte ihm eine Mine. Sie riß ihm das Gesicht weg, die linke Hand konnte man nur mehr am Unterarm amputieren, und an der rechten Hand waren nur noch Ringfinger und kleiner Finger vollständig zu erhalten, die anderen nur noch in Resten.

Was rund um den Unfall geschah, versank für ihn in Belanglosigkeit. Er war tief und lange bewußtlos.

Man transportierte ihn von einem Spital ins andere. Triest – Tarvis – Velden – Klagenfurt – Bad Ischl – St. Wolfgang – Gmunden – Salzburg waren die Stationen der nächsten zwei Jahre, die ihm insgesamt 20 kosmetische Operationen brachten. Dann bekam Franz wieder ein menschenwürdiges Antlitz. Schnell vor Kriegsende wurde er noch mit dem Goldenen Verwundetenabzeichen ausgezeichnet.

Durch seine langen Spitalsaufenthalte kam er gar nicht mehr in den Genuß einer militärischen Versorgung, und durch die Wirren zu Kriegsende gab es für ihn auch keinerlei Umschulungsmaßnahmen. Ohne Beruf dastehend, waren es anfangs auch wieder die Eltern, die ihn unterstützten.

Ab Ende 1945 wurden ihm eine Zivilpension und eine Invalidenrente zugesprochen, die das Auskommen sicherten.

Eingebettet in einem herzlich sorgenden Freundeskreis, konnte er ein neues Leben aufbauen und heiraten.

Da lacht er auf: „Wissen Sie, die Leute sind schon komisch. Eigentlich kennen mich doch alle in Ebensee. Auch auf der Gemeinde wissen alle, wer ich bin. Trotzdem schicken sie mir den Bescheid zu . . . (Zwischenfrage: ‚Wann war das?') Anfang der fünfziger Jahre. Ja, so herum muß es gewesen sein." Auch seine Frau kann es nur bestätigen, ebenfalls nicht präzisieren. „Wissen Sie, ich versteh' das nicht, Wissen eh' alle, wie ich beieinander bin – und teilen mich zum Schneeschaufeln ein. Bin ich hingegangen und hab' in der Gemeindestub'n meine Händ' ghobn und gfragt: ‚Kennt's es mir vorhupfn, wie ich eine Schaufel halten sullt. Tät 's eh' gern, aber 's geht ja nimmer.' Lange Gesichter. Entschuldigt in dem Sinn habn sie sich nicht, aber ghört hab ich auch nichts mehr von ihnen."

Seit 13 Jahren verbringt das Ehepaar HERBST den Juli in Ossiach, und auch sonst schätzen sie Badereisen mit Kultur. Wenn nicht gerade unterwegs, wird die Hörbibliothek frequentiert. Das Telefon zu Hause ist das Sprachrohr zum Freundeskreis, und das Vespa-Moped erhält dem Ehepaar eine ansprechende Mobilität im engeren Bereich.

Lebenslauf Johann MANHART

Aus gesicherten Verhältnissen kommt Johann MANHART. Sein Vater war Eisenbahner, die Mutter versorgte daheim 8 Kinder.

Der Lehrling der Ledergalanterie rückte 1942 ein und war überzeugter Soldat. Bald wurde der Zwanzigjährige Gefreiter und an die Ostfront geschickt. Auch er marschierte mit vor, auf Stalingrad zu. Der Don war erreicht, da mußte der Brückenkopf gesichert werden. Beim Ausbau der Stellung traf ihn eine Gewehrkugel in den Kopf. Seine Kameraden schafften ihn auf schnellstem Weg zum Hauptverbandsplatz zurück, wo er sofort operiert wurde.

Dieser Eingriff rettete ihm das Leben. Dabei sollte es aber nicht bleiben. Weitgehend schmerzfrei, um seinen Status gar nicht wissend, wurde er Richtung Heimat geflogen. Eines technischen Gebrechens wegen stürzte die Maschine ab. Wie durch ein Wunder wurde er durch eine rettende Hand gerade noch aus dem brennenden Wrack gezogen. Kaum ein Stückchen weg, explodierte das Flugzeug und riß seine anderen Kameraden in den Tod. Lange wußte er nicht, wie es um ihn bestellt war, war er doch nur glücklich, zweimal mit dem Leben davongekommen zu sein. Erst 6 Wochen später, in Wien, realisierte er, daß er blind war. Ein Verwundetenzug hatte ihn aus Polen zurückgebracht.

MANHART kam ins Umschulungslazarett nach Neuwaldegg im 17. Wiener Gemeindebezirk und erlernte dort den Beruf eines Telefonisten. Gemeinsam in einem Haus aufgewachsen, hatte er das Glück, daß sich Hermine bereits im Lazarett rührend um ihn sorgte. Ein Jahr später heirateten sie, und seit 1942 ist sie die große Stütze seines Lebens. Der Gefreite wurde zum Unteroffizier befördert und bekam das Goldene Verwundetenabzeichen sowie das EK II verliehen.

In seinem neuen Beruf wurde er von 1942 bis 1945 im Rahmen der Wehrmacht eingesetzt. Während der Kriegszeit gab es für ihn einen Fürsorgeoffizier, der sich um die nahtlose Überführung ins Zivilleben bemühte.

Mit Kriegsende wurde Johann MANHART aus der Armee entlassen und war ab Februar 1945 Zivilist.

1945 bis 1949 war auch er ein Opfer der allgemeinen Wirren, und erst 1949 lernte er im Blindenverband das Handwerk eines Bürstenbinders, das er bis 1957 ausübte. Dann bekam er eine Trafik, die er bis zu seiner Pensionierung gemeinsam mit seiner Frau führte.

Heute ist Herr MANHART glücklicher Vater zweier bereits erwachsener Kinder und stolzer Opa. Seinen Freundeskreis hat er sich gemeinsam mit seiner Gattin als bereits Blinder aufgebaut.

Abgesehen von seiner Familie beeinflußt die Blindenschachgruppe Wien, deren Leiter er ist, wesentlich sein Leben. Zu Hause trainiert er über den Schachcomputer und bildet sich durch die Hörbibliothek. Daheim im Wienerwald, nützt das Ehepaar MANHART die gesunde Umgebung zu weiten Spaziergängen, um in der guten Luft Erholung zu finden.

Der starke Raucher fährt jährlich zur Kur nach Hofgastein in das Kriegsopferheim HANUSCH und zum Juli-Termin nach OSSIACH.

Als Musikfan verfügt er über eine große Sammlung von Tonträgern, und um den vertrauten Ton seiner Familie und Freunde stets um sich zu haben, plant er die Anschaffung eines Mobiltelefons.

Lebenslauf Johann KAUFMANN

Er lernte Wagner und Karosseriebauer. Seine Eltern, der Vater Hilfsarbeiter, die Mutter Hausfrau, hatten 4 Kinder zu versorgen. Verständlich, daß man bemüht war, ihn bald „gut unterzubringen". So rückte er im Oktober 1944 ein und wurde bereits im Februar 1945 zur SS nach Siezenberg versetzt.

Am 6. Mai 1945, einem Sonntag, ging der damals Sechzehnjährige zur Sonntagsmesse. Bei seinem Spaziergang Richtung Kirche kam er an einem Haus vorbei, dessen ebenerdige Fenster offenstanden. In der Tiefe des einen Raumes erkannte er einen alten Bekannten von ihm, der gerade mit einem Gegenstand hantierte. Just als Johann zum Fenster trat, um hineinzuschauen, explodierte drinnen dieser Gegenstand. Es war eine Panzerfaust.

Die Hauptrichtung der Detonation ging genau zum offenen Fenster, in dessen Rahmen KAUFMANN stand. Er wurde zurückgeschleudert und blieb schwerst verletzt liegen. Er konnte sich nicht mehr rühren, sah nichts mehr, dachte nur noch: „Jetzt ist es aus!" Sofort herbeieilende Soldaten brachten ihn zum Hauptverbandsplatz nach Mank, von dort nach Scheibbs und schließlich, da sich schon alles auflöste, zu den Amerikanern. So kam er nach Linz und bis Ende August 1945 zu den Bamherzigen Schwestern, einem der größten Spitäler der oberösterreichischen Landeshauptstadt.

Nach etlichen Operationen kam er im Herbst 1945 zu einem neuerlichen chirurgischen Eingriff nach Wien. Erfolgreich! Zwischen 1946 und 1956 verbesserte sich seine Sehkraft soweit wieder, daß er sogar, wenn auch eingeschränkt, in seinem alten Beruf arbeiten konnte, für sein eigenes Einkommen sorgte.

Der Auslöser der Detonation hatte sich weder um die Erstversorgung des Verletzten gekümmert, noch jemals den Rekonvaleszenten, späteren Arbeiter, besucht oder ihm geschrieben.

Auf Grund der eingeschränkten Optik passierte es Johann KAUFMANN immer häufiger, daß er sich bei der Arbeit zunehmend schwerere Verletzungen zuzog – schließlich auch an den Augen. 1960 war er praktisch blind und mußte endgültig den Beruf aufgeben.

Ab 1949 bezog er eine bescheidene Rente. Bis dahin unterstützten ihn Eltern und Geschwister. Mit Beendigung seiner beruflichen Laufbahn wurden ihm Sozial- und Versehrtenrente zugesprochen und seine Existenz gesichert. Mit dem Verlust des Augenlichts beendete er auch seine sportlichen Interessen, die vor allem in der Leichtathletik und dem Turnen lagen.

Seine Frau starb im Frühjahr 1992. Ein schwerer Verlust, der ihn sich mehr und mehr abkapseln läßt. Viele nicht entfernte Splitter verursachen immer wieder epilepsieähnliche Anfälle, die sich durch die psychischen Belastungen nach dem Ableben der Partnerin auch noch verschlechtert haben. Er lebt im eigenen Haus, hat seine Geschwister als Nachbarn und seine Tochter, die sich um ihn sorgen. KAUFMANN ist eifriger Frequentant der Hörbibliothek, hat sein Handy immer bei sich und kämpft oft gegen seinen Schachcomputer. Wann es nur möglich ist, spielt er Karten und Schach mit Sehenden und schwimmt viel zum körperlichen Ausgleich.

Lebenslauf Walter MALASEK

Die Schilderung seines Lebenslaufes unterbrach er immer wieder mit der Zitierung seiner selbstverfaßten Gedichte, von denen er am Beginn des Gesprächs rezitierte.

Kriegsblind

Die Augen verloren – ewige Nacht
was hat der Krieg mit dir nur gemacht.
Trotzdem hattest Du Glück und kamst nach Haus –
für viele von Deinen Kameraden war's im Felde schon aus.
So frag ich Dich heute, wer hatte Glück?
Der Eine, der draußen blieb –
oder blind kam zurück?

Am 29. Jänner 1925 wurde er in eine wahrlich „betuchte" Familie hineingeboren. Die MALASEKs waren alle Schneidermeister, die auch sehr viel mit Goldstickerei arbeiteten und es so zu einem deutlichen Wohlstand brachten. Der junge Walter war für dieses Handwerk nicht zu begeistern – ihn faszinierte der Fortschritt – er lernte Radiotechniker. Er wohnte im Elternhaus und genoß sein Leben, bis er am 4. Jänner 1942 einberufen wurde. Der Bub kam zum Reichsarbeitsdienst K7-350 nach Schönborn-Malebern und wurde im Dezember 1942 zur Wehrmacht überstellt. Sein militärischer Weg führte in die Marienkaserne Klosterneuburg. Dort wurde er auf seine Laufbahn als Unteroffizier vorbereitet und gut präpariert, dann schickte man ihn auf die Unteroffiziersschule nach Berlin. Er wurde der Pionierabteilung der Herzdivision zugeteilt, dann ging es Richtung Osten nach Rußland.

In der Schlacht von Orscha-Irewa im Mittelabschnitt der Ostfront wurde die Division aufgerieben. Von den 100.000 Mann blieben 180 Soldaten über. Unter den Überlebenden – zwar verletzt, aber glücklich – wurde Walter zurück nach Polen geschickt.

Eine neue Beorderung folgte. Das Regiment 14 „Konstanz" der 78. Sturmdivision benötigte Personalersatz. Der schon viermal Verwundete wurde zu seiner neuen Einheit in Marsch gesetzt.

Im Raum Krakau kam es neuerlich zu Feindberührungen. Der inzwischen erfahrene Soldat wurde immer wieder zu heiklen Einsätzen herangezogen. Am 3. Jänner 1945 bekam der fast 21jährige Unteroffizier den Auftrag, eine vor ihnen liegende feindliche Stellung auszukundschaften. Teilweise huschte er mit seinem Spähtrupp geduckt vor, teilweise krochen sie im Schutz der Finsternis weiter. Immer möglichst gut gedeckt. Trotzdem – war es gezielt, war es Zufall – schlug genau in die vier Mann eine Granate ein. Drei waren auf der Stelle tot. Walter MALASEK, der sich am routiniertesten verhalten hatte, zahlte einen hohen Preis für sein Überleben. Nach der Explosion zog sein ganzes junges Leben an ihm vorüber, und er dachte: „Jetzt ist es aus!" Er spürte nichts. Der Wundschock hielt gnädig die Schmerzen von ihm fern. Er registrierte nur, daß der linke Arm stark blutete. Mit dem Hosenriemen band er ihn ab, die Blutung hörte fast auf. Die Kameraden in den hinter ihm liegenden Stellungen stürzten nach vor, um sie zu bergen, da konnte er ihnen anzeigen, daß er noch lebte. Sie wurden auf ihn aufmerksam, sahen, daß sie den anderen nicht mehr helfen konnten, bargen ihn als Ersten. Als sie ihn zurückbrachten, gingen die Schmerzen los. Das Ausmaß seiner Verletzungen war ihm noch immer nicht bewußt. Er wurde sofort ins Lazarett nach Krakau gebracht und den ganzen Tag operiert. Der Mangel an Narkotika erlaubte nur eine Betäubung mit ein paar Spritzen.

Zuerst wurde sein dreifacher Kieferbruch „zusammengeflickt". Nach drei Stunden waren die Knochen wieder beisammen. Dann mußten die Chirurgen das total zerstörte linke Auge herausnehmen. In einer stundenlangen Operation am rechten Auge konnten etliche Splitter entfernt werden, eine gewisse Sehkraft kehrte zurück.

Die Narkosemittel waren aus. Trotzdem schnitt man ihm den linken Arm vom Oberarm weg der Länge nach auf, zog Gummischläuche ein, um den Eiter abfließen zu lassen. Wilde Schmerzen durchtobten seinen Körper, und er bat immer, daß man sich auch um den schwer in Mitleidenschaft gezogenen rechten Arm kümmere – und ihm die Splitter aus dem Körper heraushole. Aber man meinte, das Wichtige zuerst, und beließ die furchtbar schmerzenden Gummischläuche im Wrack des linken Arms.

Nach drei Tagen fielen die Russen ein, das Lazarett mußte geräumt werden. Beim Abtransport nach Berlin in die Charité zu Professor SAUERBRUCH gab es so starke Erschütterungen, daß ein Bluterguß im verbleibenden rechten Auge ihm die letzte Sehkraft nahm.

Kaum in Berlin angekommen, rettete Prof. SAUERBRUCH in einer Notoperation persönlich den rechten Arm. Der linke war nicht mehr zu halten, und am 21. Geburtstag wurde der brandige Arm amputiert.

Berlin
29. Jänner 1945

Fieber, große Schmerzen, Angstschweiß rann
über mein Gesicht.
Bei meinem Bett saß Schwester Erika,
denn sie war immer da, sie streichelte mich.
Gleich mein Junge ist es so weit.
Die Tür ging auf, sie holten mich.
Im OP-Saal stand Prof. Sauerbruch, erwartete mich.
Ist alles bereit? Narkose – und ich war weg.
Aufgewacht im Zimmer, in meinem Bett,
ich griff nach dem Arm, doch der war weg –,
Schwester Erika tröstete mich, Tränen von ihr rannen auf
mein Gesicht und sie liebkoste mich.
Ihr Bruder gefallen, erzählte sie mir, mit 21 Jahren,
so alt du heute bist. Ich wünsch Dir alles Gute.

Du wirst wieder sehn, wein nicht mein Junge.
Ich bin bei dir, teile mit Dir Deinen Kummer.

Ich bleibe bei Dir.
Draußen flogen die Bomben – die Hölle war los.
Es ging drunter und drüber, ich hatte Glück.
Ein Generalstabszug, der über Wien fuhr, nahm mich mit.
Beim Professor verabschiedete ich mich und dankte ihm.
Leb wohl mein Junge, denk immer daran,
das hab ich für Dich aus Liebe getan.
Das war vor 43 Jahren, wo ich erst 21 Jahre alt war
wo mein Schicksal begann.
Von da an blieb stehen die Zeit.
Es ist immer noch dunkel wie damals, auch heut.

Im März 1945 organisierte der berühmte Chirurg für ihn, daß der Schwerstverletzte mit dem letzten Generalstabszug von Brandenburg an der Havel nach Wien kam.

Das Rote Kreuz verband ihn noch am Bahnhof in Wien neu, und ab April lag er auf der Kieferstation im Rudolfsspital, neben ihm der kriegsblinde Kamerad Franz NAGL. Vom Bett weg kamen beide in russische Kriegsgefangenschaft. Ende 1945 wurde er entlassen und in die Augenabteilung nach Lainz eingewiesen. Eine neuerliche Augenoperation brachte keinen Erfolg, die Sehkraft war dahin. Durch die monatelange Vernachlässigung war das Auge geschrumpft.

Die Rotkreuzschwester, die ihn in dieser Zeit betreute, wuchs ihm so ans Herz, daß die beiden heirateten. Sie schenkte ihm die Tochter ELEONORE, die jedoch mit 1½ Jahren nach einem Unfall starb. Bald darauf folgte ihr seine Frau.

Im März 1948 heiratete er Frl. Hertha WITTMAYER, die ihm auch bald starb. 1950 bekam er eine Trafik, die er bis 1956 führte. Dann wurde das Österreichische Bundesheer aufgestellt, Militärkantinen waren zu vergeben. Bis 1981 führte Walter MALASEK die Kantinen in der Großen Breitenseer-Kaserne, „Vega-Payer-Weyprecht-Kaserne". und in dem Kommandogebäude „General Körner Kaserne". Inzwischen heiratete er am 15. April 1960 Frau Anna Maria KLIPPL, die ihm bis zu ihrem Tod 1988 eine treue Gattin war.

Von 1982–1988 war er Trafikant.

Gerade als er in den Ruhestand treten konnte, starb ihm seine Frau.

Der Verband half dem im Krieg Hochdekorierten viel, so daß er, obwohl keine Umschulung genossen, reibungslos vom militärischen in den zivilen Bereich überstellt wurde. Auch in der Vermittlung der Tabak-Trafiken und der Kantinen war der Verband eine unentbehrliche Stütze. Durch seine vielen Spitalsaufenthalte bekam er sehr viele Ärzte in seinen Freundeskreis, der sich sonst durch seine vielen Verwundungen eigentlich nicht geändert hat.

Er genoß regelmäßig seine Urlaube in Waxenberg und später in Ossiach. Solange seine Frau lebte, fuhr man einen Opel Kadett. Jetzt verlegt er sich auf high-tech zu Hause. In seiner Eigentumswohnung findet man über Walkman, TV, Tonband für die Hörbücherei bis hin zum Schnurlostelefon jeden Komfort. Viel unterwegs, wie er ist, und jede Menge Telefonate, die er bekommt, hat er natürlich auch einen Anrufbeantworter. Der Verfasser einiger lyrischer Bände möchte auch weiterhin literarisch tätig sein und sein Leben so aktiv gestalten können wie bisher.

Feinde wurden Freunde

Ich reiche Dir als Freund die Hand,
für immer sei der Krieg gebannt,
der Not und Leid über uns gebracht.
55 Millionen waren zu beklagen
und das in einem Zeitraum von sieben Jahren.
Darum mein ausländischer Kamerad,
reich ich Dir die Hand
und grüß von mir Dein Vaterland.
Für Freiheit und Frieden gilt mein Gruß.
Den ich Dir als Kriegsblinder weitergeben muß.
Denn ehemalige Feinde verbrüdern sich
und wurden Freunde.
Wenn die Vernunft des Menschen siegt,
dann gibt es keinen Krieg.
Und wehe durch Atom –
die Urgewalten werden frei,
dann ist es für Mensch und Tier vorbei.

*Lebenslauf Michael G*LÖCKL

Ich wurde am 24. 9. 1925 in Deutschkreutz, Burgenland, geboren, besuchte Volks- und Hauptschule und wollte anschließend in Wien das Schlosserhandwerk erlernen. Nach 2jähriger Lehrzeit wurde ich im Februar 1943 zum Arbeitsdienst und 3 Monate später zur deutschen Wehrmacht eingezogen.

Am 20. August 1944 verlor ich am Mittelabschnitt der Ostfront durch Granatsplitter das Augenlicht. Als Soldat mußte man täglich damit rechnen, schwer verwundet zu werden oder sein Leben zu verlieren, allerdings habe ich nie daran gedacht, daß man auch das Augenlicht verlieren kann. Als ich mir der schweren Verwundung bewußt wurde, hätte ich den Tod einem Leben in ewiger Finsternis vorgezogen.

Erst in den Lazaretten und in der Kriegsblindenschule in Wien wurde mir bewußt, daß es noch viel schwerere Kriegsverletzungen gibt. Ich lernte Kriegsblinde kennen, die ein Bein, eine Hand und manche sogar beide Hände verloren hatten.

Im August 1945 kehrte ich aus der Kriegsgefangenschaft in meine Heimatgemeinde Deutschkreutz zurück. Obwohl sich meine Mutter – mein Vater befand sich noch in russischer Kriegsgefangenschaft – und meine drei Geschwister bemühten, mir das Leben so schön wie möglich zu machen, fühlte ich mich trotzdem sehr einsam.

1950 lernte ich meine zukünftige Gattin Rosa kennen, mit der ich 1952 den Bund fürs Leben schloß. Meine Gattin schenkte mir drei gesunde Kinder, und dadurch bekam mein Leben einen neuen Sinn, hatte ich nun doch Verantwortung für meine Familie zu tragen.

Von meiner Kindheit an lernte ich in der Zwischenkriegszeit die Schwere des Lebens zu ertragen. Dadurch entstand für mich eine soziale Einstellung, und 1950 wurde ich in den Gemeinderat von Deutschkreutz gewählt. In dieser Tätigkeit hatte ich die Möglichkeit, vielen Menschen, vor allem der älteren Generation, zu helfen.

Seit 1953 bin ich Funktionär im Verband der Kriegsblinden Österreichs und der Landesgruppe Wien, Niederösterreich und Burgenland und bemühe mich die Interessen unserer Mitglieder zu vertreten. Mein zunächst scheinbar sinnloses Leben ist dennoch ein erfülltes Leben geworden.

Nach 50jähriger Blindheit weiß ich, daß dieses Schicksal niemals endgültig überwunden werden kann.

2. Briefe und Berichte

Erfülltes Hoffen
Leopold Weghofer

Es war ein herrlich schöner Frühlingstag, als ich am 3. April 1915 mit dem 9. Marschbataillon des Ersten Wiener Hausregimentes aus der Rennweger Kaserne zum Nordbahnhof marschierte. Kaum von der am 29. November 1914 am nördlichen Kriegsschauplatz erlittenen Verwundung genesen, wurde ich diesem Marschbataillon zugeteilt; gleich vielen anderen Kameraden schmückte auch meine Mütze das Band: „Zum 2. mal ins Feld." Die nächsten Anverwandten, die alle gekommen waren, um ihrem Gatten, Vater, Sohn oder Bruder am Bahnhofe vielleicht zum letzten Male Lebewohl zu sagen, gaben der abmarschierenden Truppe das Geleite. Hier scherzte ein Vater mit seinem Kinde, das er am Arme hielt, während seine Frau das Gewehr trug, dort schleppte ein Knabe den Tornister seines Bruders.

Da meine Angehörigen nicht in Wien wohnten, konnte ich leider nur brieflich von ihnen Abschied nehmen. Ich konnte somit vorhin geschilderte Szenen unbeirrt beobachten. Am Bahnhof angelangt, noch ein letzter Händedruck, ein Zuruf „Auf Wiedersehen!" und vor uns stand der Zug, der uns an die Nordfront führen sollte. Bevor der Zug noch aus der Station fuhr, erscholl aus Hunderten von Männerkehlen das wohlbekannte und inhaltsreiche Lied „In der Heimat gibt's ein Wiedersehn", dann gings fort, unserm Ziele gegen.

Über Prerau, Krakau, Kattowitz ging unsere Fahrt. Durch Gesang, Spiel und Scherz wurde sie nach Möglichkeit verkürzt. Endlich, am dritten Tage unserer nicht besonders angenehmen Fahrt, langten wir in Jensechov, unserem Bestimmungsort, an. In der Nähe dieser Stadt wurden wir in einem Orte untergebracht und verblieben dort noch zwei Wochen, welche Zeit mit feldmäßigen Übungen ausgenützt wurde. Am 20. April wurden wir unserem Regimente zugeführt, das an der Nida in gut ausgebauten Stellungen lag. Ich wurde als Kommandant des zweiten Zuges der neu aufgestellten 20. Feldkompagnie zugeteilt. Abgesehen von zeitweiligen gegenseitigen Artilleriekämpfen und Patrouillengeplänkel an dem Eisenbahn- und Straßenbrückenkopf, die auch im Abschnitte unseres Regiments lagen, war es einige Tage in unseren Stellungen unter den gegebenen Verhältnissen angenehm zu nennen. Die Menage war reichlich und kam regelmäßig nachts, die Post brachte gewöhnlich schon Zeitungen vom vorhergehenden Tag. In den letzten Apriltagen wurde es auch bei uns lebendiger. Stärkere Artilleriekämpfe wechselten mit Scheinangriffen der Infanterie; die Feldwachen an den jenseitigen Brückenköpfen waren des Nachts stets Angriffspunkte. Wie uns später klar wurde, waren diese Unternehmungen und Beunruhigungen auf unserem Frontabschnitt nur Vorbereitungen für die am 2. Mai bei Gorlice einsetzende Durchbruchschlacht.

Die größte Schlacht, die jemals an dieser Front geschlagen wurde, hatte ihren Anfang genommen. Bereits am 5. Mai lasen wir von den ersten gewaltigen Erfolgen dieser Offensive, und im Laufe der nächsten Tage erfuhren wir, daß sich ganze feindliche Armeegruppen durch die Vehemenz und Gewalt des Stoßes unseren unaufhaltsam vordringenden Truppen – vom Rückzuge abgeschnitten – ergeben mußten. Auch in unserem – von der Operationsbasis mehr als 120 Kilometer entfernten – Frontabschnitt machte sich am 10. Mai der gewaltige Druck der Offensive bemerkbar. Der Feind befand sich auf dem Rückzuge. Von der besten Siegeshoffnung beseelt trat mein Regiment am 11. Mai den Vormarsch an. Unter kleinen Patrouillengefechten mit den feindlichen Nachhuten erreichten wir am 16. Mai das Hügelland bei der Stadt Opatov. In diesem Gelände fanden unsere Truppen den ersten hartnäckigen Widerstand des Feindes. Mein Bataillon war beim Divisionsstab als Divisionsreserve eingeteilt. Schwere Artillerie und Infanteriekämpfe tobten vor uns. Deutlich konnte ich das feindliche Schrapnellfeuer in der sinkenden Sonne beobachten. Ein Generalstabsoffizier kam herangesprengt, und nach kurzer Besprechung mit dem Divisionskommando wurde mein Bataillon zur Verstärkung des eigenen Regimentes ins Gefecht geführt. Im Laufschritt ging es die wenigen Kilometer voran. Auf der ganzen Linie, soweit man hier in diesem Bewegungskrieg überhaupt von einer Linie sprechen konnte, hatten sich schwere Kämpfe entwickelt. Die 20. Kompanie erhielt den Befehl, die vorspringenden Hügelgruppen rechts einer Waldlisiere zu besetzen. Bewaldete Höhen hinderten jede weitere Übersicht über das Kampffeld. Meine Kompagnie hatte kaum die Hügelgruppe erreicht und sich nach Möglichkeit eingegraben, als schon feindliche Infanteriemassen in 6 bis 8 Schwarmlinien zum Angriff einsetzten. Unterstützt von einer schweren Haubitzbatterie konnten wir diesen Angriff abwehren. Die Sonne war unterdessen untergegangen. Der Feuerschein der brennenden Stadt Opatov färbte das Firmament rot. Links der Waldlisiere hatte unterdessen eine Infanteriegruppe zum Sturme eingesetzt. Es war unmöglich zu entscheiden, ob es Freund oder Feind sei, doch bald sollten wir darüber Gewißheit erlangen.

Ein gewaltiges Infanteriefeuer aus der linken Flanke überschüttete unsere Reihen. Die Stellung der 20. Kompagnie war unhaltbar geworden. Vom Kompagniekommando kam der Befehl, sprungweise zurückzuziehen. In Ausführung dieses Befehles wollte ich hinter einer natürlichen Deckung mit meinem Zug das Feuer wieder aufnehmen – da verspürte ich einen Schlag auf den Kopf. Schwarz wurde es vor meinen Augen und es war mir, als stürzte ich tief hinunter. Wie lang ich in dieser schweren Ohnmacht lag, weiß ich nicht.

Als ich wieder zu mir kam, hörte ich unverständliche Laute, der Kopf und alle Glieder schmerzten mich furchtbar – ich konnte mich meiner Lage nicht entsinnen. Erst nach und nach kehrte das Gedächtnis wieder, ich fühlte einen Verband am Kopf. Als ich Worte meiner Muttersprache vernahm, fragte ich, wo ich sei. Durch einen Kameraden vom 8. Regiment erfuhr ich, so weit dies bei meinem Zustand möglich war, von dem furchtbaren Ernst meiner Lage. Ein feindliches Gewehrprojektil war hinter der rechten Schläfe in meinen Kopf gedrungen, hatte das Gehirn verletzt und war durch das linke Auge wieder ausgetreten. Mit Entsetzen erfuhr ich, daß ich mich schon mehr als einen Monat in russischer Gefangenschaft befand.

Wenn meine Lage durch die tiefe Besinnungslosigkeit, durch welche ich den Strapazen und Entbehrungen des Abtransportes ins Hinterland bis nach Moskau entging, als angenehm zu bezeichnen war, so konnte und mußte ich die Leiden einer Gefangenschaft in meinem Zustande im zaristischen Russland erst kennen lernen. Von Morphiuminjektionen, die meine furchtbaren Schmerzen lindern sollten, betäubt, verbrachte ich Wochen in völliger Unklarheit über meinen Zustand im Spital zu Moskau. Endlich wurde mir der Verband vom Kopfe genommen. Unbeschreiblich war mein Schrecken – ich war blind!

Von diesem Momente an begann der schwere Seelenkampf, den ich nun, wie jeder meiner Schicksalsgenossen seinem Individuell angepaßt, durchzumachen hatte. Nach drei Spitälern in Moskau, die sämtlich in hygienischer und sanitärer Hinsicht sehr viel zu wünschen übrig ließen, kam ich am 1. August nach Kostroma a. d. Wolga. Auch dort wanderte ich von einem Spital ins andere. Mit dem häufigen Abtransportieren der Gefangenen wollten die Mächtigen in Rußland ihrem Volke nur die großen Niederlagen an der Front verschleiern. So verbrachte ich Monate unter den denkbar schlechtesten Verhältnissen in Kostroma.

In der zweiten Oktoberhälfte erhielt ich die freudige Nachricht, daß ich als Austausch-Invalider in die Heimat abgehen sollte und wurde ich auch schon einige Tage später nach Moskau geschickt. Gemeinsam mit mehreren Schicksalsgenossen und anderen Schwerinvaliden erreiche ich anfangs November Petersburg, wo die letzte Sichtung der Austausch-Invaliden stattfand. Infolge des einsetzenden Winters konnte unser Transport nicht wie die bisherigen ab Petersburg über den Seeweg, sondern mußte über Finnland nach Schweden geleitet werden.

Erfüllt von der freudigen Hoffnung, das gewiß Schwere aus der Kriegsgefangenschaft bald hinter uns zu haben, fuhren wir am 7. November von der Zarenstadt ab und erreichten nach zweitägiger Fahrt die Grenzstadt Dornea. Nun wurde der Transport vom schwedischen Roten Kreuz übernommen, und weiter ging die Fahrt von Nord- bis Südschweden. Der Wahrheit sei die Ehre gegeben. Die dreitägige Fahrt genügte, um Land und Leute kennen zu lernen. Es würde zu weit führen, alle Einzelheiten der Fahrt durch dieses schöne, weite Land mit seinen Bewohnern hier niederzulegen, es soll genügen, daß nie der gute Eindruck, den ich von diesem Land gewann, aus meiner Erinnerung schwinden wird. In Belleborgh wurden wir eingeschifft und erreichten nach sechsstündiger Fahrt die deutsche Hafenstadt Sassnitz.

Wir alle atmeten freudig auf, wieder deutsche Worte zu hören. Wenn es uns bei der Fahrt durch Schweden auch sehr gut ging, war der Empfang in der deutschen Hafenstadt herzlich zu nennen. Von dort ging die Fahrt weiter über Stralsund, Frankfurt a. M., Leipzig, Bodenbach und langten am 15. November in Leitmeritz, der für uns bestimmten Quarantäne-Station an. Mein während der Kriegsgefangenschaft stetes Sehnen nach der lieben Heimat war erfüllt, aber eines schwer niederdrückenden Gefühles konnte ich mich doch nicht erwehren – mir ward bange – bange vor der Zukunft.

Wenn ich bis dahin noch einen Funken Hoffnung hatte, jemals wieder Gottes schöne Natur sehen zu können, wurde mir dieser in Leitmeritz genommen. Ich sollte blind bleiben für mein ganzes Leben. Strotzend vor Gesundheit und Kraft war ich vor kaum 8 Monaten ins Feld gezogen, als

Kriegskrüppel, gebrochen an Leib und Seele, kehrte ich in die Heimat zurück! So dunkel wie alles vor meinen Augen, lag auch die ferne Zukunft vor mir. Nach beendeter Quarantäne ging ich in die Kriegsblinden-Zentrale nach Wien. Schicksalsgenossen aller Nationen Österreichs traf ich dort an.

Bis dahin dem Blindenwesen vollkommen ferne gestanden, interessierte ich mich für dieses und lernte in weiterer Erfolgung das Lesen und Schreiben der Brailleschen Punktschrift und das Maschinschreiben. In dem Bestreben der damaligen Kriegsblinden-Fürsorge lag es unter anderem, die dem bäuerlichen Berufe angehörigen Kriegsblinden auch auf dem Gebiete der Landwirtschaft sowie Obst- und Gemüsebau nach Möglichkeit zu unterrichten.

Ein zu diesem Zwecke der Kriegsblinden-Zentrale zur Verfügung gestelltes Gut mit schönen Obst- und Gartenanlagen in einem – den Gesundheitsverhältnissen der Kriegsblinden – entsprechenden Orte Niederösterreichs, sollte dieser Plan der Kriegsblinden-Fürsorge verwirklichen.

Anfangs Februar 1916 bezog ich mit noch einigen Kameraden dieses neue Heim. Ich war auf dem Gebiete des Obst- und Gemüsebaues gut bewandert und gelangen auch schon die ersten Versuche, mich darin zu betätigen. Durch Hilfsmittel mannigfacher Art gelang es, Arbeiten selbständig zu verrichten, was ich vorher nie gedacht hätte. Mit den ersten Erfolgen wuchs die Liebe zur Arbeit, und diese wieder zeitigte bessere Erfolge. Ich hatte die Überzeugung gewonnen, daß sich ein Blinder auf diesem Gebiete betätigen könne, und schon war mein Entschluß gefaßt. Es war mein Bestreben, in der Nähe Wiens ein kleines Landhäuschen mit Obst- und Gemüsegarten zu erwerben, was mir auch im Herbst des gleichen Jahres gelang. – Unterstützt vom Verein „Kriegsblinden-Heimstätten" erstand ich eine meinen Zwecken entsprechende Heimstätte. Um auch in den Wintermonaten manuelle Beschäftigung zu haben, erlernte ich die Korbmacherei.

Mit Kenntnissen zur geistigen und körperlichen Betätigung ausgestattet, nahm ich meinen Abschied aus der Kriegsblinden-Zentrale und damit auch aus dem Heeresverband und gründete im Februar des Jahres 1917 meinen eigenen Herd. Ein Fremder im Orte, von der einheimischen, egoistischen Bevölkerung als Eindringling betrachtet, war es mir nicht leicht, mich durchzusetzen. Mit Ausdauer und unermüdlichem Fleiß gelang es mir, die große Hypothek, die mein Haus belastete, schon in den ersten Jahren abzuwälzen. Im Laufe der Jahre besserte sich meine materielle Lage nach und nach; mit ihr wuchs das Vertrauen auf die Zukunft.

Das ursprüngliche Verhalten, das mir die Ortsbewohner entgegengebracht, verwandelte sich in Achtung, sie aber gab mir den inneren Frieden wieder. Um den, durch die wachsende Teuerung bedingten Anforderungen meiner Familie entsprechen zu können, sah ich mich genötigt, mich um einen Tabak-Verschleiß zu bewerben, den ich auch im Jahre 1920 erhielt.

Neuerdings mußte ich meine Heimstätte mit einer Hypothek belasten, um das für meine Tabak-Trafik notwendige Betriebskapital aufzubringen. Schon im Laufe der nächsten Jahre gelang es mir, diese Hypothek wieder abzustoßen. Nur durch verdoppelte Anstrengung konnte das erreicht werden!

Jahre sind seitdem verflossen ... Mit Energie, Fleiß und Ausdauer habe ich dieses Ziel erreicht. Mein stetes Hoffen, wieder ein vollwertiges Mitglied der menschlichen Gesellschaft zu werden – es ist erfüllt!

Wenn der Tag anbricht
Emil Goldberger

Die Nacht beginnt zu weichen, aber sie weicht nicht für diejenigen, die verdammt sind, in endloser Finsternis zu leben. Jeden Morgen, wenn ich die Lider öffne, werde ich daran erinnert. Seit zehn Jahren wiederholt sich nun tagtäglich dieses Spiel mit einer Pünktlichkeit und Grausamkeit, die alle anderen Nadelstiche des Lebens in den Hintergrund drängt. Noch vor wenigen Augenblicken täuschte mir eine gütige Fata-Morgana die Welt und mein Leben in den strahlenden Farben vor. In einer unglaublich kurzen Spanne Zeit gleiten Jahre meines Lebens an mir vorüber und ich sehe mich selbst, mit einer erstaunlichen Deutlichkeit. Doch unfaßbar und unerklärlich ist mir dieses Gefühl, denn mein eigenes früheres Ich erscheint mir als ein Fremder, den ich nie gesehen habe, dessen freie Bewegungen und Gesicht mir unbekannt sind. Meine Gedanken verschwimmen ineinander, ich vermag Vergangenheit und Gegenwart nicht mehr genau zu unterscheiden. Sehe ich wirklich? Bin ich es, oder ist es ein anderer? Ich sehe mich vor dem Spiegel stehen, der über dem Waschtisch hängt. Klar gibt es mein Bild zurück und deutlich sehe ich, wie es sich die Haare zu kämmen beginnt, jedes sorgfältig an seinem Platze bürstend. Das Ich kleidet sich vollends an; schnell und sicher ergreift es jeden Gegenstand, welchen es gerade braucht. Jetzt ist es vollkommen angekleidet, als ein Klopfen an der Tür ertönt. Die Zimmerfrau tritt mit einem freundlichen Gruß ein und stellt das Frühstück, fein säuberlich auf einem Servierbrett geordnet, auf den Tisch. Ich bediene mich nun selbst und bin ganz erstaunt darüber, daß ich es vermag. Ich durchschneide und streiche mir selbst die frischen Brötchen, ich gieße mir selbst aus der niedlichen Kaffeekanne das duftende Braun in die Kaffeetasse und menge selbst einige Tropfen Milch hinein, bis die richtige Färbung erreicht ist. Der Imbiß mundet köstlich, und seine Zusammensetzung wiederholt sich einige Male.

Dann ergreife ich den Stock und Hut und begebe mich hinaus. Ich kann mein Staunen über die Selbständigkeit meines Ichs nicht fassen, als es nun sicheren Schrittes durch den taufrischen kleinen Vorgarten schreitet. Vorbei geht es an den drei Zwergbirnbäumchen und ich beobachte, daß die winzigen Baumkinder wieder um ein kleines Stückchen gewachsen sind, aber eine große Menge liegt vom Winde herabgeworfen auf dem Rasen und dem schmalen eingegitterten Kiesweg. Mein Ich bückt sich und hebt eins der winzig kleinen Birnen auf. Wie deutlich zeigt sich trotz ihrer Kleinheit ihre werdende Form. Ich sehe den ungemein kleinen Stiel und beobachte entzückt den strahlenförmigen Blütenstempel. Fast reichen die Zweige der kleinen Bäume ins Zimmer hinein, und als ich sie sanft mit meinem Stock berühre, fliegen laut zwitschernd einige Spatzen davon. Ich öffne die niedrige Gartentür, die nur widerstrebend und etwas mißtönend nachgibt. Ueber sie wölbt sich, wie ein Dach, eine Schwarzdornhecke und als ich sie durchschreite, fällt eine Blüte auf die Klappe meines Rockes, als ob ich sie an diesem Platze zur Zierde befestigt hätte. Ist es Wirklichkeit, gehe ich jetzt allein die Straße entlang? Ich vermag es nicht genau festzustellen, aber ich sehe doch deutlich, wie an der Straßenecke der frisch lackierte Briefkasten blinkt. Die Fensterscheiben der mir so wohl vertrauten Häuser schauen mich fragend und erstaunt an, doch mir deucht, daß ich es bin, der nicht aus dem Staunen herauskommt.

„Guten Morgen!" schallt mir eine wohltönende und zarte Stimme entgegen und zwei große, veilchenblaue Augen strahlen mir verheißungsvoll und schelmisch zugleich zu. Höflich ziehe ich meinen Hut und grüße die liebliche Elfengestalt, die hurtig im gegenüberliegenden Bäckerladen verschwindet.

O Welt, wie bist du schön! Scheu taucht ein Gedanke in mir auf, ein brennender Zweifel, ob ich es wirklich bin, der soeben an der Zeitungsdruckerei vorübereilt. Hastig gleiten meine Augen über die im Wandkasten ausgestellten Bilder und Tagesneuigkeiten. Mit einem beglückenden Gefühl sehe ich die Buchstaben vor meinen Augen vorübertanzen und doch bedrückt ein banges Gefühl meine Brust; etwas Ungeheuerliches lastet auf mir. Wie befreit atme ich aber im gleichen Augenblicke auf, als vielstimmiger Jubel an mein Ohr schlägt. Eine Schar Kinder strebt scherzend und lachend der nahegelegenen Schule zu und von allen Seiten wimmelt es von Knaben und Mädchen. Es ist höchste Zeit, und staunend sehe ich, wie die Zeiger der großen Schuluhr auf sieben zeigen.

Ich beeile meine Schritte, doch wie gebannt bleibe ich stehen. Drüben liegt ein massiges Gebäude mit einem kleinen Vorgarten geziert. Es ist die Landes-Blinden-Anstalt. Wieder lastet ein furchtbarer Druck auf mir, sich unerträglich um mein Herz krampfend. Wahnsinnige Gedanken durchkreuzen mein Hirn, und unglaublich erscheint es mir, als ich dort einige Gestalten, mit ihren Händen tastend, unsicheren Schrittes aus dem großen Tor herauskommen sehe. Markige Männer, aufrecht, fast steif gehend, wieder andere niedergebeugt, wie von der Schwere des Schicksals niedergedrückt. Wie toll wirbeln meine Gedanken durcheinander; mein eigenes Ich wandelt zwischen ihnen. Gleich jenen Gestalten komme ich aus dem großen Hause und gleich ihnen umgibt mich tiefe Finsternis. Und doch stehe ich an der Ecke wie in seliger Trunkenheit, das Gold der Morgensonne auf mein entzücktes Auge einwirken lassend. Verscheucht sind alle schweren Gedanken und die Brust voller Jubel eile ich weiter. Mein eigenes Ich ist wieder befreit. Ungehindert hat es sich aus der Gesellschaft jener lichtlosen Gestalten gelöst.

Mein eigenes Ich und ich geraten aber aneinander. Verwundert blicken sich beide an. Ich frage mein eigenes Ich: „Wo kommst Du her?" Es stellt aber dieselbe Frage an mich. Keiner weiß eine Antwort zu geben, keiner vermag seine Gedanken zu klären. Verwundert sehe ich mein eigenes Ich in ein Haus eintreten. Es öffnet eine rückwärtig gelegene Tür und gelangt in ein Geschäftslokal, dessen Umrisse mir wie aus nebelhafter Ferne und doch bekannt erscheinen. Hastig zieht es den die Ladentür versperrenden eisernen Rollbalken empor, ein rasselndes Geräusch verursachend.

Siegreich hält das Tageslicht seinen Einzug und dringt bis in den entferntesten Winkel vor. Liebkosend umgibt es auch mein Ich. Doch regungslos, wie eine Figur, steht es im Innern des Raumes. Das seltsame verlegene Lächeln auf seinem zur Grimasse gewordenen Gesichte ist wie versteinert; plötzlich jedoch beginnt mein Ich zu wanken und es hat das Gefühl, als ob es in einen unendlich tiefen Abgrund versänke. Und je tiefer es stürzt, desto undurchdringlichere Finsternis umgibt mein Ich, und ein Chaos von Empfindungen durchwirbelt es.

Ist es ein Traum, ist es Wirklichkeit? – Jäh fahre ich auf, wie weggewischt sind alle Phantasien; mit ihnen das Licht, das mich noch vor kurzem umgab. Der eiserne Rollbalken, welcher mir donnernd den Einzug des Lichtes verkündete, war nichts anderes als die erste, frühmorgens vorüberfahrende Straßenbahn.

Laut rasselnd verrät sie mir, daß die Nacht mit ihrer Finsternis gewichen ist, und zugleich beginnt die Qual von neuem. Ja, die Nacht beginnt zu weichen, aber nicht für mich. Jeden Morgen, wenn ich die Lider öffne, wiederholt sich das grausame Spiel.

Warum verstehen's denn die Kinder?
Leopold Weghofer

An einem schönen Maientag machte ich mit meinen drei Töchterln einen Ausflug in meinen Geburtsort. Wie freuten sich doch die Kinder, wieder einmal mit der Eisenbahn zu fahren. Früher als gewöhnlich trieb sie die Reiselust aus ihren Betten, und hurtig machten sie sich fertig. Unter

Lachen und Scherzen ging's zum Bahnhof, wo wir die Ankunft des Zuges, welcher uns in mein Heimatdorf bringen sollte, erwarteten.

Schier unendlich lange dauerten den Kindern die wenigen Minuten, bis der Zug in die Station pustete und wir einstiegen. Nach zweistündiger, den Kleinen mancherlei Abwechslung bietender Fahrt, langten wir an unserer Station an und wanderten alsbald lustig dem kleinen Gebirgsdörfchen zu. Froh und hell sangen die Kleinen ihr „wir sind jung und das ist schön", bis wir freudestrahlend mit hochroten Wangen bei den Großeltern eintraten. Und was wußten die Mädels den Großeltern nicht alles von der Fahrt zu erzählen.

Doch nicht lange litt es sie im Hause, bald liefen sie ins Freie. Die Jüngste führte mich in den Garten zu einer Bank und folgte dann auch ihren beiden Schwestern nach.

Da jubelten die Kinder, wenn es ihnen gelang, einen buntfarbigen Schmetterling zu erhaschen, mannigfache Frühlingsblumen zu einem zierlichen Strauß zu binden oder wenn die selbstgefertigten Papierschleifen auf dem sich durch den Garten schlängelnden Bächlein lustig trieben. Das helle Gejauchze brachte mir meine längst vergangene glückliche Kinderzeit in Erinnerung, und Bild für Bild zogen meine Kinder- und Jünglingsjahre im Geiste an mir vorüber, bis zum Militär, zur Kriegsdienstleistung – bis zu jenem schönen Maitag vor zehn Jahren, an dem ich das letzte Mal Gottes herrliche Natur geschaut. Die Verwundung – die Erkenntnis blind zu sein fürs ganze Leben! ...

Jäh entriß mich das mittlere meiner Mädels mit dem Rufe? „Vater, freust Du Dich auch, wenn wir uns so herzlich freuen?" meinen trüben Gedanken. „Gewiß", antwortete ich, „freue ich mich auch." Allein die Jüngste dürfte meinen seelischen Zustand erkannt haben, denn zärtlich sich an schmiegend, meinte sie: „Vater, ich bleib bei Dir, damit Dir die Zeit nicht lang wird!" Diese überaus große Zärtlichkeit des kaum fünfjährigen Mädchens tat mir im Innersten wehe. Welche Selbstaufopferung für ein Kind, auf Spiel und Getummel zu verzichten, um dem blinden Vater Gesellschafterin zu sein. Wie muß doch das kleine Wesen das Schicksal des Vaters mitfühlen und mitempfinden! Um die Freude der Kleinen nicht zu stören, suchten wir ihre beiden Schwestern, die sich lustig und munter im Grase tummelten.

Am Nachmittag machten wir einen Spaziergang in den angrenzenden Wald. Jeder Stein, jeder Steg erinnerten mich an meine hier verbrachten Jugendjahre. Alle drei bestürmten mich mit Fragen, ob es früher, als ich noch gesehen, hier auch so schön gewesen war? warum ich von dem schönen Dörfchen fort sei? und wie es denn gekommen, daß wir jetzt dort wohnen wo es keinen Wald und nur so wenig Blumen gibt.

Auf der Waldwiese machten wir Rast, und nun entschied ich mich, meinen Kindern zu erzählen, von meinen früheren Zukunftsplänen – von meinem, diese Pläne zunichte machenden Schicksal. Und sie hörten die Geschichte meiner sorgenfreien Kindheit, bis zu meiner für die Zukunft so folgenschweren Verwundung. Entrüstung aber erfaßte sie, als sie hörten, daß Hunderttausende von Kindern ihre Väter im Krieg verloren haben, daß Zehntausende von Kindern ihre im Krieg erblindeten Väter an der Hand führen müssen. Im Laufe des Gesprächs erinnerte sich die Älteste, auch Männer mit einem Fuß und einer Hand gesehen zu haben, und sagte nachdenklich: „Wie viele Soldaten werden wohl Hand oder Fuß verloren haben?" ... Die Jüngste aber setzte sich zu mir und sagte: „Es ist gut Vater, daß Du keine Hand verloren hast, sonst könnten wir Dich nicht führen!" Die anderen stimmten ihr zu, und alle drei freuten sich nun über den entdeckten Vorteil.

Der Nachmittag war vorgeschritten, die Sonne neigte sich westwärts und mahnte zum Aufbruch. Meine drei Mädels beschlossen, mich abwechselnd an beiden Händen zu führen, und langsam wanderten wir so dem Hause der Großeltern zu. Ein kurzes Abschiednehmen – ein Zuruf „auf Wiedersehn" – dann ging's wieder zurück zum Bahnhof.

Nach und nach kehrte der jungendliche Übermut der Kinder wieder. Durch grünende Wiesen und blühende Felder wanderten wir unserem Ziele entgegen. An der Station angelangt, ein letzter Blick der fröhlichen Kinder an das friedliche Dörfchen, dann bestiegen wir den Zug. Rasch fuhren wir dahin und langten noch vor Einbruch der Nacht zu Hause an. Da gab es ein Erzählen von den vielen schönen Blumen und Schmetterlingen – von dem großen grünen Wald! „Dir, Mutter, haben wir viele schöne Blumen mitgebracht, auch Vergißmeinnicht sind dabei!" Die Kleinen wurden des Erzählens nicht müde, ich mußte sie mahnen, zu Bette zu gehen. Eine gute Nacht wünschend, sagte die Älteste noch im Eindrucke meiner nachmittägigen Erzählung: „Gelt Vater, ein Krieg darf net wieder kommen! –"

Erst dann, wenn alle Menschen so denken und empfinden werden wie diese Kinder, erst dann wird Friede sein auf Erden, erst dann wird erfüllt sein unsere Hoffnung, die wir hinausrufen in die Welt: Nie wieder Krieg! Nie wieder Krieg!

Visionen von Blinden

Dank dem steten Fortschritt der Wissenschaft ist es in den letzten Jahren in einigen Fällen gelungen, den Blinden das Augenlicht wiederzugeben. Begreiflicherweise sind sowohl Fachkreise als auch die breite Öffentlichkeit lebhaft an der Frage interessiert, welche Eindrücke der plötzlich sehend Gewordene von seiner Umwelt empfangen hat. In Fällen, wo es sich um Kriegsblinde handelt, ist es vielleicht weniger schwierig, sich darüber eine

Vorstellung zu machen; ist doch der Eindruck, den der Kriegsblinde und auch der später Erblindete noch aus der Zeit, wo er noch im Besitze seines Sehvermögens war, unauslöschlich in seiner Erinnerung eingeprägt. Anders verhält es sich jedoch mit dem von Geburt an Blinden. Er, der in ewiger Finsternis aufgewachsen ist, der nie die Wohltat des Lichts genossen hat, wie stellt er sich die Welt, die Natur, seine Mitmenschen vor? Wird er nicht enttäuscht sein von der Wirklichkeit, die so ganz anders aussieht als die Welt, die er sich vermöge seiner ungehemmten Phantasie in seinem Innern aufgebaut hat?

Die amerikanische Korrespondenz berichtet von einem jungen Manne, der von Geburt an blind und der die kunstvolle Operation eines berühmten Arztes geworden ist. Dieser junge Mann hatte sich eine falsche Vorstellung vom Licht und von den Farben gemacht; eine Blume, die man ihm zeigte, versetzte ihn in höchste Verwunderung.

In einem andereren Falle handelte es sich um einen 25jährigen, gleichfalls von Geburt aus blinden Mann, welchem sich, als er das erstemal die Augen öffnete unendliches Glücksgefühl zeigte. Bald jedoch wich das Gefühl einer ihm bisher unbekannten Beklemmung. Die Welt, in der er bisher gelebt hatte, sah er vor sich zusammenstürzen, und es war ihm, als ob er Dinge, die jetzt lieb und teuer waren, nie mehr wieder sehe. Das Leben und Treiben in den Straßen flößte ihm Angst ein, er sah überall unübersteigbare Hindernisse und hatte stets das Gefühl, in einen tiefen Abgrund versinken zu müssen. Das Erlernen des Lesens und Schreibens verlieh ihm außerordentliche Müdigkeit, und um seine Gedeanken ein wenig sammeln und ordnen zu können, blieb ihm nichts anderes übrig, als auf kurze Zeit die Augen wieder zu schließen.

Interessante Feststellungen machte auch der französische Psychologe P. VILLEY, der unter 120 Kriegsblinden eine Rundfrage über die in ihrer Phantasie vorhandenen Gesichtseindrücke stellte und sich dann auch mit derselben Frage an Zivilblinde wandte, die ihr Augenlicht zu einem späteren Zeitpunkt verloren hatten. Übereinstimmend erklärten die meisten Kriegsblinden, daß sie in ihren Träumen klar und deutlich sehen, so daß sie beim Erwachen tiefunglücklich sind. Sie machen im Traum allein große Reisen, oder träumen von der Zeit, wo sie noch sehend waren und ihren Beruf ausübten.

Seltsamerweise überlagern sich bei vielen zweierlei Erkenntnisse. Sie sehen ganz klar, wissen aber doch, daß sie blind sind und handeln auch danach. Die Blinden können im Traum nicht ohne Führer die Straße überschreiten, weil sie fürchten, an Hindernisse anzustoßen, die sie im Traume deutlich sehen, denen auszuweichen sie aber nicht imstande sind.

Auch beim Wachsein sind die Erinnerungsbilder der Kriegsblinden sehr lebhaft. Sie sehen im Geiste die Gegenstände des Zimmers, ebenso genau die Gebärden von sprechenden Personen und selbst der Schauspieler im Theater.

So berichtet ein Kriegsblinder, daß er die Menschen in erster Linie nach ihrer Sprache und ihrem Händedruck beurteilt. Auch Ausgeglichenheit oder Lebhaftigkeit und Bewegungen spielen hier eine Rolle. Am Vibrieren der Stimme bemerkt er die geringsten Schwankungen der Laune, doch auch bei Schweigen fühlt er solche Schwankungen sofort, ohne sich über die Erkenntnismöglichkeit Rechenschaft geben zu können.

Bei Zivilblinden sind visuelle Träume nur dann vorhanden, wenn sie bei ihrer Erblindung mindestens fünf bis sieben Jahre alt waren. Von welcher Stärke diese Traumbilder sind, zeigt die Tatsache, daß selbst nach jahrzehntelanger Blindheit Personen und Gegenstände im Traum noch genau gesehen werden. Auch im Wachsein sind Vorstellungen selbst nach 60 Jahren noch sehr lebhaft. Eine große Rolle spielt hier natürlich auch die Einbildungskraft und die Phantasie des einzelnen, wodurch die Vorstellungen ergänzt werden.

Ein neuer Lebensabschnitt
Josef KETTEL

Der unerbittliche, grausame Krieg mit seinen Wirrnissen forderte von uns ganze Nervenkraft. Viele blieben als Opfer des furchtbaren Ringens auf den Schlachtfeldern und sehr viele wurden verwundet. Zu den größten Opfern zählen wir Kriegsblinden. Man raubte uns das kostbarste Gut, das Augenlicht. Aber eines, meine gleichbetroffenen Kameraden, konnte man uns nicht rauben: die Kraft, den schweren Schicksalsschlag zu meistern und zu parieren. Geblieben ist uns die Kraft, mit neuem Mut und frischer Zuversicht ein neues, für die menschliche Gesellschaft wichtiges Leben aufzubauen.

Wie sehr viele meiner Kameraden habe ich an der blindentechnischen Grundausbildung teilgenommen, und wenn es auch anfangs schwerfiel, so war es dann im Verlaufe der Ausbildung doch nicht so schlimm, wie wir es uns vorgestellt hatten. Man mußte nur nach dem Sprichworte handeln: „Frisch gewagt ist halb gewonnen!" und schon stellte sich die Freude ein, die ersten Buchstaben schreiben und lesen zu können. Drei Monate waren für die Grundausbildung vorgesehen. Sie genügten, um die Blindenvollschrift zu beherrschen und auf der Schreibmaschine seine Korrespondenz erledigen zu können. Der Augenblick, den ersten Brief mit den Angehörigen zu wechseln, war ein festlicher. Sowohl Schreiber als auch Empfänger wurden von einem wonnigen Gefühl erfaßt. Und groß war auch die Freude, wieder einmal nach langen versäumten Jahren ein Buch lesen zu können.

Kurz vor Beendigung der Grundausbildung wurden wir der Berufsberatung unterzogen. Sie erfolgte ungezwungen, und die Kommission brachte den Berufswünschen das nötige Verständnis entgegen.

Die Berufsausbildung, die ich im schönen Kriegsblindenschulungsheim St. Florian unter vorbildlichen Lehrern genoß, war noch viel anregender und fesselnder. Man sah nun das Ziel vor Augen, nach dem man strebte, und mit Zähigkeit, Fleiß und Ausdauer wurde es auch erreicht. Das glückliche Gefühl, wieder bald arbeitsfähig zu sein, formte einen neuen Menschen aus uns.

In vorbildlicher Weise wirkten alle zuständigen Ämter und Behörden zusammen, und tatsächlich wurde mir ein Arbeitsplatz in der Bezirkshauptmannschaft in meiner Heimatstadt Ried im Innkreis gesichert. Da ich in zwei Berufen vollwertig ausgebildet bin, konnte ich mein zukünftiges Wirkungsfeld – Stenotypie oder Betriebstelephonie – wählen.

Ich weiß schon heute, daß ich im harten Lebenskampf bestehen werde und sicherlich wieder ein lebensfroher Mensch sein kann. Auch als Schwerstbetroffener darf ich nun helfen.

Ein Wort an Sehende
Dr. Fritz MATTEL

Die blinden Kameraden werden mir wohl recht geben, wenn ich behaupte, daß wir nur sehr selten mit solchen Sehenden zusammenkommen, die bewußt jede Rücksicht auf unsere Blindheit vermissen lassen. Viel mehr haben wir unter den Äußerungen des Mitleids zu leiden und unter der ungeschickten Hilfe, die Überlegung durch Kraft zu ersetzen versucht.

Es ist doch nichts gedankenloser als das oft gebrauchte, sicher mitleidige Wort: Es müsse doch schrecklich sein, in „ewiger Nacht" zu leben. Ist denen, die dieses Wort so gern im Munde führen, denn eine „Ewige Nacht" vorstellbar, in der so viele Vögel singen, in der einem an schönen Tagen die Sonne so warm auf den Pelz brennt, in der so schöne Konzerte aus dem Rundfunk erklingen, in der so viele, oft recht heitere Gespräche geführt werden?

Als Beispiel gut gemeinter, aber unbedachter Hilfe bringe ich eine auf Reisen oft gemachte Erfahrung. Wenn man uns beim Einsteigen in die Eisenbahn oder in einen oft recht unterschiedlichen Autobusse hilft, dann werden wir von allen Seiten beinahe in das Fahrzeug gehoben! Schon im Umschulungslager haben wir uns für solche Fälle die stehende Formel entwickelt: „Danke! Ich bin aber weder gelähmt noch deppert. Ich sehe nur nichts!"

Jeder Blinde, der mehr auf der Eisenbahn gefahren ist, weiß, daß auf die Plattform des Wagens drei oder vier Stufen führen. Es wird also zweckmäßig sein, ihm eine Hand an Griffstange zu legen, zu sagen, ob drei oder vier

Stufen seien, und ob er sich oben links oder rechts wenden soll. Das genügt. Im Wagen wird ihn seine Begleitung oder ein Mitreisender an einen freien Platz weisen.

Mehr Winke braucht der Blinde beim Einsteigen in die oft recht verschieden gebauten Autobusse. Da ist es wohl am besten, wenn einer der Umstehenden als Führender des Blinden Hand nimmt, die Stufen vorangeht und ihn bis zu einem Sitzplatz geleitet.

Wir Blinden haben einen der wichtigsten Sinne, den wir Menschen in die Wiege bekommen haben, verloren, den Gesichtssinn. Es erfordert ein Unmaß von Konzentration und Nervenarbeit, diesen fehlenden Sinn bei der Orientierung durch die uns verbliebenen Sinne zu ersetzen. Jedem Sehenden wird schon der gespannte Gesichtsausdruck aufgefallen sein, den ein Blinder hat, wenn er sich allein außerhalb der ihm vertrauten Wohnräume bewegt. Wird der Blinde in solchen Fällen auf seinem Weg von jemandem angesprochen, dann ist er, besonders wenn er dessen Stimme nicht sofort erkennen kann, aus seiner gespannten Aufmerksamkeit gerissen und muß sich nach dem Gespräch wieder vollkommen neu auf Richtung, Weg und eventuelle Hindernisse konzentrieren. Dann soll ihn der Gesprächspartner vor dem Auseinandergehen bei der Hand nehmen und ihn ein paar Schritte in der gewünschten Richtung führen, ihm vielleicht auch sagen, an welcher Stelle des Weges er sich eben befindet.

Dankbar ist der Blinde natürlich, wenn er rechtzeitig auf ungewohnte Hindernisse aufmerksam gemacht wird. So ist es mir einmal widerfahren, daß auf dem Wege, den ich allein zu gehen gewöhnt bin, ein Schubkarren stand, den eine Frau gerade mit Heu belud. Erst als ich an ihn angerannt war, sagte die Alte: „Jetzt hab i schon die ganze Zeit g'wart, wia S' dös machen werdn!" statt daß sie mich vorher angerufen hätte.

Um den Blinden zu verstehen, um zu erfahren, welche Hilfe er braucht und was er selbst tun kann und auch lieber aus eigener Initiative tut, müßte jeder einmal ein paar Tage mit fest verbundenen Augen durch sein Leben gehen. Er würde dann erkennen, daß ein Blinder die ihm verbliebenen Sinne und Kräfte auch tatsächlich möglichst selbständig einsetzen möchte und einsetzen kann.

Mein Studium
Dr. Walter LASKE

Es war am 16. März 1950, als ich zum letzten Male als Student die mir durch vier Jahre vertraut gewordenen Räume der Aula der Wiener Universität betrat, um in einem feierlichen Akt zum Doktor beider Rechte promoviert zu werden.

Mit welchen Gefühlen ich neben 16 anderen Kandidaten der Rechte im großen Festsaal der Alma Mater Rudolphina an den Promotionsfeierlichkeiten teilnahm, werden nicht nur alle jene verstehen, die an anderen österreichischen Universitäten vor mir unter gleichen Bedingungen ihr Studium beendeten, sondern auch alle meine anderen kriegsblinden Kameraden, die einen Lebensabschnitt mit Zähigkeit und Fleiß hinter sich gebracht haben und sich an den Früchten ihrer geistigen oder manuellen Arbeit freuen dürfen.

Nachdem der Dekan der juridischen Fakultät dem Rektor die 17 Kandidaten der Rechte vorgestellt hatte, hielt dieser eine Ansprache, in der er uns an unsere Aufgaben und Pflichten als Juristen gemahnte, indem er betonte, daß soviel Recht in der Welt und im Staate sein werde, als jeder von uns zu wahren wüßte. Nach der Verlesung der lateinisch abgefaßten Sponsionsformel und unserem Gelöbnis in die Hand des Promotors schloß der Rektor die Feier. Von allen meinen Freunden und Bekannten, die sich an der Universität eingefunden hatten, möchte ich an dieser Stelle besonders meinen kriegsblinden Kameraden danken, die mir die Ehre ihrer Anwesenheit bereitet und ihre Schicksalsverbundenheit mit mir an diesem Tage erneut bekundet und bekräftigt hatten.

Ich möchte den Abschluß meiner Studien dazu benützen, um in einem kurzen Rückblick einen Streifzug durch meine Arbeit zu machen, mit allen Schwierigkeiten und Rückschlägen, deren erfolgreiche Überwindung vielleicht mit dazu beitragen möge, vielen meiner Kameraden neue Zuversicht und Kraft auf ihren schweren Lebensweg mitzugeben. Der Entschluß, ein Hochschulstudium zu beginnen, wurde von mir in einer der schwersten Stunden meines bisherigen Lebens, wenige Wochen nach meiner Verwundung im Lazarett Brig bei Breslau gefaßt, als der dortige Augenarzt mir die Mitteilung machte, daß ich das Augenlicht nie wieder erlangen würde. Auf meine Frage, ob für mich ein Hochschulstudium überhaupt noch möglich sei, eröffnete mir dieser Arzt und Mensch viele neue Wege, von denen ich die verschiedenen Zweige der Philosophie und die Rechtswissenschaft nennen will. Ich habe mich deshalb für das letztere entschieden, um meine physische Behinderung durch genaue Kenntnis der Rechtsordnung gegenüber nicht immer wohlwollend gesinnten Mitmenschen wettzumachen.

Ein Jahr später hatte ich mich von meinen schweren Verletzungen so weit erholt, um im Wintersemester 1944/45 an der Karls-Universität in Prag, wo ich in dieser Zeit als Lazarettangehöriger weilte, die ersten juristischen Gehversuche zu unternehmen, die wohl nicht als geordnetes Studium anzusehen waren, sondern eher den Charakter einer Umstellung vom Visuellen auf das Akustische hatten. Schon damals mußte ich mit Bestürzung feststellen, daß mein Studium nicht nur durch meine Erblindung, sondern auch durch meine schwere Kopfverletzung sehr erschwert und vielleicht damals sogar in Frage gestellt war. Das Kriegsende hatte diesen Studienplan zunächst völlig zurückgedrängt, da meine Wiederzulassung an eine Universität auf Schwierigkeiten stieß. Im März 1946 war es mir aber doch vergönnt, erneut akademischen Boden zu betreten, um jenem Ziel entgegenzustreben, das zu erreichen ich mir in einer trüben Lazarettzeit vorgenommen hatte. Die erste Schwierigkeit bei meiner Arbeit lag in den technischen Voraussetzungen, dem Problem einer geeigneten Hilfskraft, die in ethischer und geistiger Hinsicht ihrer Aufgabe gerecht zu werden vermochte. Ebenso wie Dr. Lindmayer in Graz, machte ich anfangs üble Erfahrungen mit meinen Begleitstudenten. Meine erste bezahlte Vorleserin, die bei uns wohnte, empfing um mitternächtliche Stunde die Besuche betrunkener Soldaten, was sich nicht lange mit einer bürgerlich-konservativen Auffassung vertragen konnte. Es war in Wien bestimmt schwerer als anderswo, eine geeignete Hilfskraft für das Studium zu finden, da sich gerade in einer Großstadt das mechanisierende Zeitalter besonders stark auswirkt und von einer ideellen Einstellung des Großstadtmenschen zu uns Kriegsblinden nur wenig zu bemerken ist. Ich habe mit den verschiedensten Leuten gearbeitet; Studienkollegen, die einige Wochen vor der Prüfung „krank" wurden, zwangen meine Eltern und liebe Freunde, in ihrer ehrlich verdienten Freizeit einzuspringen, damit ich termingemäß meine Prüfungen ablegen konnte. Da ich meine geschulten Vorleser bezahlen mußte – infolge der wirtschaftlichen Not mußten ja viele Studenten verständlicherweise einem Nebenverdienst nachgehen –, verschlang mein Studium eine große Menge Geldes, für das meine Eltern und ich ohne staatliche Unterstützung aufzukommen hatten. Was meine Prüfungen betrifft, habe ich alle meine Rigorosen und Staatsprüfungen mit gutem Erfolg abgelegt, und ich weiß aus meinen Gesprächen mit Professoren, daß der kriegsblinde Student an der Fakultät die Achtung und Anerkennung seiner Hochschullehrer und der Kollegen besitzt. Es wurde uns in keiner Weise etwas geschenkt, ja viel mehr noch strengere Anforderungen an uns gestellt. Bei meiner ersten Staatsprüfung und dem rechtshistorischen Rigorosum war es gewiß schwerer, Rechtsfragen an Hand eines vorgelesenen lateinischen Textes zu lösen, als diesen Text mit den Augen festhalten zu können. Wenn in den volkswirtschaftlichen Pflichtübungen meine Kollegen ihr Referat vom Blatt lasen, bedurfte es für uns doch der freien Rede und des freien Vortrages, um den Anforderungen einer Pflichtübung zu entsprechen. Ferner ist die Tatsache, daß ich bei meinem zweiten Rigorosum im Strafrecht denselben Rechtsfall geprüft wurde, an dem vier Kollegen vor mir bereits gescheitert und durchgefallen waren, sicherlich keine Bestätigung der von manchen vertretenen Auffassung, daß man uns auf Grund unserer Versehrtheit nachsichtiger behandeln würde. Viele andere Beispiele könnte ich noch anführen, die deutlich zeigen, daß man uns in keiner Weise entgegengekommen ist, ja vielmehr den Standpunkt vertreten hat, daß der blinde Jurist eine viel genauere Rechtskenntnis haben müsse, um zu beweisen, daß er den sehenden Kollegen ebenbürtig sei.

Über meine Zukunftspläne läßt sich im Augenblick nichts Bestimmtes sagen, entscheidend ist letztlich doch, welchen Spielraum und welches Betätigungsfeld man uns von maßgebender Seite offen läßt und ob die Vorurteile engstirniger Kreise sich mehren oder endlich fallen gelassen werden. Diesen Problemen gesellt sich bei mir noch ein weiteres hinzu, daß ich die Folgen einer schweren Kopfverletzung noch nicht überwunden habe, die mein Studium sehr erschweren, meine Arbeitskraft für Stunden hemmten und abschwächten, so daß ein intensives Durchhalten vor den Prüfungen großer Willensanspannung bedurfte. Wochen der Ruhe und der Entspannung werden sicherlich mit dazu beitragen, um mit neuen Kräften einem neuen Ziel entgegengehen zu können, auf einem Weg, den selbst eine starke körperliche Behinderung offen läßt.

Rückblick auf meine Umschulungs- und Studienzeit
Dr. Bernhard LINDMAYR

Da meine Verwundung und die damit verbundene Erblindung in die Tage knapp vor dem Kriegsende fielen, hatte ich nicht das Glück, einer raschen Behandlung und geregelten Umschulung zugeführt zu werden. Ich war ohne jede Verbindung mit meinen Angehörigen, da ich in dem damals von der russischen Besatzungsmacht besetzten Teil der Obersteiermark beheimatet bin. Die noch im stillen schlummernde Hoffnung auf Wiedererlangung des Augenlichtes am noch erhalten gebliebenen Auge wich nach der Verlegung in das Lazarett, von dem ich entlassen werden sollte, der Erkenntnis, daß ich blind bleiben würde. Die schwerste Zeit der Angewöhnung an meinen neuen Zustand war mit der Überwindung immer wieder durchbrechender Hoffnungsschimmer vergangen, und ich begann mich zu bemühen, mich von meinen sehenden Mitmenschen ein wenig unabhängig zu machen. Was man als Kriegsblinder noch alles arbeiten und schaffen könne, dessen war ich mir nicht bewußt. Als mir ein Arzt von den Arbeitsmöglichkeiten, der Umschulungsmethode und der allgemein herrschenden Unbeschwertheit in den Kriegsblindenschulen erzählte, konnte ich es kaum glauben, aber ich faßte wieder frischen Mut. Ich sollte also nicht als kaum 19jähriger ein lichtloses, nach meiner damaligen Ansicht sinnloses Leben ohne Arbeit führen; ich sollte arbeiten dürfen und nicht vollkommen hilflos von der Liebe oder Willkür meiner Mitmenschen abhängig sein . . .! Ich wollte Masseur werden, denn diese Arbeit lag meinem früheren Berufsziel, Arzt zu werden, am nächsten.

Eine Kriegsblindenschule war nach ihrer Flucht aus Prag im Sommerschloß Engleiten untergebracht worden, und dort fand ich Aufnahme. Es sollte unter der Führung auserwählter Ärzte und Praktiker aus dem ehemaligen Luftwaffen-Nervenlazarett, das aus Berlin geflüchtet war, gerade ein Masseurkurs beginnen. Doch war ich enttäuscht, als ich erfuhr, daß ich vorher eine blindentechnische Grundausbildung in der Dauer von einem halben Jahr mitmachen müßte. So begann ich denn mit der Arbeit, festen Willens, möglichst rasch fertig zu werden, damit ich tunlichst bald einem Beruf nachgehen könnte. Bald durfte ich vom Anfängerkurs ausscheiden und zur Erlernung der Kurzschrift übergehen. Nur eine Stunde täglich wurde ich von unserem ebenfalls kriegsblinden Oberlehrer in die Grundbegriffe der Kurzschrift eingewiesen. Bald hatte ich die Kurzschriftfibel durchstudiert und durfte in den laufenden Masseurkurs eintreten. Auf der Schreibmaschine übte ich nebenbei auch ein wenig. Ich war freudig überrascht, als ich der ersten Stunde beiwohnte. An Hand von gesunden und kranken Beispielen wurde Anatomie gelehrt und nebenbei nach und nach die Begriffe der Massage. Nein, es war kein Muskelkneten, wie ich es anfangs befürchtet hatte. Es war Verstandesarbeit. Ich gewann immer mehr Freude am Unterricht, besonders als wir Pathologie lernten und später sogar zu gymnastischer Arbeit, zur Wasser- und elektrischen Behandlung herangezogen wurden. Ja, jetzt glaubte ich, daß wir noch arbeiten können, und ich gewann mein Selbstvertrauen wieder. O schöne Arbeit, die du mir über so viel schwere Stunden hinweghalfst, die du mich wieder ins richtige Leben zurückführtest! Mit Genugtuung stellten wir fest, daß wir den sehenden Berufskollegen nicht nur gleichwertig zur Seite standen, sondern oft sogar überlegen waren, wie es der von Patienten oft geäußerte Wunsch, möglichst von uns Kriegsblinden behandelt zu werden, bewies.

Meine Tätigkeit im Lazarett dauerte jedoch nicht sehr lange; die Masseurschule mußte aufgelöst werden, da sämtliche Kursteilnehmer Angehörige der Waffen-SS waren und in Kriegsgefangenenlager überstellt wurden, von wo man sie erst nach langer Zeit in ihre Heimat beziehungsweise nach Deutschland entließ. Nun war ich allein, und es hieß von früh bis spät arbeiten, weil ebenso viele Kameraden von uns ersetzt werden mußten. Langsam leerte sich jedoch das Lazarett, und auch meine Lehrer mußten nach Deutschland zurückkehren. Zu Weihnachten fuhr auch ich zum erstenmal nach Hause, um mich anschließend, dem Wunsche meiner Eltern entsprechend, nochmals von guten Augenspezialisten untersuchen zu lassen. Es war zwecklos, denn die erforderlichen Medikamente waren noch nicht zu beschaffen. Auch eine Reise in die Schweiz zu Behandlungszwecken wurde mir vom Alliierten Kontrollrat verweigert. Weiterhin eine Masseurschule zu besuchen, war mir unmöglich, weil ich selbst noch ein halber Patient, mich zuvor zu sehr überarbeitet und mir dabei einen Herzfehler zugezogen hatte. Nun stand ich wieder da, arbeitslos und arbeitsunfähig. Da half mir ein heimatloser sudetendeutscher Glasfabrikant weiter. „Sie haben ja noch einen gesunden Verstand", sagte er mir, „wie wäre es mit dem Jus-Studium?" Mein Mut reichte anfangs nicht zu diesem Schritte, wie ich ehrlich gestehen muß. Erst als mir der väterliche Freund erzählte, daß ein kriegsblinder Jurist, der auch erst nach der Erblindung zu studieren begonnen hatte, Rechtsberater eines ganzen deutschen und später auch des mitangeschlossenen Glaskonzerns war, begann wieder ein kleiner Funken von Mut und Hoffnung in mir aufzuflackern. Ja, es wäre möglich, aber wie sollte ich einen Begleitstudenten finden, wie ein Zimmer? Ich kannte niemand, und auch meine Eltern hatten keine Zeit, sich meiner und meiner Sorgen anzunehmen, denn der Mangel an Arbeitskräften in der Landwirtschaft hatte sie den ganzen Tag schwer ins Joch gespannt. Durch Zufall erfuhr ich, daß ein ehemaliger Klassenkamerad im nächsten Semester mit dem Studium der Rechtswissenschaften beginnen werde. Ich suchte ihn auf, und er war mit meinen Vorschlägen einverstanden. So begannen wir im Herbst 1946 in Graz mit dem gemeinsamen Studium. Es ging anfangs wirklich nicht leicht. Das Umgewöhnen vom früheren überwiegend visuellen auf das nunmehr notwendige rein akustische Studium machte mir einige Schwierigkeiten. Dazu kam, daß mein Schulkamerad, der mit mir arbeitete, mir die Arbeit nicht erleichtern half, ja nicht einmal ehrlich war. Wir trennten uns nach dem ersten Semester. Ich hatte aber inzwischen keinen Kollegen gefunden, denn keiner hielt meine Arbeit für möglich und jeder scheute sich, die ohnehin gedruckten Vorlesungen mit mir zu Hause durchzuarbeiten. Wieder half mir jener heimatlose Ingenieur. Sein alter 74jähriger Vater, der ebenfalls seine Heimat hatte verlassen müssen, las mir vor, und ohne daß ich im elften Semester eine Vorlesung besucht hatte, nur nach den Skripten und dem Bücherstudium und einer kurzen Überprüfung durch einen absolvierten Juristen, trat ich termingemäß zur ersten Staatsprüfung an, die ich mit ausgezeichnetem Erfolg bestand. Bei der Prüfung wurde ich genauso behandelt wie die Sehenden. Einige der prüfenden Professoren kannten mich gar nicht. Nun endlich war der Bann gebrochen. Ich lernte Kollegen kennen und fand bald einen, der mit mir laut lernte, beziehungsweise mir den Stoff vorlas. Ich hatte das Pech, daß ich noch zweimal hintereinander die Begleitstudenten wechseln mußte, bis ich endlich den geeigneten, verläßlichen Kameraden fand. Inzwischen mußte ich mein Studium wegen einer Splitteroperation unterbrechen und nahm nach meiner Ausheilung die Arbeit von neuem auf. Ich konnte nach langem Suchen auch eine Bogenmaschine auftreiben. Nach meiner ersten Staatsprüfung hatte ich begonnen, mich nebenbei in der nur mangelhaft erlernten und teilweise auch wieder vergessenen Blindenkurzschrift weiter auszubilden; so konnte ich von nun ab vom gesamten Vorlesungsstoff

Auszüge machen und, wenn ich niemand zum Vorlesen fand, danach allein lernen. Infolge der durch den Krieg versäumten Studienzeit wurde mir durch die Anrechnung von zwei sogenannten Kriegssemestern ermöglicht, die Studienzeit für die nächsten beiden Staatsprüfungen um je ein Semester zu verkürzen. Es hieß also, den Stoff anstatt in drei in zwei Jahren erlernen. Mit viel Fleiß gelang es auch, denn ich hatte in meinen jetzigen Studienkollegen liebe Freunde gefunden, die mich in meiner Arbeit bestens unterstützten.

Die Musik hatte mir in meinen Arbeitspausen immer wieder schöne Zerstreuung bedeutet. Ich begann Akkordeon zu spielen und besuchte fleißig Opern. Ich ging auch fleißig spazieren, soweit es eben die minder übrigbleibende Zeit erlaubte, und trachtete in jeder Weise, auch in der Stadt selbständig zu werden. Ein von einem Freunde aus Gips angefertigter Stadtplan machte mich allmählich mit dem mir als Nichtgrazer fremden Stadtbild vertraut. Mein Führhund, den ich nun bald ein Jahr habe, wurde mir ein lieber, treuer Begleiter. Auch auf der Schreibmaschine vervollständigte ich meine Fertigkeiten, und so gewann ich die für meine Lage erforderliche Selbständigkeit, ich wohne nämlich seit dem dritten Studiensemester allein in Untermiete bei fremden Leuten ohne Familienanschluß.

Nun habe ich den anfangs so schwer scheinenden Weg des Studiums zurückgelegt. Am 6. Oktober trat ich zum letzten Rigorosum an, und zwei Tage später wurde ich zum Doktor Juris promoviert. Meine Arbeit ist bestimmt keine einmalige Leistung. Das beweisen die zur Zeit noch studierenden Kameraden, diejenigen, die es vor mir schon geschafft haben, und viele andere Kameraden, die bereits im Berufe stehen und zur vollsten Zufriedenheit ihrer Vorgesetzten arbeiten, nachdem sie sich mit zähem Willen, dem anfänglichen Mißtrauen fast aller Sehenden zum Trotz, durchgesetzt haben.

Durch die Bemühungen unseres Obmannes, Kameraden HIRSCH, hoffe ich nun, bald die Möglichkeit zu finden, eine Anstellung zu erhalten.

In der Hoffnung, daß es mir gelingen wird, zu beweisen, daß auch kriegsblinde Akademiker ihren Platz ganz und voll ausfüllen können, trete ich entschlossen und zuversichtlich in diesen neuen Lebensabschnitt ein.

Aus meiner Arbeit als Ortsgruppenobmann
Toni QUAS

Es war im nun schon fast in Vergessenheit geratenen Jahr 1945, einem Jahr voll unerträglicher Pein, finanzieller und wirtschaftlicher Sorgen für uns Kriegsversehrten. Damals sah es aus, als ob es keinen Ausweg mehr aus diesem Jammertal geben würde. In welchem Amte immer wir unser Recht suchen wollten, wurde uns, ohne daß wir angehört wurden, die Türe gewiesen. In mancher schlaflosen Nacht sann ich nach, wie diesem Übelstande abgeholfen werden könnte. Ich war vierzehn Monate ohne Rente und ohne eine Fürsorgeunterstützung, ohne Wohnung und die notwendigsten Gebrauchsgegenstände wie Kleider, Wäsche usw. Nur Hofrat Dr. MAYER, Leiter des Landesinvalidenamtes in Graz, war in dieser trostlosen Zeit mein und vieler Schwerkriegsversehrter einziger Lichtblick. Trotzdem die Kassen des Invalidenamtes leer waren, wußte er doch immer etwas Geld aufzutreiben, um in ganz berücksichtigungswürdigen Fällen helfen zu können. Uns Kriegsblinde hatte Hofrat Dr. MAYER besonders innig ins Herz geschlossen. Wir konnten zu ihm auch immer Zutritt erhalten und fanden stets ein williges Ohr für unsere Sorgen und Nöte. Das Vorbild, das er uns gab, war für mich ausschlaggebend. In mir reifte der Entschluß, mich auch in den Dienst der Kameradschaft zu stellen und in dem wiedergegründeten Landesverband der Kriegsopfer aktiv mitzuarbeiten. Kurz entschlossen ging ich daran, die Ortsgruppe St. Oswald bei Gratwein neu zu gründen. Ich stellte es mir in meinem Idealismus viel leichter vor, als es in Wirklichkeit war. Die Angst und das Mißtrauen gegen jede neue Organisations- und Vereinsgründung hielt jeden einzelnen Menschen vom Beitritt oder von der Mitarbeit ab, da jeder in einer solchen Gründung eine politische Partei witterte und unangenehme Folgen fürchtete. Nur vier der vielen Kriegsopfer von hier konnte ich von der Dringlichkeit der Mitarbeit überzeugen und dafür gewinnen.

Dies genügte, um die Ortsgruppe beim Verband und der Bezirkshauptmannschaft anmelden zu können. Nun aber begann erst die zähe, unverdrossene Arbeit der Mitgliederwerbung durch das Abhalten von Versammlungen in St. Oswald selbst und der entlegenen Gemeinde Stilwoll. Durch viele persönliche Vorsprachen bei den einzelnen Kriegsversehrten und Hinterbliebenen von fünf Nachbargemeinden, welche zum Ortsgruppengebiet gehören, konnten viele zum Beitritt bewogen werden. Zu meiner und des Kassiers Entlastung wurden in den weiter entlegenen Gemeinden Subfunktionäre bestellt, die beauftragt waren, Wünsche und Anfragen der dortigen Mitglieder entgegenzunehmen und gegebenenfalls an die Ortsgruppen weiterzuleiten. So wird diesen Mitgliedern der oft drei bis vier Stunden weite Fußweg bis zur Ortsgruppe abgenommen. Gleichzeitig stellen sie als Einheimische die Verbindung zu ihren Gemeinden und Bürgermeisterämtern her. Das erste finanzielle Fundament der Ortsgruppe war ein großes Weinlesefest in St. Oswald, das einen vollen Erfolg zu verzeichnen hatte. Durch persönliche Interventionen bei den Theatergruppen in den verschiedenen Gemeinden erreichte ich, daß insgesamt 18 Aufführungen von Lustspielen und Volksstücken stattfanden, alle mit einem schönen finanziellen Ertrag. Vom Landesverband aus hat die Ortsgruppe jährlich eine Haussammlung für Fürsorgegeld durchzuführen, von deren Erträgnis 25 Prozent der Ortsgruppe verbleiben, während 75 Prozent dem Verband abgeliefert werden müssen. Auch ist für die Kindererholungsaktion des Verbandes in jedem Frühjahr eine Lebensmittelsammlung durchzuführen. Die Referate bearbeite ich sämtliche selbst, mit Ausnahme der Kassa. Für einen Kameraden in Stilwoll konnte dort eine Trafik nach zweijähriger Arbeit freigemacht werden. Die meiste Arbeit gibt wohl das Renten- und Sozialreferat. Im vergangenen Jahr hatte die Ortsgruppe einen Schriftverkehr von 18 Rentenanträgen, einen Postausgang von 286 und einen Einlauf von 124 Briefen. Bei den diversen Ämtern wie Invalidenamt, Landesverband, Landesregierung, Bezirkshauptmannschaft und Finanz, mußte in 43 Fällen persönlich vorgesprochen werden. An Fürsorgeunterstützungen an bedürftige Mitglieder wurden in den letzten drei Jahren 8800 Schilling ausgegeben. Über dieses schwierigste Referat berichte ich ein andermal.

Trotz der vielen Arbeit und manchem Ärger erfüllt es mich mit Genugtuung, daß ich als einziger Kriegsblinder hier den Kameraden und Hinterbliebenen mit Rat und Tat zur Seite stehen kann.

Rückblick und Gedanken zu meiner Tätigkeit als Stenotypist
Josef KETTEL

Da ich schon zu Beginn meiner Tätigkeit als Stenotypist bei der Bezirkshauptmannschaft meiner Heimatstadt Ried meiner Freude darüber in diesem Blatte Ausdruck gegeben hatte, will ich jetzt den Kameraden eingehender über mein gegenwärtiges Arbeitsgebiet berichten.

Wie immer in meinem Leben, sah ich meiner neuen Tätigkeit zuversichtlich entgegen, denn dieses Selbstvertrauen verleiht einem gleich zu Beginn neue Kraft und frischen Mut, wodurch einem im Leben alles leichter gelingt.

Ich hatte mich bald mit meinem neuen Arbeitsgebiet vertraut gemacht, wurde mit meinen Vorgesetzten und Kollegen bekannt und gewöhnte mich rasch an den neuen Arbeitsplatz. Die Wochen der sogenannten Einschulung, die gerade für uns Kriegsblinde von größter Bedeutung sind, waren rasch verflogen, und es war mir, als ob mein Leben einen neuen Sinn bekommen hätte. Ich konnte bald erkennen, daß meine Vorgesetzten mit meiner Arbeit zufrieden waren, und es freute mich, daß ich wie sehende Schreibkräfte eingeschätzt und behandelt wurde. Es verging kein Tag, ohne daß ich neue Erfahrungen gesammelt hätte. Ich konnte von Tag zu Tag wahrnehmen, daß ich den an mich gestellten Anforderungen immer leichter entsprechen konnte. Besonders bei der Aufnahme des Stenogramms entwickelte ich immer größere Fertigkeiten.

Ich muß auch feststellen, daß mir die Beschäftigung gar nicht eintönig vorkommt, sondern immer wieder neue Freude macht. Auch will ich nicht versäumen, zu betonen, daß meine Umgebung viel zur Verschönerung meiner Tätigkeit beiträgt. Mit sozialem Gefühl und Verständnis stehen mir Vorgesetzte und Kollegen zur Seite: ihnen gebührt meine Anerkennung.

Fast ein Jahr war mit arbeitsreichen Tagen, lebensmutigem Streben und dem immerwährenden Wunsche, mich noch weiteren Prüfungen zu unterziehen, vergangen. Da erfuhr ich, daß ich die Möglichkeit hätte, zur staatlichen Stenotypistenprüfung bei der Kammer der gewerblichen Wirtschaft anzutreten. Nach 14tägiger Vorbereitung stellte ich mich zusammen mit den drei anderen Prüflingen als einziger Kriegsblinder am 28. Juni vorigen Jahres der Prüfungskommission und konnte die Prüfung mit gutem Erfolg ablegen.

Als dann im September in unserem Amte die Prüfungen für Angestellte durchgeführt wurden, hätte ich auf Grund meiner Wiener Prüfung nicht mehr daran teilnehmen müssen. Ich wollte mich aber nicht ausschließen. Mitten unter 17 Stenotypistinnen hatte ich als einziger Mann Platz genommen. Meine Finger auf den Tasten der Stenomaschine. Die anderen Teilnehmerinnen die Bleistifte gezückt, erwarteten wir gespannt den Beginn des Diktates. Bald war der Text aufgenommen und es begann die Übetragung in die Schreibmaschine. Meine Kameraden. Stellen Sie sich einmal das Hämmern von 18 Schreibmaschinen vor. Inmitten dieses Lärmes trachtete jeder, seine Arbeit fein säuberlich und so schnell wie möglich zu machen. Schnelligkeit und Sauberkeit wurden besonders gewertet. Es dauerte auch nicht lange und es wurden schon die ersten Arbeiten abgegeben. Ich merkte auch bald, daß ich als Blinder im Nachteil war. Mit dem Finger abwechselnd zu lesen und zu schreiben ist unbestreitbar ein Zeitverlust: denn die geübte Stenotypistin richtet ihren Blick auf das Stenogramm und überträgt ohne Zeitverlust die vor ihr liegende Arbeit. Aber ungeachtet meiner Umgebung war ich in meinen Stenostreifen vertieft und konnte meine Arbeit rechtzeitig liefern, ohne die zur Übertragung des Stenogrammes für die Sehenden vorgeschriebene Zeit überschritten zu haben.

Dieser Beweis der Gleichwertigkeit eines Blinden im Verhältnis zu seinen sehenden Kollegen bedeutete für mich nicht nur mehr Freude über meinen Beruf, er wirkte sich auch insofern aus, als man mir jetzt auch schwere und schwerste Arbeiten diktierte. Sehr zustatten kommt mir dabei die wertvolle Tabulatur an meiner Schreibmaschine, die mir ohne größere Schwierigkeiten eine formgerechte Einstellung des Schriftstückes gestattet. Das Ausfüllen von Formularen mag vielleicht dem Unerfahrenen schwer erscheinen, aber auch dies ist nach eingehender Erklärung kein Problem.

So habe ich nach eineinhalbjähriger Tätigkeit in meinem Amte viele Erfahrungen gesammelt, doch kommt wie in jedem Beruf, immer etwas Neues an einen heran. Und gerade dieses Gegenüberstehen einer neuen Situation macht die Tätigkeit des Stenotypisten interessant.

Ich glaube, wir alle, die vom Schicksal schwer getroffen wurden, haben den Wunsch, wieder zu den schaffenden Menschen gezählt zu werden. Nicht nur mein Beruf, sondern auch jede andere Beschäftigung fordert Ernst und starken Willen. Nicht jeder Kriegsblinde kann heute schon glücklicher Besitzer einer gutgehenden Trafik sein. Und so müssen eben die anderen ihren Lebensunterhalt durch irgend eine andere berufliche Tätigkeit verbessern. Alle Mitmenschen, die sozial fühlen, werden unsere körperliche und geistige Fähigkeit richtig einschätzen. Mögen unsere Haltung und unser starker Lebenswille allen Verzagten und Klagemütigen ein Beispiel sein! Hoffentlich kommt bald die Zeit des wahren Friedens, und unsere gerechte Forderung nach Freiheit geht in Erfüllung! Mögen sich die Völker wieder versöhnen, Menschenrecht und Menschenwürde wieder achten lernen: In Eintracht nebeneinander leben und sich gegenseitig vertrauen.

Der Befehl des k. und k. Militärkommandos in Wien vom 23. Jänner 1915, Nr. 11, ordnet an:

„Alle Sanitätsanstalten des Territorialbereiches haben von nun an alle erblindeten Soldaten an das k. k. Blinden-Erziehungs-Institut in Wien II, Wittelsbachstraße Nr. 5 nach vorheriger telephonischer oder telegraphischer Anfrage abzugeben.

Diese Anstalt fungiert vorläufig als eine Z e n t r a l s t e l l e, von welcher aus dann die Abgabe an andere sich mit der Blindenfürsorge befassenden Institute, Vereine etc. erfolgen wird.

Die an die Blinden-Erziehungs-Anstalt abzugebende Mannschaft ist vorläufig nicht zu superarbitrieren, sondern die Abgabe wie die Transferierung von einer Sanitätsanstalt in eine andere zu behandeln."

In der Neuen Freien Presse vom 15. Mai 1916 wurde diese Danksagung der galizischen Kriegsblinden abgedruckt:

Hochgeehrte Redaktion!

Wir wenden uns an die sehr geschätzte Redaktion der „Neuen Freien Presse", die so oft und wirkungsvoll ihre kräftige Unterstützung den Kriegsblinden hat angedeihen lassen, mit der Bitte, der folgenden Danksagung der galizischen Kriegsblinden an die Direktion des k. k. Blinden-Erziehungs-Instituts, Wien, II. Bezirk, Wittelsbachstraße 5, liebenswürdig einen Platz einräumen zu wollen.

Die Kriegsblinden Galiziens, die sich monatelang der herzlichsten Gastfreundschaft und warmer hilfsbereiter Fürsorge am hiesigen Blinden-Institut erfreut haben, fühlen das Bedürfnis, der Anstaltsdirektion öffentlich ihre innigste Dankbarkeit zum Ausdruck zu bringen.

Viele von uns traten verzweifelt und gebeugt von den schwersten Sorgen in die Anstalt ein, jeder von uns hilflos seiner dunklen Zukunft gegenüberstehend, um jetzt getröstet und gestärkt, mit neuer Hoffnung und von festen Bestrebungen erfüllt, die Wiener Anstalt zu verlassen und um die hier unter so wirksamer und vielseitiger Unterstützung der erfahrenen Pädagogen und Meister begonnene Arbeit in der Lemberger Schwesternanstalt fortzusetzen.

Nur ungern scheiden wir von hier, voll Dankbarkeit gegen den hochgeschätzten Herrn Direktor Regierungsrat A. MELL, der uns in wahrhaft väterlicher Weise mit Rat und Tat zur Seite stand, an der Spitze seiner mit freudiger Aufopferung sich in die Pflege teilenden Familie, der Frau Regierungsrat MELL und der drei Schwestern Fräulein TILDI, PAULA, und LILLI MELL. Ganz besonders fühlen wir uns auch zu Dank verpflichtet dem Herrn Inspektionsoffizier Oberleutnant KRANZ, dem immer teilnahmsvollen und tatkräftigen Herrn Lehrer G. HALAREVICI und der gesamten Administration, die sich alle unermüdlich um uns bemühten.

Sie alle führten uns mit stützender Hand aus dem finstern Labyrinth dem Lichte des neuen und nützlichen Lebens entgegen. Unser herzliches „Vergelt's Gott" und stets dankbare Erinnerung seien Ihnen zum Dank.

Wien, den 13. Mai 1916

Die Kriegsblinden Galiziens.

Landwirtschaftliche Betätigung Kriegsblinder Ungarn
Im „Pester Lloyd" vom 12. August 1916 von Professor Dr. Emil v. GROSS.
Budapest, 11. August.

Dreißig Prozent der Kriegsblinden österreichischer Staatsangehörigkeit, zweiundzwanzig Prozent der deutschen und fünfundsiebzig der ungarischen kommen aus dem landwirtschaftlichen Berufe. Diese Zahlen beweisen überzeugend die Wichtigkeit dieses Berufes für unsere Kriegsblinden. Es ist das Verdienst meines Berliner Kollegen Professors SILEX, neue Wege in der Kriegsblindenfürsorge eröffnet und bewiesen zu haben, daß die Kriegsblinden auch zur Fabriksarbeit sich heranziehen lassen. In der Munitionsfabrik zu Spandau sind Kriegsblinde mit Einziehen von Patronenrahmen und in Ladestreifen, ferner mit Revidieren der Patronen auf festen Sitz der Geschosse, mit Einstecken von Patronen in die Taschen eines Patronengurtes beschäftigt. Der Mann verdient pro Tag Mark 3,08 bis 4,40. Noch verschiedene andere Arbeiten stehen in Aussicht.

Wie wir in „Magyar Gyogypedagogia" lesen, sind in der Munitionsfabrik von Manfred Weiß sieben ungarische Kriegsblinde angestellt, und zwar mit ebenfalls gutem Erfolge.

Mein Marburger Kollege BIELSCHOWSKY hat den Telephondienst als Beschäftigung empfohlen. Zwei ungarische Kriegsblinde haben diese Arbeit bereits erlernt.

Selbtsredend sind auch die alten, bewährten Blindenarbeiten – Bürstenbinden, Korbflechten – überall Ehren.

Für Ungarn ist aber von besonderer Wichtigkeit der Bericht, den der Vorstand des k. k. Blinden-Erziehungs-Institutes in Wien, Regierungsrat Alexander MELL, über die landwirtschaftliche Betätigung der Kriegsblinden publiziert hat.

Dem Grundprinzipe der Kriegsblindenfürsorge entspricht die Bestrebung, einen jeden Invaliden wenn möglich seinem alten Berufe zuzuführen. Nur wenn dies nicht möglich ist, muß der Invalide durch Schulung und Anpassung einen anderen Beruf wählen. Die Tatsache, daß die meisten der ungarischen Kriegsblinden sich mit Landwirtschaft beschäftigen, hat mich zu der Anregung bewogen, auch bei uns einen Versuch in dieser Richtung zu machen.

Heute, da die Erfolge der österreichischen Aktion bekannt sind, sind wir nicht nur berechtigt, den Versuch zu machen, wir sind sogar verpflichtet, unseren, meistens vom flachen Lande stammenden Invaliden die Möglichkeit zu geben, die Landwirtschaft weiterzutreiben und damit in ihre Heimat zurückkehren zu können.

Es ist bekannt, daß in Amerika die Blinden auch in der Landwirtschaft unterrichtet werden. Der verdienstvolle Direktor des Wiener Blinden-Erziehungs-Institutes Herr Regierungsrat Dr. MELL hat sich der Sache angenommen, und es ist sein Verdienst, daß diese Idee in Straß (Bezirk Krems) ihre konkrete Ausgestaltung gefunden hat. Im Februar 1916 wurde das Haus von den Kriegsblinden bezogen. Das Lesen und Schreiben wird nicht vernachlässigt. Auch eine Korbflechterwerkstätte wurde eingerichtet, dadurch werden die Regentage ausgenützt. Direktor MELL hat eine Liste der Arbeiten zusammengestellt, die von Kriegsblinden selbständig ausgeführt werden: Holzsägen und –hacken, Baumpfähle entrinden, Baumpfähle zuspitzen, Reinigen der Obstbäume, Wasser- und Wurzeltriebe entfernen, Ausgraben der schadhaften Bäume, Baumgruben ausheben, Obstbäume pflanzen; Kronen- und Wurzelschnitt selbständig, Holz aufschlichten, Umgraben, Pflanzung von Beeren- und Obststräuchern, Anbinden der Obstbäume, Rigolen, Kartoffeln legen, Unkraut jäten, Rübenkohl-, Kohlrabi- und Krautpflanzen versetzen, Gemüsepflanzung selbständig, Faschinenkörbe im Garten flechten, Mistbeet zur Pflanzung von Gurken und Kürbissen herrichten, Geburtshilfe bei Haustieren, kleine Reparaturen im Hause ausführen, Arbeiten in der Korbflechterei.

Nun ist es an der Zeit, daß auch in Ungarn der Unterricht für Kriegsblinde in landwirtschaftlicher Arbeit beginnt. Ich habe mich mit meinem Antrage in diesem Sinne an das königliche Invalidenamt gewendet. Aber zur Durchführung dieser Idee wäre ein geeignetes Grundstück notwendig. Die ungarische Gesellschaft hat für die Kriegsblinden große Summen gespendet. Ich bin überzeugt, daß die ungarischen Grundbesitzer in der Nähe von Budapest und Kolozsvar ein entsprechendes Grundstück zur Verfügung stellen werden. (VuB, IX. Jg., Nr. 3/4, 15. Dez. 1916, S. 58 f.)

3. Auszüge aus dem literarischen Schaffen

"Eva FASCHAUNERIN"
Gustav GLAWISCHNIG

Es wird sicherlich im Kreise unserer Mitglieder lebhaftes Interesse erwecken, daß unser Kamerad Gustav GLAWISCHNIG der Verfasser zahlreicher Theaterstücke, Lustspiele, Gedichte, Tragödien und dgl. ist. Insbesondere hat sich Kamerad GLAWISCHNIG viel mit dem Leben und Treiben der Bauern beschäftigt und zahlreiche Stücke geschrieben, die das tiefe Verständnis für die bäuerlichen Sitten und Gebräuche zeigt. Nach Aussagen von maßgebenden Persönlichkeiten und Kennern solcher Stücke ist Kameraden GLAWISCHNIG die Dramatisierung, wie auch die Wiedergabe bäuerlichen Brauchtums vortrefflich gelungen.

Der beste Beweis für den Wert dieser Stücke ist wohl, daß vor einiger Zeit anläßlich der Ehrung von 170 erbeingesessenen Bauerngeschlechtern des Lieser- und Maltatales, die mehr als 150 Jahre in ununterbrochener Rechtsfolge ihren Besitz bewohnen und bewirtschaften, in Gmünd aus der von Kameraden GLAWISCHNIG verfaßten Tragödie „Eva Faschaunerin" eine „Bauernhochzeit vor 150 Jahren" aufgeführt und sogar von der Ravag übertragen wurde, wenn auch sonderbarerweise ohne Nennung des Namens des kriegsblinden Verfassers.

Im Nachstehenden bringen wir eine kurze Inhaltsangabe des Stückes „Eva Faschaunerin" nach geschichtlichen Quellen aus dem Gräflich Lodron'schen Burgarchiv zu Gmünd in Kärnten vom Jahre 1773.

Eva Faschaunerin ist die Tochter der Faschaunerleute, die eine Bergbauernwirtschaft am Maltaberg – Gmünd – ihr Eigen nennen. Durch Mißernten und verschiedene Unglücksfälle sind die rechtschaffenen Bauern in Schulden geraten. Ihre Gläubigerin ist die „Hörlbäurin aus Malta, eine

Witwe, die einen heiratsfähigen Sohn besitzt. Die Hörlbäurin verlangt von den Faschaunerleuten mit aller Entschiedenheit die Rückzahlung der Schulden und droht mit der Zwangseintreibung. Da sie jedoch weiß, daß die Beiden zahlungsunfähig sind, macht sie wie schon des öfteren den Vorschlag, ihrem Sohne HÖRLBAUER Joggl deren Tochter Eva zur Frau zu geben. In diesem Falle würde sie die Schuld erlassen und das Ehepaar FASCHAUNER könnte auf ihrem Hof verbleiben. Keinen Ausweg sehend, hat das greise Ehepaar dem Vorschlag ohne Wissen und Willen ihrer Tochter Eva zugestimmt. Diese Abmachung wurde an einem Sonntag mittag getroffen, wo das Ehepaar zur Kirche nach Gmünd heruntersteig und die Hörlbäurin trafen. Eva ist als Haushüterin daheimgeblieben. Der erste Auftritt zeigt Eva in der Kachelstube (Schlafstube) der Eltern mit Aufräumen beschäftigt. Singend vollbringt sie die Arbeit und freut sich des warmen Tages und der herrlichen Aussicht der gegenüberliegenden Berge und Schneefelder der Reiteralmspitze und des zu Füßen ausgebreiteten Maltatales. Sie beendet ihr Lied:

Sing' i in aller Fruah,
Hört mi mei liaber Bua;
Schickt mir dann allemal
Antwort ins Tal! Juchhe!

Jauchzend und singend steigt ihr Liebster, der arme Almhirte und Waise, beim Nachbar in Diensten stehend, kurz EDER Hansl genannt, ins Tal. Er überrascht seine Liebste, da er wegen einem kranken Vieh unverhofft ins Tal zum Bader muß. Durchs Fenster entwickelt sich ein neckisches Liebesgeplänkel. Er überreicht Eva einen Strauß Almenrausch (Alpenrosen), Enzian und Blutströpflan (Kohlröslan) mit den Worten:

Almenrausch, Enzian, Liab und die Treu;
Siegst! Sogar Bluatströpflan hab i dabei!

Mit der Vereinbarung, sich ums Dunkelwerden bei der Wegkreuzung beim alten Marterl zu treffen, verabschieden sich die zwei. Plötzlich von einer trüben Ahnung erfüllt, spricht sie für sich die Almblumen betrachtend:

„Almenrausch, Enzian, Liab und Treu;
Ach mein Gott, Bluatströpflan find i dabei!"

Inzwischen kommen die Eltern vom Kirchgang heim und eröffnen Eva von der Abmachung mit der Hörlbäurin. Sie fleht und bittet ihre Eltern, sie nicht an diesen teppischen Menschen (unfein, derb) zu verkaufen. Sie kämpft zwischen Liebe und Pflicht ihren greisen Eltern gegenüber und verspricht, Joggl zu heiraten, um die Eltern zu retten.

Die nächste Szene zeigt Eva im Mondenschein betend und schluchzend vor dem Marterl kniend, wie sie ihren Liebsten erwartet. Sie eröffnet ihm die Furchtbarkeit ihres Schicksales. Er kann sie nicht begreifen. Schließlich und endlich versteht er, worum es sich handelt. Seine Armut kommt ihm mit Bitterkeit zum Bewußtsein. In wilde Verzweiflung ausbrechend reißt er sich von Eva los und stürzt die Worte ausstoßend davon:

Verlass'n bin i – ohne Liab!
Viel ärmer noch als arm!
Du kalte Welt, bist öd und trüab. –
I wollt, i wär' schon g'storb'n!

Der nächste Auftritt bringt die Hörlbauerhochzeit mit einer Wegsperre oder Klause, wie sie heute noch bei Bauernhochzeiten üblich sind. Sinnige und lustige Anspielungen auf das Eheleben und den bäuerlichen Beruf werden aufgeführt. So haben hinter der über den Weg gespannten Kette fünf Personen Platz genommen. Eine rührt in einem alten Butterkübel, rahmt zu Butter; eine zweite spinnt Flachs; eine dritte schaukelt eine Wiege; eine vierte knetet Teig und eine weitere liest aus einem Buche. Der Hochzeitszug muß halt machen. Die sogenannten Versperrer scheinen die Hochzeit nicht zu bemerken. Zwischen beiden Gruppen entspinnt sich dann ein Wortgeplänkel teils in Prosa, teils in Stegreifversen. Die Person des Brautführers, der die ganzen Hochzeitsfeierlichkeiten samt allen Bräuchen zu leiten hat, zahlt schließlich ein Lösegeld und der Weg wird frei gegeben. Braut und Bräutigam läßt man hoch leben. Hierauf wird dem Brautpaar Glück gewünscht.
Nachstehend die Glückwünsche:

I wünsch' der Braut viel Milch und Butter,
Dazua koa böse Schwiegermutter!
I wünsch' der Bäurin a recht große Wieg'n
Damit sie recht fleißig kan Kinderlan krieg'n!
I wünsch' der Bäurin a goldenes Radl,
Auf daß sie kann spinnen a seidenes Fadl!
I bin a rechter Nudltost
Und halt gar viel auf g'schmalz'ne Kost.
Das Liebste sind mir Nudl und Schmalz.
Der Herrgott a bei Euch erhalt's!

Musik und Gesang,
Machen's Leb'n nit bang!
A bissl a Wein
Soll alleweil sein!

Musik ertönt, Pöller krachen, Jauchzer werden laut und der Hochzeitszug setzt sich in Bewegung.

Der kommende Auftritt zeigt Eva als Eheweib des ungeliebten und brutalen Hörlbauer in der Rauchküche. Neben dem Manne machen ihr die Schwiegermutter und eine Magd, die einstige Geliebte des Bauern, das Dasein zur Qual. Die Dienstboten spalten sich in zwei Lager. Der Bauer, der öfters an Magenverstimmung leidet, wird eines Tages nach dem Genuß von aufgewärmten Nudln krank und stirbt. Das Gerücht wird verbreitet, er sei vergiftet worden. Die Sache wird angezeigt, nach acht Wochen der Leichnam enterdigt und der Medicus von Gmünd findet bei der Untersuchung des Mageninhaltes vom Toten, daß er über glühende Kohlen gestreut, einen zwiebelartigen Geruch verbreite. Dies führte er hiemit auf eine Vergiftung mit Corosiv oder Arsenik (im Volksmund Hütra genannt) zurück. Dieses Gift war früher in jedem Bauernhause zu finden, da man es als Arzneimittel bei erkrankten Tieren gebrauchte. Eva des Giftmordes verdächtigt, wird verhaftet und nach Gmünd in den Kerker geworfen.

Über drei Jahre dauert der Prozeß. Man kann weder ihre Schuld, noch sie selbst ihre Unschuld beweisen. Der Kerkermeister, mit dem Eva auf gutem Fuße steht, macht es möglich, daß sich ihr noch immer unvergeßlich und treu gebliebener Hans zu ihr in die Kerkerzelle schleichen darf. Neue Hoffnungen werden wach und Pläne für die Zukunft geschmiedet, die sie nach erfolgter Freilassung Evas verwirklichen sollen. Doch das hohe Landesgericht zu Gmünd ist von Evas Schuld fest überzeugt. Man greift schließlich zum letzten und grausamsten Mittel der Folter, um ihr ein Geständnis zu erpressen. Um von den furchtbaren Qualen befreit zu werden, gibt Eva zu, ihren Gatten mit Corosiv vergiftet zu haben, das sie ihm mit den aufgewärmten Nudeln verabreichte. Eva wird zum Tode durch Enthauptung verurteilt. Zuerst soll ihr die rechte Hand abgeschlagen werden, mit der sie die ruchlose Tat begangen haben soll. Dann erst soll sie durch den sogenannten Freimann enthauptet werden. Ein Gnadengesuch an die damalige Kaiserin Maria Theresia blieb unberücksichtigt. So wird Eva FASCHAUNERIN im November 1773 auf die Richtstätte von Gmünd, dem sogen. Galgenbühel, zum Tode geführt. (NdVKBÖs, XII. Jg., Nov. 1932, S. 94 ff.)

Der blinde Landsturmmann

Aus dem Deutsch-Österreichisch-Russischen Krieg 1914
In der Gefangenschaft selbst zusammengestellt, im Wiener Dialekt gesungen nach der
Melodie: „Verlassen Verlassen" v. Koschat.

Mein Name ist Georg Bigge,
Gebor'n da in Wean,
Mei' Frau und die Kinder,
Die hab'n mi' so gern.
Sie hab'n g'want weil i furt muß
In Feldzug geh'n,
Gott waß ob wir nochmals
Uns g'sund wiederseh'n.

I' hab' an drei Kinder,
Zwei Mad'ln und an Buam,
San lebensfrohe Menschen
Und g'wachsen wie Ruam.
Mei' Bua, der muß stark wer'n
Und kämpfen für sein Kaiser
Im österreichischen Heer.

Der Krieg hat begonnen,
Der Kaiser ruft,
Für's Vaterland ziehen wir
Mit Freuden und Lust.
Wir wollen kämpfen
Bis erreicht ist das Ziel,
Der Feind wird geschlagen
So weit er will.

So is' unser Landsturm Nr. 1
Und aus Wean
Gegen Rußland marschiert
Für sein Kaiser und Herrn.
Wir hab'n sehr viel mitg'macht,
Viel Schlachten und Frost.
Man hat's halt net leicht
Wann's am's Augenlicht kost'.

Es war g'rad Weihnachtsabend,
Wir liegen im Grab'n,
Da plötzlich die Russen
Wie verruckt g'schossen hab'n.
A Kugl in mein Rucken
A andere in mein Kopf
Und so bin i leider
A armer blinder Tropf.

Sechs Stunden bin i g'legen so
Voll Schmerz ganz verwirrt,
Bis a Kamerad mi' hot
In a Bauernhaus g'führt.

Dort lag ich darnieder,
Fast vor Hunder erlahmt,
Und so hab'n mi d'Russen
Nocha g'fangt.

Nach an Tag hab'ns mi bracht
Auf a Sanitäts-Station,
Durt hob i' erst Läus kriagt,
I hab' 'glaubt sie trag'n mi' davon.
Sieb'n Täg bin i' g'leg'n durt,
Nir z'essen dazua,
Oba d'Läus die hab'n bissen
Schon in ana Tour.

Ka Doktor wor do,
I' hab g'schrien schon vor Wut,
Denn von mir is' g'flossen,
Noch immer das Blut.
Do hab'ns mi am Wag'n g'haut
Das allas hot kracht
Und so hab'ns mi' endlich
Zum Doktor hin'bracht.

Der Doktor war wirklich
A seel'nguater Mann,
Er gibt mir gleich z'essen
Und untersucht mi' dann.
Er schüttelt sein Kopf
Und sogt: „Tröste Dich doch,
Vielleicht bekommst Du
Dein Augenlicht noch."

Ich hab' mich getröstet
In Gedanken auf Wien
Den zu meine Lieben
Da ziagst mi' hin.
Das Unglück, mei Schicksol
Es hat's so gewollt
Doch Einer wird helfen
Und das ist nur Gott.

Was kann ma' denn mochen,
Wos hin is' – is' hin,
Soll i' wana, soll i' lochen –
Mi' g'freuts, i' bin in Wien.
Daß i' blind bin, i' wan net,
Das hab' i' ma g'schwurn,
Für mein Kaiser, für mein Kaiser
Hätt' i's Leb'n gern verlur'n!

Gedicht:

Ich fürchte mich vor der Finsternis nicht,
denn ich kenn' das Geheimnis der Nacht.
Seitdem ich verloren das Augenlicht,
verlor auch der Tag über mich Macht.

Der Tag, der die Liebe zum Leben mir lieh,
nicht ahnt' ich des Schicksals Tück',
die Freuden der Arbeit entschwanden mir nie,
der Tag schuf stets neu mir das Glück.

Ein Ende nahm jäh das Glück und das Licht,
Freund Tod – halb war dein Werk nur vollbracht.
Die Tränen wollen verrinnen nicht,
denn ich kenn' das Geheimnis der Nacht.

GOLDBERGER, Emil: Gedicht in NdVKBÖs, IV. Jg., April/Mai 1924, S. 50

Vier Gedichte von Gustl GLAWISCHNIG:
Die Vertrauten des Kriegsblinden

Um Erika und Laute
Schlingt sich ein festes Band.
Ihr seid mir nun Vertraute!
Ich nehme euch zur Hand!

Trag' ich im Herzen Freude
Und jubelt meine Brust,
Dann schlag' ich froh die Saite
Und singe voller Lust.

Gedenk' ich ferner Lieben
Und Sehnsucht zieht ins Herz –
Muß Erika sich üben
Und lindern diesen Schmerz.
    (Erika, so heißt meine Schreibmaschine.)

Entschwindende Träume

Wir sahen in jungfrischem Grün
So fröhlich und heiter die Täler durchzieh'n;
Wir sahen die Blumen erwachen und blüh'n,
Die Sonne erstrahlen, die Sterne erglüh'n.
Wir standen auf Bergen und schneeigen Höh'n,
Zu Füßen ein Meer von lieblichen See'n.
Die Welt war so sonnig, so wunderbar schön,
Als bliebe der Frühling für immer besteh'n.

Wir schritten durch Wiesen im perlenden Tau,
Da grüßten Vergißmen, dort Veilchen in Blau.
Wie strichen die Winde so linde und lau
Mit leisem Geflüster hinüber die Au'.
Im buntesten Kleide erpranget die Flur,
Ein heiliger Odem erfüllt die Natur.
Ja Frühling und Frieden! Ein Traum ist es nur!
Entwichen, verblichen ist jegliche Spur. –

Du herrliche Gabe, du himmlisches Licht
Wie konntest du lachen aus Vieler Gesicht!
Nun bist du vergangen! – kehrst nimmer und nicht! –
Doch tief in der Seele ein Trost zu uns spricht.
Ihr habt es geopfert im Kampfe und Streit;
Am Felde der Ehre in Treue geweiht.
Aus Liebe zur Heimat, die Kräfte verleiht,
Ertraget ihr mutig dies schreckliche Leid.

Sind wir nun verloren – verlassen – allein? –
Ich spreche ein offenes, freudiges Nein!
Noch finden sich Menschen, die edel und rein.
Sie helfen uns tragen! Soll Liebe es sein? –
Drum lasset das Klagen! Der Starke gewinnt;
Wenngleich unser Leben umnachtet verrinnt.
Wenn zarteste Bande die Liebe uns spinnt,
Ein Frühling des Friedens für alle beginnt! –

Sehnsucht

Schon schwellen die Knospen auf jeglichem Strauch
Und strecken die Köpfchen zur Sonne;
Wenn zärtlich sie küsset des Lenzwindes Hauch
Erheben sie leise vor Wonne.

Und Blumen entfaltet in herrlichster Pracht,
Erwachen auf sonnigen Wiesen.
Der jungfrische Tau aus den Kelchblättern lacht
Als wollte er freudig uns grüßen.

Wie lustig das Vöglein im Fliederbaum singt
Ein Liedchen von Frühling und Liebe.
Den Tiefen des menschlichen Herzens entspringt
Die Liebe voll glühender Triebe.

Ein Ahnen von Frühling, vom kommenden Mai
Erfüllet die sehnende Seele.
Sag' ist es für immer, für ewig vorbei,
Sag' Schicksal, erzähl mir, erzähle!

Soll immer ich tragen allein meinen Schmerz,
Und nie mehr das Glück mir erblühen?
Soll nimmer ich finden ein liebendes Herz?
Der Friede mir ewig entfliehen?

Sag' Schicksal, du Zukunft, sprich offen und frei
Und still mein Verlangen und Sehnen,
Laß blühen mir Liebe und ewige Treu'
Dann werden versiegen die Tränen!

Das Lebensbächlein

Du Lebensbächlein fließe
Auf blumenreicher Au'
Die Blümlein all' begrüße,
Ich kenne sie genau!

Ich sah ihr Wachsen, Blühen,
In Sonnenschein und Glück,
In Liebe sie erblühen,
Mit stillverklärtem Blick.

Und wunderbar gestaltet,
In farbenreicher Pracht,
So rein und tief entfaltet,
Sind alle sie erwacht.

Drum Bächlein fließe, fließe,
Mit Wassern, rein und klar,
Die Blümlein all' begieße,
Am Weg zum Traualtar.

4. Punktuelle Lebensläufe der leitenden Mitglieder der Landes- und Bundesorganisation, Stand: Sommer 1993

Obmann: BstFR Michael Glöckl
                        geboren: 24. 9. 1925
                        Vorher. Berufsausbldg.: Schlosserlehrling
                        Einheit/verwundet am: 7. Münchner Infanteriediv.,
                        20. 8. 1944
                        durch Granatsplitter in Rußland, Unteroffizier
                        späterer Beruf: Blindenmaschinschrift, 20 Jahre selb-
                        ständiger Trafikant
                        Stand/Kinder: verwitwet/3

Obmannstellvertr.:   Josef Ruprechtsberger
                        geboren: 22. 8. 1921
                        Vorher. Berufsausbldg.: Maschinschlosser

	Einheit/verwundet am: Kampfgeschwader d. 15. Flakdiv. Unteroffizier/18. 2. 1945 in Rankau b. Breslau späterer Beruf: Blindenmasch., selbständiger Trafikant Stand/Kinder: verheiratet/1
Schriftführer:	DDr. Walther Laske geboren: 23. 5. 1924 Vorher. Berufsausbldg.: Mittelschule Einheit/verwundet am: 22. 11. 1943 in Krasnovska (Rußland) durch Granatsplitter, Gefreiter späterer Beruf: Studium v. Jus u. Staatswissensch. Gerichtsjahr* Stand/Kinder: verheiratet/3 * wissenschaftl. Arbeiten/selbständiger Trafikant
Kassier:	BstFR August Schober geboren: 27. 7. 1925 Vorher. Berufsausbldg.: Tischlereilehre Einheit/verwundet am: Fallschirmjägereinh. d. SS, Schütze, 26. 3. 1945 an der Ostfront späterer Beruf: Staatsprfg. f. Heilmasseur, Selbst. Trafikant ab 53 Stand/Kinder: geschieden/5

Vorstand der Landesgruppe Wien, Niederösterr. und Burgenland

Obmann:	BstFR Michael Glöckl siehe Verbandsvorst.
Obmannstellvertr.:	DDr. Walther Laske siehe Verbandsvorst.
Schriftführer:	Franz Göls geboren: 17. 6. 1932 Vorher. Berufsausbldg.: Maurerlehrling Einheit/verwundet am: Personenschaden

Kassier:	späterer Beruf: selbständiger Trafikant Stand/Kinder: verheiratet/0

Kassier: Stefan Seper
geboren: 25. 7. 1921
Vorher. Berufsausbldg.: Baggerführer
Einheit/verwundet am: 28. 12. 1942 in Wjasma (Rußland)
durch Minensplitter
späterer Beruf: selbständiger Trafikant
Stand/Kinder: verwitwet/2

2. Schriftführer: Franz Zimmermann
geboren: 7. 3. 1922
Vorher. Berufsausbldg.: Landarbeiter
Einheit/verwundet am: Infanterie, 4. Juli 1940 in Orleans/Frankreich
durch Granatsplitter
späterer Beruf: selbständiger Trafikant
Stand/Kinder: verheiratet/2

Vorstand der Landesgruppe Kärnten

Obmann: Karl Schuh
geboren: 7. 8. 1919
Vorher. Berufsausbldg.: 4 Kl. Gym. Werksprakt. Zellulosefabrik
Einheit/verwundet am: 1. Fallschirmjägerreg./in Holland am 21. 1. 1945, Oberfeldwebel
späterer Beruf: selbständiger Trafikant
Stand/Kinder: verheiratet/1

Obmannstellvertr.: Norbert Seebacher
geboren: 6. 6. 1930
Vorher. Berufsausbldg.: -
Einheit/verwundet am: Gefreiter, Montecassino, Stammkomp. I/Eb 499
3. 3. 1944
späterer Beruf: selbständiger Trafikant
Stand/Kinder: verheiratet/3

Kassier: Leo Tamegger
geboren: 1. 2. 1926
Vorher. Berufsausbldg.: ?
Einheit/verwundet am: Pioniereinsatzbatt. 83, Schwarz/ Tirol
24. 3. 1945 Pula, Istrien 30272 D
späterer Beruf: selbständiger Trafikant
Stand/Kinder: verheiratet/mehrere (Kinder aus 1. u. 2. Ehe)

Vorstand der Landesgruppe Oberösterreich

Obmann: siehe Verbandsvorstand

Obmannstellvertr. u. Schriftführer: KR Josef Gebhartl
geboren: 30. 1. 1920
Vorher. Berufsausbldg.: Hilfsarb. i. d. Landw.
Einheit/verwundet am: 11. 7. 1943 Bielgowrod, Unteroffizier
späterer Beruf: selbständiger Trafikant
Stand/Kinder: verheiratet/3

Schriftführer Stellvertreter: Johann Mühlböck
geboren: 8. 10. 1930
Vorher. Berufsausbldg.: -
Einheit/verwundet am: 5. 7. 1945 Personenschaden
späterer Beruf: Schulung als Telefonist beim Magistrat
Stand/Kinder: verheiratet/1

Kassier: Max Steinhauser
geboren: 25. 6. 1924
Vorher. Berufsausbldg.: Erzeugung von Sensen (Sensenarb.)
Einheit/verwundet am: 147. Volksgrenadierdiv./15. 12. 1944
an der Westfront, Unteroffizier
späterer Beruf: selbständiger Trafikant
Stand/Kinder: verheiratet/3

Vorstand der Landesgruppe Salzburg

Obmann:
Johann Weissbacher
geboren: 30. 10. 1919
Vorher. Berufsausbldg.: einige Zeit Bürgersch. (Hdlssch.) Gastgew.
Einheit/verwundet am: 1. GNA 91, 6. Gebirgsdivision Mai 1942 Murmansk Eismeer, Unteroffizier
späterer Beruf: selbständiger Trafikant
Stand/Kinder: verheiratet/4

Obmannstellvertr.:
Josef Altendorfer
geboren: 9. 3. 1926
Vorher. Berufsausbldg.: Landwirt
Einheit/verwundet am: SS-Panzer Grenadier-Div. Nordland
29. 8. 1944 in Estland
späterer Beruf: KOV-Rentner
Stand/Kinder: ledig

Schriftführer:
Arthur Schlager
geboren: 7. März 1927
Vorher. Berufsausbldg.: Matura
Einheit/verwundet am: Gebirgsjäger/März 1945 Slowakei
Unteroffizier
späterer Beruf: bis zur vollständigen Erbldg. Lehrer/Trafikant
Stand/Kinder: verheiratet/2

Kassier:
Johann Pertiller
geboren: 18. 3. 1926
Vorher. Berufsausbldg.: Verkäufer
Einheit/verwundet am: 1. März 1945 in Port Said, Afrika
Gebirgsjäger
späterer Beruf: selbständiger Trafikant
Stand/Kinder: verheiratet/3

Vorstand der Landesgruppe Steiermark

Obmann: BstFR August Schober
siehe Verbandsvorstand

Obmannstellvertr.:   Johann Hasewend
geboren: 18. 12. 1929
Vorher. Berufsausbldg.: -
Einheit/verwundet am: 4. 1. 1946 Stmk. Personenschaden
späterer Beruf: selbständiger Trafikant
Stand/Kinder: verheiratet/2

Schriftführer: Rudolf Adlmannseder
geboren: 23. 8. 1918
Vorher. Berufsausbldg.: Feinmechaniker, Werkstudent
Einheit/verwundet am: 2. 10. 1942 Ostfront, Solzi Knod
Unteroffizier
späterer Beruf: Heilmasseur, selbständiger Trafikant
Stand/Kinder: verheiratet/3

Kassier: Franz Beier
geboren: 6. 6. 1909
Vorher. Berufsausbldg.: Berufsmusiker
Einheit/verwundet am: verwundet am Ostermontag 1941
in Griechenland
späterer Beruf: Konzertmeister im ORF Orch., selbständiger Trafikant
Stand/Kinder: verwitwet/1

Beirat: Friedrich Baumgartner
geboren: 25. 8. 1938
Vorher. Berufsausbldg.: -
Einheit/verwundet am: Personenschaden 12. 6. 1945
späterer Beruf: Telefonist bei der Bezirkshauptmannsch. Bruck/Mur
Stand/Kinder: verheiratet/2

Vorstand der Landesgruppe Tirol

Obmann:
AR Franz Bair
geboren: 27. 7. 1918
Vorher. Berufsausbldg.: Maurerlehrling
Einheit/verwundet am: 9. 9. 1941 Eismeerfront, Fischerhalbinsel Murmanskfront, Oberjäger
späterer Beruf: Leiter der Altenwohnheime der Stadt Innsbruck
Stand/Kinder: verheiratet/2

Obmannstellvertr.:
Gerhard Wegener
geboren: 4. 9. 1919
Vorher. Berufsausbldg.: techn. Kaufmann
Einheit/verwundet am: 1940 Nordfront Norwegen Gebirgsjäger
späterer Beruf: -
Stand/Kinder: verheiratet/3

Schriftführer:
Friedrich Dreier
geboren: 28. 8. 1921
Vorher. Berufsausbldg.: Landarbeiter
Einheit/verwundet am: 7. 2. 1945 Elsaß, Gefreiter
späterer Beruf: -
Stand/Kinder: verheiratet

Kassier:
August Pirchmoser
geboren: 1. 7. 1917
Vorher. Berufsausbldg.: Landarbeiter
Einheit/verwundet am: 9. 8. 1944, Finnland, Oberjäger
späterer Beruf: -
Stand/Kinder: verheiratet/2

Vorstand der Landesgruppe Vorarlberg

Obmann:
Emil Immler
geboren: 31. 3. 1925
Vorher. Berufsausbldg.: Landarbeiter
Einheit/verwundet am: 3. 7. 1944 in Rußland 81. Infanteriediv.

                       Ausbildg. 136. Gebirgspanzerjäger
                       späterer Beruf: Erzeugung und Vertrieb von Blindenware
                       Stand/Kinder: verheiratet/2

Obmannstellvertr.:   Karl Stadelmann
                       geboren: 24. 5. 1925
                       Vorher. Berufsausbldg.: Postangest.
                       Einheit/verwundet am: 6. 3. 1944 in Italien, Gefreiter
                       späterer Beruf: selbständiger Trafikant
                       Stand/Kinder: verheiratet/2

Schriftführer: Anton Herburger
                       geboren: 1. 7. 1919
                       Vorher. Berufsausbldg.:
                       Einheit/verwundet am: 26. 1. 1945 in Westfalen, Unteroffizier Flakdivision
                       späterer Beruf: selbständiger Trafikant
                       Stand/Kinder: verwitwet/4

Kassier: Diethelm Blecha
                       geboren: 11. 11. 1929
                       Vorher. Berufsausbldg.: -
                       Einheit/verwundet am: Schußverletzung am 13. 11. 1944
                       Personenschaden
                       späterer Beruf: -
                       Stand/Kinder: verheiratet/1